─────────────── 님의 소중한 미래를 위해

이 책을 드립니다.

부의 흐름은 반복된다

BUSINESS
부의 흐름은 반복된다
CYCLE

경제를 알면 투자 시계가 보인다

최진호 지음

메이트북스

메이트북스 우리는 책이 독자를 위한 것임을 잊지 않는다.
우리는 독자의 꿈을 사랑하고,
그 꿈이 실현될 수 있는 도구를 세상에 내놓는다.

부의 흐름은 반복된다

초판 1쇄 발행 2023년 3월 15일 | **지은이** 최진호
펴낸곳 (주)원앤원콘텐츠그룹 | **펴낸이** 강현규·정영훈
책임편집 박은지 | **편집** 안정연·남수정 | **디자인** 최선희
마케팅 김형진·유경재 | **경영지원** 최향숙 | **홍보** 이선미·정채훈
등록번호 제301-2006-001호 | **등록일자** 2013년 5월 24일
주소 04607 서울시 중구 다산로 139 랜더스빌딩 5층 | **전화** (02)2234-7117
팩스 (02)2234-1086 | **홈페이지** matebooks.co.kr | **이메일** khg0109@hanmail.net
값 17,500원 | **ISBN** 979-11-6002-395-4 03320

근본적인 투자 기회는 경기변동에 있다.

• 마크 파버(스위스의 경제학자이자 전문투자자) •

경제와 금융시장을 바라보는
인사이트가 필요하다!

오늘날 우리는 정보의 홍수 속에서 살아가고 있습니다. 정보라는 것은 자료가 1차적으로 재생산된 것을 의미합니다. 숫자로 표현되는 자료들이 어떤 기준으로 필터링되거나 가공되고 나면, 그 숫자들에 대해 의미나 가치를 부여할 수 있는 정보가 되는 것이지요.

과거에는 사회 각계각층의 핵심인사(opinion leader)들이 저녁 뉴스와 주요 신문을 통해 의견을 개진하면 대다수의 대중들이 받아들이는 경향이 강했던 것 같습니다. 하지만 오늘날에는 누구나 SNS와 유튜브를 통해 어느 주제에 대해서나 자유롭게 이야기할 수 있는 공간이 마련되었고, 그 의견에 대해서 공감하거나 반박하는 것이 우리 일상생활의 한 부분으로 자리 잡았지요. 이는 대단히 긍정적인 현상이라고 생각합니다. 하지만 정보가 많아진 만큼 그 안에서 '진짜 정보'를 선별하고 활용하는 개개인의 능력이 더욱 중요해진 것 같습니다.

개인이 진짜 정보를 선별하는 능력은 결국 '지식의 힘'에서 나온다고 생각합니다. 그리고 지식을 늘리기 위해서는, 오랜 세월 동안 이어져온 그 분야의 정통 서적이나 교과서를 통해 접하는 방법이 가장 정석(定石)이라고 생각합니다. 하지만 관심 있는 분야를 공부하기 위해 방대한 서적을 읽거나 학교에 다니기에는 현대인들은 너무 바쁘고 힘든 일상의 나날을 보내고 있지요.

개인적으로는 경제분석을 통해 금리나 환율과 같은 금융시장의 거시경제변수들을 추적하고 전망하는 것을 업으로 삼고 살아오다 보니, 직업적으로 이런 분야와 거리가 먼 일을 하고 계신 분들보다는 조금 더 많은 시간을 경제와 금융시장에 관련된 지식을 쌓는 데 투입할 수 있었던 것 같습니다. 제가 다른 분들보다 특출난 능력이 있는 것은 아니지만, 그나마 직업적인 특성 때문에 쌓을 수 있었던 경제와 금융시장에 대한 지식을 시간적으로 여유가 많지 않으신 여러 독자분들과 함께 공유하면 좋을 것 같다는 생각이 들어 이 책을 집필하게 되었습니다.

모든 사람이 모든 분야의 전문가일 수는 없습니다. 그렇기 때문에 저도 비전문 영역에서는 상대적으로 전문성이 높은 분들이 집필한 서적을 읽고 공부하면서 도움을 받곤 합니다. 마찬가지로 경제나 금융시장에 대해 많은 시간을 들여서 공부하기 힘든 분들이 이 책을 읽고 도움을 받으셨으면 좋겠습니다.

특히 오늘날 많은 분들이 재테크에 관심이 높으신 것 같은데, 그만큼 그와 관련된 정보들도 엄청나게 많아지고 있는 것 같습니다. 그 가운데서는 일부러 의도한 것인지 아닌지는 알 수 없으나 가격변수의 단편적인 움직임만 보고 본인의 주장만이 정답인 것처럼 포장하시는 분들도 일부 계신 것 같습니다.

하지만 제 경험상 경제나 금융시장에서 발생하는 이슈와 논쟁에 대한 정답은 대부분 신(神)의 영역입니다. 우리는 항상 사후적으로 정답을 확인할 수 있을 뿐인데, 답이 맞았는지 틀렸는지는 결과적으로 확인할 수 있겠지만, 답 맞히기에만 급급하다 보면 결국 홀짝 맞히기 놀이를 반복하는 것에 불과할 수 있습니다. 홀짝 맞히기에서 확률은 50%입니다. 정답과 오답에 있어서 보상과 페널티가 동일하다면 게임을 반복할수록 기대값은 0으로 수렴합니다. 투자도 이처럼 접근하다면 수익률이 0으로 수렴한다는 뜻입니다. 시장을 대할 때 겸손하게 기초에 충실해야 하는 이유입니다.

누구도 정답을 확신할 수 없는 그런 상황에서, 경제와 금융시장을 바라보는 데 있어서 적어도 가짜정보를 구분하는 데 도움이 되었으면 합니다. 나아가 스스로 판단할 수 있는 식견을 늘리는 데 저의 졸저(拙著)가 개론서 같은 역할을 하는 좋은 길잡이가 되었으면 하는 바람입니다.

이 책의 1장부터 4장까지는 경기변동에 대해 설명하고 그 과정에서 알아야 하는 각종 금융변수들의 움직임을 해석하는 방법을 소개하고 있습니다. 특히 표면적으로 관찰되는 경제현상의 저변에 깔려 있는 각 변수들의 유기적인 관계에 대한 경제학적인 핵심 이론과 실증적인 현상을 최대한 쉽게 전달해드리는 데 초점을 맞추었습니다.

이어 5장부터 7장까지는 경제·금융변수들의 움직임과 경제 이론이 현실 경제에서 어떻게 작용해왔고 이론과 다른 부분은 무엇인지, 그리고 이런 차이점이 어떤 경제적 사건으로 이어졌는지를 실제 사례를 통해 되돌아보았습니다. 마지막으로 8장에서는 금융투자에 나서는 초심자분들이 경제학이라는 정통 이론과 금융시장의 현실 사이에서 어떤 시각으로 접근해야 하는지 기초적인 사항을 알려드리는 데 중점을 두었습니다.

이 자리를 빌려 감사드리고 싶은 분들이 많이 계십니다. 먼저 저의 원고를 출간하기로 흔쾌히 결정해주신 메이트북스 관계자분들께 감사드립니다. 열정만 가득하고 실력은 부족했던 사회초년생의 저를 리서치업계로 이끌어주신 이영원 이사님, 애널리스트로서 자립할 수 있도록 도와주신 이승우 팀장님, 이코노미스트의 정수를 보여주신 소재용 팀장님과 박형중 팀장님, 그리고 저의 능력에 비해 과분한 논문을 SSCI 저널에 출간하고 꿈에 그리던 박사학위를 받을 수 있게 지도해주신 서상원 교수님께 감사의 말씀을 올립니다. 졸저에 공(功)이 있다면 이분들의 덕이고 과(過)는 모두 제 천식(淺識)의 소치입니다. 자칫 딱딱할 수 있는 회사생활을 부드럽게 리드해주시는 송현주 부행장님과 박성민 부장님, 동고동락하는 투자상품전략부 식구들, 그리고 일일이 언급드리지 못한 친구들과 업계 동료, 선후배분들께도 감사의 마음을 표합니다. 장인어른, 장모님 지금처럼 건강하고 행복하세요. 언제나 저를 응원해주는 누나와 동생, 그리고 해준 것이 없다며 자식들에게 늘 미안하다고만 하시는 우리 부모님 사랑합니다. 마지막으로 제 인생의 보물인 아들 현준, 아무것도 가진 것 없는 학생이었던 저를 만나 지금까지 함께 걸어와준 평생의 짝꿍 윤선에게 이 책을 바칩니다.

2023년 3월 최진호

차례

1장 | 경기변동을 모르면
부의 질서를 알 수 없다

2장 | 경기순환(경기변동)은 자본주의의 달력이다

3장 | 물가와 중앙은행의 비밀, 알고 나면 쉽다

6장 | 코로나19와 러-우 전쟁이 경제와 금융시장에 끼친 영향

7장 | 한국경제가 변해가는 큰 그림을 인식하자

8장 | 경제학, 금융시장으로 나아가다

부의 흐름은
반복된다

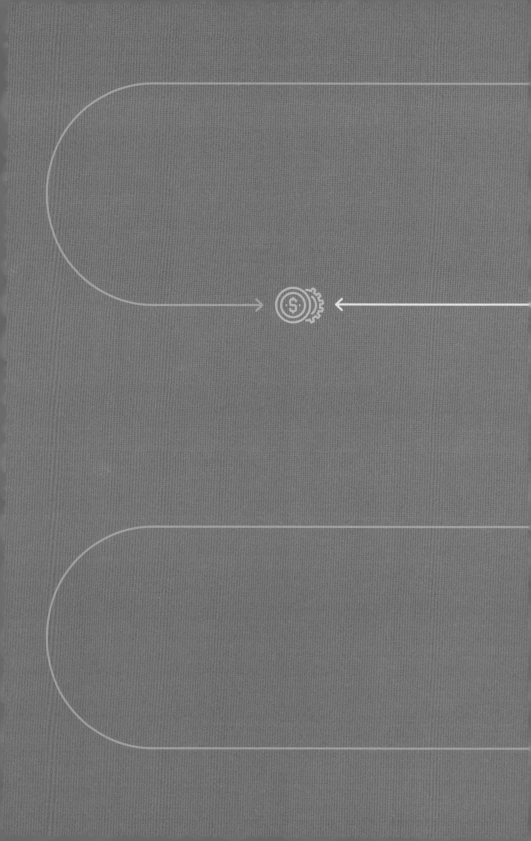

경기변동을 모르면
부의 질서를 알 수 없다

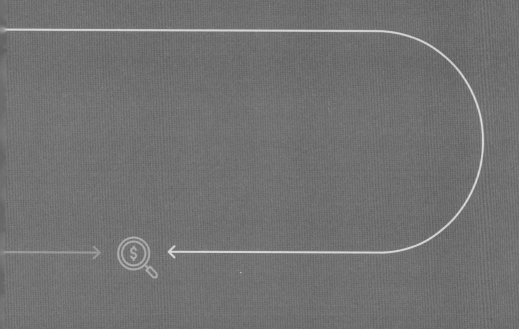

시장경제체제에서 자산가격이라는 것은 그것을 사려는 사람이 더 많으면 오르고, 팔려는 사람이 더 많으면 내려가는 지극히 단순하고 상식적인 원리가 작용됩니다. 하지만 어떤 상황에서 사람들이 무엇을 더 사고 싶어하고, 어떤 상황에서 무엇을 더 팔고 싶어하는지를 결정하는 과정은 경기변동에서 자유로울 수 없습니다. 그리고 개개인들의 결정이 모두 모인 결과는 다시 경기변동에 영향을 미칩니다. 그래서 경기변동은 일정하지 않고 늘 순환하는 흐름을 보입니다. 무섭게 올라가는 주가, 금리, 환율, 부동산 가격을 보고 있으면 그것들이 한없이 올라갈 것 같고, 그것들이 떨어지기 시작하면 끝없이 떨어질 것 같은 생각이 드는 게 일반적인 심리입니다. 하지만 화무십일홍(花無十日紅)이라는 말처럼 이 세상에 영원한 것은 없습니다. 오늘날 시장경제체제를 살아가는 현대인들이 경기변동에 대해 조금 더 관심을 갖고 공부해야 하는 이유입니다.

화무십일홍(花無十日紅),
모든 자산은 피고 지는 계절이 있다

2019년 12월 중국 우한에서 원인을 알 수 없는 폐렴이 발생했습니다. 얼마 뒤 코로나19로 명명된 이 폐렴은 급속도로 전 세계로 퍼져 나갔고, 한국에도 빠른 속도로 유입되며 감염자 수가 늘어갔습니다. 세계보건기구(WHO)는 코로나19 바이러스가 팬데믹으로 치달을 가능성이 낮을 것이라고 지구촌을 안심시키려 했지만, 전 세계는 생전 겪어보지 못한 질병에 대한 두려움에서 벗어나기 힘든 모습이었습니다. 각 국가들은 서둘러 국경의 문을 봉쇄했고, 국경 내에서도 사람들끼리 병을 옮길 수 있는 접촉 빈도를 줄이기 위해 이동과 교류를 차단하는 데 힘썼습니다.

전 세계적으로 사람들의 물리적 활동이 제약받는 상황이 지속되면서 사람들의 소비가 줄어들고, 기업의 생산과 투자도 줄어들기 시작했습니다. 소비와 생산이 줄어들자 경기가 급속도로 위축되면서 실업률이 치솟았고, 물가는 하락했으며, 금리도 낮아졌습니다. 코로나 19로 인해 경기침체가 발생한 것입니다.

당시 뉴스에서는 비관적 경제전망과 헤드라인으로 도배되었습니다. 이런 상황에서 주식시장이 좋을 수가 없습니다. 미국의 대표 주가지수들은 하루에 7% 넘게 하락하는 일이 빈번하게 발생했습니다. 실물경제에서 발생한 위기는 금융시장으로 전이되었고, 금융시장의 충격은 다시 실물경기를 위축시키는 악순환의 굴레에 빠졌습니다.

이때 사면초가에 몰린 세계경제를 구하기 위해 미국의 중앙은행인 연방준비제도(이하 연준)가 구원 투수로 등판했습니다. 2008년 서브프라임 금융위기 때 금리인하 정책과 양적완화(QE)를 실행했던 것처럼, 연준은 경기를 회복시키기 위해 사용 가능한 모든 정책을 동원했습니다. 불과 한 번의 통화정책회의(2020년 3월 FOMC)를 통해 미국의 기준금리를 제로 수준(0.0%~0.25%)까지 낮추었고, 몇 개월 뒤에는 무제한 채권매입도 모라자 발권력을 이용해 화폐를 찍어내어 소비자의 주머니에 직접 넣어주기도 했습니다. 미국의 완화적 통화 및 재정정책에 힘입어 다른 국가들도 앞다투어 기준금리를 낮추었고, 각종 보조금과 지원금을 통해 가계의 소득 보전에 힘을 쏟았습니다.

미국과 대부분 국가들의 가계는 노동의 대가 없이 늘어난 지원금과 보조금을 기반으로 다시 소비를 늘리기 시작했습니다. 수요가 살아나자 기업들도 생산을 줄일 필요가 없어졌습니다. 빠르게 위축되었던 소비가 다시 살아나며, 경기가 저점을 찍고 반등하기 시작한 것입니다. 이런 일련의 과정이 발생하는 데 걸린 시간은 고작 2개월(미국 경기 정점은 2020년 2월이었고, 미국 경기 저점은 4월)에 불과했습니다.

경기가 저점 근처에 머물러 있는 상황에서는 대부분의 자산가격도 매우 저평가되는 것이 일반적입니다. 그래서 이 당시 자산시장에 적극적으로 참여한 사람들 대부분은 이후 약 1년 조금 넘는 기간 동안 만족감을 상당히 많이 느꼈습니다. 2020년과 2021년은 주식, 채권, 부동산, 가상자산 등 사실상 우리가 재테크의 수단으로 인식하고 있는 대부분의 자산가격들이 크게 올랐기 때문입니다.

하지만 자산시장의 흐름에 잘 합류한 사람들과 그렇지 못한 사람들의 경제적·심리적 격차는 매우 커졌습니다. 자산시장에서 소외되었던 사람들을 중심으로 '월급쟁이 후회의 삼각지대'와 같은 그림이 인터넷에서 유행했는데, '그때 그 집을 샀더라면' '그때 그 주식을 샀더라면' '그때 그 비트코인을 샀더라면'이라는 3가지 후회에 갇혀 헤어 나오지 못하는 것을 사고와 실종이 잦은 버뮤다 삼각지대에 비유한 것입니다. 또한 부동산 가격 상승에 합류하지 못한 사람들의 상대적 박탈감을 일컫는 '벼락 거지'와 같은 단어들도 유행했습니다.

하지만 화무십일홍(花無十日紅)이라는 말처럼 이 세상에 영원한 것은 없는 모양입니다. 박스피(Boxpi＝Box＋KOSPI)라는 오명에서 벗어난 코스피 지수가 삼천피(3,000pt 시대의 코스피)의 명예를 지킨 시간은 채 1년이 되지 못했습니다. 영원히 가격이 상승할 것만 같던 부동산을 놓친 사람들의 심리를 대변하던 '벼락 거지'라는 단어도, 2022년에는 연일 하락하는 부동산 가격 때문에 골머리를 앓는 사람들을 대변하는 '영끌족의 눈물'로 그 지위가 바뀌었습니다.

특히 2022년 자산시장은 매우 처참했습니다. 최근 50년간 겪어본 적 없는 유례없는 인플레이션이 미국을 강타하기 시작했고, 높아진 물가를 안정시키기 위해 시작된 미국 연준의 기준금리인상으로 전 세계의 주식, 채권, 부동산 등 대부분의 자산가격들이 동시에 하락한 한 해였습니다.

금리를 움직이는 것은 물가, 극심한 인플레이션이 들이닥치다 ⟶

지금까지 설명한 현상은 코로나19 위기가 발생한 2020년 초부터 2022년 말까지의 자산시장 흐름을 간략하게 복기해본 것입니다. 많은 분들이 2022년 자산시장의 처참한 성적표를 놓고 그 원인으로 연준의 기준금리인상을 지목합니다. 저도 공감하는 지적입니다. 그렇다면 연준이 기준금리를 왜 갑자기 그렇게 무섭도록 인상하게 되었는지를 되돌아볼 필요가 있습니다. 그 이유는 아시다시피 2022년 상반기에 미국 역사 이래 최근 50년간 보지 못했던 인플레이션이 들이닥쳤기 때문입니다.

인플레이션이 발생하게 되면 심기가 제일 먼저 불편해지는 사람들이 있는 곳은 각 국가의 중앙은행입니다. 적당한 물가상승은 경제성장에 필수적이지만, 물가가 너무 높거나(인플레이션) 너무 낮은(디플레이션) 현상은 경제가 안정적으로 성장하는 데 큰 장애물이 되기 때문입니다. 그래서 어느 국가에서나 인플레이션 파이터로서의 역할을 가장 충실하게 수행해야만 하는 중앙은행은 인플레이션에 민감할 수밖에 없습니다.

코로나19 이후 경기 사이클에서 연준이 금리인상을 본격적으로 시작한 시기는 2022년 3월이지만, 그렇다고 그 시기 이전에도 물가가 안정세를 보였던 것은 아닙니다. 2021년 5월(5%)부터 이미 미국의 소비자물가상승률은 연준의 정책 목표인 2%보다 높았지만, 이때 연준은 금리인상이 초래할 수 있는 경기위축에 더 촉각을 곤두세웠습니다. 파월(Jerome Powell) 연준 의장이 나서서 "최근 인플레이션은 일시적(transitory)"이라고 진화를 하면서 초저금리 정책을 당분간 지속하겠다고 언급할 정도였으니까요.

하지만 2021년 하반기부터 슬금슬금 더 빠르게 오르기 시작한 인플레이션은 파월 의장의 언급처럼 일시적이지 않았습니다. 게다가 2022년부터 러시아-우크라이나 전쟁으로 인한 유가폭등은 안 그래도 불이 붙어 있는 인플레이션에 기름을 붓는 격이었습니다.

인플레이션을 더 이상 두고 볼 수 없었던 연준은 경기침체를 각오하더라도 물가를 안정시키겠다는 의지를 피력하며 2022년 3월부터 본격적인 금리인상을 시작했습니다. 그리고 2022년의 미국의 금리인상 속도는 주요 선진국들 가운데 압도적이었습니다.

역사적으로 미국이 공격적인 금리인상을 단행했을 때 글로벌 금융시장이 평안했던 적이 없었습니다. 2022년 자산시장에서도 달러를 제외하고는 거의 모든 자산가격은 하락을 면하지 못했습니다. 영원히 상승할 것 같던 부동산 가격이 하락한 것도, 삼천피의 시대로 새역사를 써나갈 것 같던 코스피가 다시 박스피로 돌아온 것도, 결국경기변동이라는 과정에서 물가가 필요 수준 이상으로 빠르게 급등했기 때문입니다.

함께 잡아야 하는 두 마리 토끼, 성장과 물가 ————————————→

국가경제에 있어서 경제성장과 물가안정은 서로 상충관계(trade-off)에 있는 중요한 두 마리 토끼입니다. 경제성장만 강조하다 보면 인플레이션이 가속화될 수 있고, 인플레이션 억제만 강조하다 보면 경제성장을 놓칠 수 있기 때문입니다.

따라서 경제 정책당국은 두 마리 토끼 가운데, 시의적절하게 각 상황별로 우선시 두어야 하는 목표를 중심으로 경제정책을 운용해나간다고 볼 수 있겠습니다. 경제성장과 물가안정이라는 두 마리 토끼 가운데, 연준과 주요국들의 중앙은행은 2020년 코로나19 위기 초창기에는 경제성장을 택했으나 2022년 포스트 코로나19 위기에서는 물가안정을 택한 이유이기도 합니다.

경제성장과 인플레이션 안정이라는 2가지의 목표 가운데서 '경제성장률이 몇 퍼센트를 하회하면 성장을 위해 정책을 지원한다'와 같은 명시적인 기준은 없습니다. 하지만 인플레이션의 경우에는 오늘날 주요 국가들의 중앙은행이 물가안정목표제(Inflation Targeting)를 운용하기 때문에 명시적인 기준을 가지고 있습니다.

현재 한국을 비롯한 미국, 일본, 유럽 등 주요 선진국의 중앙은행은 물가안정의 기준을 연간 2%로 정해놓고 있습니다. 그렇다고 어느 해 물가상승률이 연 2%를 상회하는 3%가 되었다고 해서 곧바로 기준금리를 인상하는 것은 아니며, 반대로 어느 해 물가상승률이 1%를 기록했다고 해서 기준금리를 인하하는 것도 아닙니다. 중앙은행의 통화정책 운용에는 '인플레이션 안정'이라고 하는 명시적 목표 이외에도 여러 가지 경제 여건을 함께 고려하지 않을 수 없기 때문입니다.

예를 들어 한국의 경우에는 한국은행법 1조 1항에서 '효율적인 통화신용정책의 수립과 집행을 통하여 물가안정을 도모함으로써 국민경제의 건전한 발전에 이바지함을 목적으로 한다'라고 명시되어 있고, 2항에서는 '한국은행은 통화신용정책을 수행함에 있어 금융안정에 유의하여야 한다'고 명시되어 있습니다. 미국 연준의 경우에는 '물가안정과 고용의 극대화(maximum employment and price stability)'라는 이중 책무(dual mandate)를 목표로 하고 있습니다.

이처럼 국가마다 명시적으로 표현해놓은 중앙은행의 책무는 조금씩 다르지만 공통적으로 시사하는 바가 있습니다. 그것은 물가안정은 그 자체가 도달하고자 하는 궁극적 목표가 아니라 수단이며, 물가안정이라는 것은 결국 국가경제에 긍정적인 영향을 미치기 위한 '가장 강력하면서도 달성 가능한 측정지표'라는 것입니다. 따라서 국가경제에 긍정적인 영향을 미치기 위한 수단으로 실효성이 떨어지는 상황에서는 물가안정이라는 달성지표가 후순위로 밀릴 수 있는 것입니다.

코로나19 위기 기간을 되돌아보면, 2020년 5월 전년동월비 0.1%에 불과하던 미국의 소비자물가상승률은 2021년 5월에 5%까지 높아졌습니다. 하지만 이때까지만 해도 연준의 파월 의장이 나서서 초저금리를 계속해서 유지하겠다고 장담했던 이유는, 그 당시 경제상황에 비추어 볼 때 물가안정이라는 목표 달성을 통해 얻을 수 있는 득(인플레이션 안정)보다는 실(경기위축)이 더 크다고 보았기 때문입니다.

물론 중앙은행의 판단이 경제주체 모두에게 항상 최선의 결과를 보장하는 것은 아닙니다. 미국에서 2022년에 발생한 유례없는 인플레이션은 2021년에 발생한 인플레이션의 싹을 보고도 행동에 나서지 않았던 연준의 실기(失期) 때문이었다고 보는 시각도 있기 때문입니다.

구글 검색어가 보여주는, 경기와 물가에 대한 관심도 ⟶

일반적으로는 경기와 물가는 동행하는 경향을 보입니다. 즉 경기가 좋으면 물가가 오르고, 반대로 경기가 안 좋으면 물가가 내리는 식입니다. 하지만 제가 직관적으로 체감하는 경기흐름은 2020년이나 2022년이나 똑같이 안 좋았습니다. 경제지표로 판단한 경기흐름은 다를 수 있겠지만, 적어도 제가 느끼는 개인적인 체감으로는 2022년의 경기는 안 좋은 정도가 아니라 오히려 2020년 코로나19 초창기보다 더 힘들어졌습니다. 내 월급 빼고는 모든 게 다 올라버린 살벌한 물가 때문입니다.

제가 느끼는 경기흐름은 2020년이나 2022년이나 똑같이 안 좋은데, 인플레이션이 갑자기 어디서 튀어나와서 사람을 괴롭히는지 억울할 따름입니다. 확신할 수는 없으나 아마 다른 많은 분들도 저와 비슷한 느낌을 받으셨을 거라고 생각합니다.

'경기침체(Recession)'라는 단어는 코로나19의 등장으로 경기가 가파르게 하락해가던 2020년 3월에 구글 트렌드에서 고점을 차지했습니다. 미국과 주요국들의 과감한 경기부양 정책에 힘입어 경기침체에 대한 대중들의 관심은 2020년 2분기 이후 2021년 말까지는 수그러들었지만, 2022년부터는 다시 연중 내내 꾸준하게 경기침체라는 키워드가 대중들의 주요 화두로 떠올랐지요. 구글 트렌드의 데이터만 놓고 보면 2020년 코로나19 초기에도, 그리고 2022년 이후 포스트 코로나19 때에도 사람들은 경기침체라는 키워드가 비슷한 강도로 머릿속에 떠다니고 있는 것입니다. 그만큼 많은 사람들이 2020년 3월과 똑같이 2022년에도 경기가 안 좋다고 직관적으로 느끼고 있다는 점을 방증(傍證)해주는 것 같습니다.

그런데 두 마리의 토끼로 비유될 정도로 경기만큼이나 중요한 인플레이션이란 단어는 사람들의 머릿속에 얼마나 중요한 키워드로 작용했을까요? 구글 트렌드에서 경기침체 키워드가 고점을 차지한

2020년 3월에는 인플레이션에 대한 관심도가 그리 높지 않았지만 2022년 6~7월에는 인플레이션이라는 키워드가 갑자기 높은 관심사로 떠올랐습니다. 즉 사람들이 느끼는 경기침체에 대한 분위기는 아래의 [도표 1-1]에서 보듯 2020년 3~4월이나 2022년 6~7월이나 대동소이하지만 2020년 3~4월에는 사람들에게 크게 관심받지 못하던 인플레이션이 2022년 6~7월에는 주요 관심사로 떠올랐다는 것입니다. 이 같은 차이점이 발생한 배경에는 실제로 인플레이션이라는 경제지표의 변화가 크게 한몫했다고 볼 수 있습니다. 2020년 3월

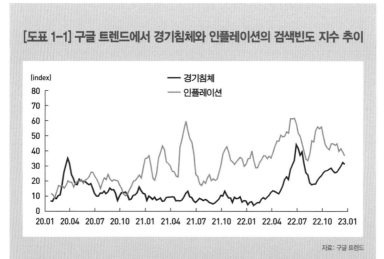

[도표 1-1] 구글 트렌드에서 경기침체와 인플레이션의 검색빈도 지수 추이

자료: 구글 트렌드

구글 트렌드의 수치는 해당 검색어의 관심도를 의미하고, 검색 빈도가 높을수록 100에 가까운 숫자로 표현됩니다. 구글 트렌드에서 경기침체 검색어가 고점을 차지한 2020년 3월만 해도 인플레이션에 대한 검색빈도는 그리 높지 않았습니다. 하지만 구글 트렌드에서 경기침체 키워드가 고점을 기록한 2022년 6~7월에는 인플레이션이라는 키워드가 2020년 3월과는 비교도 할 수 없을 정도로 높은 관심사로 떠올랐습니다.

부터 상승률이 낮아지기 시작한 미국 소비자물가지수 상승률은 5월을 기준으로 전년동월비 0.1%에 불과했으나, 2022년 6월에는 9.1%까지 높아졌으니까요.

동시에 구글 트렌드가 알려주는 경기침체와 인플레이션에 대한 검색빈도는, 경기흐름과 인플레이션이 동시적으로 함께 고려해야 하는 것임에도 불구하고 우리 눈으로 관찰되는 지표들이 변화되기 전까지는 한쪽 현상에만 사람들이 관심에 두고 있음을 방증하는 것으로 보이기도 합니다.

성장과 물가가 조합되는
4가지 경우의 수 ⟶

경제성장과 물가는 동시적으로 중앙은행들이 목표로 삼고 있을 만큼 그 중요성이 함께 고려되어야 하는 변수들입니다. 이 2가지의 변수는 일반적으로 서로 동행하지만 각각의 강도가 조합되는 경우에 따라 4가지의 국면 정도로 나눠볼 수 있습니다.

첫 번째는 성장이 강하고 물가상승률이 낮은 상황입니다. 경기가 막 저점에서 벗어나 정점을 향해 한참을 달려갈 때 나타나는 가장 전형적인 현상입니다. 두 번째는 성장의 속도가 점차 둔화되는 가운데 물가가 점점 높아지는 국면입니다. 경기가 확장의 중반부를 넘어가면서 성장의 속도가 둔화되지만 뒤늦게 물가상승률이 높아지는 현상입니다. 세 번째는 물가상승률은 여전히 높지만 성장의 속도가 더 빠르게 둔화되는 국면입니다. 보통 경기가 저점을 찾아가는 국면에서 나타나는 현상입니다. 네 번째는 성장이 악화되는 속도는 둔화되고 물가상승률이 빠르게 낮아지는 국면입니다. 경기가 저점 근처에 다다르는 가운데 반등을 시도하려는 에너지가 응축되는 과정에서 나타나는 현상입니다.

이와 같이 성장과 물가의 강도 조합에 따른 첫 번째부터 네 번째까지의 국면은 '확장-둔화-위축-회복'으로 분류되기도 합니다. 이러한 4가지의 국면을 일컬어 '경기변동(경기순환)의 주기(Business Cycle)'라고 부르며, 현실 경제에서 경기변동은 순환적인 흐름을 타고 끊임없이 반복되어 진행되는 현상입니다.

다만 경기변동에서 주기(cycle)라는 용어를 사용한다고 해서 각 국면에서 머무르는 물리적 시간까지 주기적으로 규칙적이거나 대칭적인 것은 아닙니다(이에 대해서는 2장에서 자세히 설명해드리겠습니다). 확장과 둔화 기간이 길고 위축이 짧을 수도 있으며, 반대로 확장과 둔화가 짧고 위축 기간이 상대적으로 길 수도 있습니다. 이렇듯 비대칭적인 주기(Asymmetrical Cycle)는 경기변동이라는 주제를 상당히 어렵게 만드는 원인이기도 합니다.

저는 경제분석과 전망을 주요 업무로 10년 이상 해왔고 지금도 그것을 업으로 하고 있음에도 불구하고, 경기변동이라는 주제가 쉽지만은 않은 게 솔직한 심정입니다. 성장에 영향을 미치는 요인들과 물가에 영향을 미치는 요인들은 서로 얽히고설킨 상태로 다양한 경로를 통해 작용하기 때문입니다. 이런 각 요인에 대한 분석과 해석을 통해 향후를 전망하는 것은 전문가의 영역이라고 말할 수 있겠으나, 비전문가의 입장에서도 적어도 현재 경기국면을 인식하는 정도의 힘을 기르는 것은 오늘날 매우 중요할 것 같습니다.

특히 요즘 많은 분들이 재테크에 관심이 높고 그만큼 자산가격의 움직임에 대해 민감하신 것 같은데, 오늘날 대부분의 자산가격은 경기변동의 큰 틀 안에서 독립되어 자유롭기가 힘들기 때문입니다. 예를 들면 경기변동의 순환과정에서 나타나는 4가지의 국면(확장-둔화-위축-회복)에서는 각 국면마다 수익률이 우수한 자산군들이 관찰되는 경향이 있습니다. 확장국면에서는 주식이, 둔화국면에서는 원자재가, 위축국면에서는 현금이, 회복기에는 채권이 우수한 경험적 패턴으로 관찰됩니다.

그런 면에서 글로벌 경제가 코로나19 충격에서 벗어나기 시작했던 2021년 초부터 2022년까지의 기간은 성장과 물가의 조합으로 구성되는 경기변동의 순환적 움직임을 짧은 기간 동안 압축해서 살펴볼 수 있는 좋은 기간인 것 같습니다. 비대칭적으로 움직이는 경기 사이클이 이 기간에는 그나마 비교적 대칭적인 흐름을 보였고, 흔히 경제분석을 직업적으로 하는 사람들끼리 말하는 '보기 편안한 예쁜 그림'이 그려졌기 때문입니다.

아울러 각 국면에서 어떤 자산들의 수익률이 우수했는지도 함께 돌이켜보신다면, 자산시장에 관심이 있으신 분들에게는 더할 나위 없는 학습 기간일 것 같습니다. [도표 1-2]는 2021년 1월부터 2022년

12월까지 24개월이라는 기간 동안 경기(경기선행지수)와 물가(소비자물
가상승률)를 측정하는 지표를 활용해서 구현해본 경기변동 – 투자시계
도(Business Cycle-Investment Clock)입니다. 미국경제와 금융시장이 전
세계에 미치는 영향력이 거의 절대적이기 때문에 대표적으로 미국의
실측 데이터를 이용해서 경기변동 사이클을 가시화한 차트입니다.

　2021년 1월 이후 코스피의 고점이 언제였는지, 유가와 같은 원자

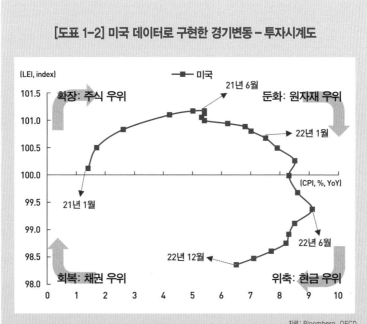

[도표 1-2] 미국 데이터로 구현한 경기변동 – 투자시계도

자료: Bloomberg, OECD

이 그림은 2021년 1월부터 2022년 12월까지 미국의 경기선행지수(Y축)와 소비자가상승률(X
축)의 추이를 도식화한 차트입니다. 24개월이라는 시간 동안 경기와 물가의 조합에 따라 경기순환
의 국면전환이 진행되는 가운데, 각 국면에서 우수한 수익률을 보인 자산이 어떤 것이었는지를 함께
생각해보면 많은 것을 얻으실 수 있습니다.

재 가격이 언제 고점이었는지, 주식과 채권 가격이 모두 하락하는 가운데 예금과 같은 현금 선호가 언제 극에 달했는지, 금융회사들이 채권 투자에 대한 관심을 가져야 한다고 외치는 시점이 언제였는지를 〔도표 1-2〕와 함께 돌이켜보면 좋은 공부가 될 것입니다.

다만 경기변동-투자시계도를 볼 때 주의하실 점은 과거의 패턴이 미래를 보장하지는 않는다는 것입니다. 〔도표 1-2〕의 차트만 보면 미국 경기가 시계방향의 패턴대로 움직여가는 매우 예쁜(?) 그림이 그려지고 있는데, 앞으로도 이런 패턴이 계속 이어질지 아닐지를 전망하는 것은 또 다른 차원의 문제라고 볼 수 있겠습니다.

자산가격과 경기변동, "파도를 만드는 건 바람이다" ⟶

경기변동-투자시계도가 시사하는 바는 '자산가격이라는 것은 경제성장률과 물가상승률이라는 2가지 요인의 조합에 의해 큰 방향성이 결정되는 경우가 많다'는 것입니다. 성장과 물가의 조합이라는 것은 결국 경기변동이라는 과정으로 표출되는데, 경기변동의 순환과정에서는 사람들이 결정하는 소비, 저축, 투자와 같은 경제적 의사결정이 함께 동태적으로 변화되기 때문입니다. 그리고 이것은 물가, 금리, 환율, 주가지수 등에 영향을 미치면서 다시 경기변동에 영향을 미치는 순환적 과정이 반복됩니다.

따라서 이런 경기변동의 순환적 흐름을 이해한다는 것은 현대 자본주의를 살아가는 우리들에게 매우 중요한 것이지만, 그 순환적 과정이 항상 관측 가능한 지표로 우리의 시야에 쉽게 포착되는 경우는 흔하지 않습니다. 그렇다 보니 경제나 금융시장을 면밀히 관찰하는 습관과 훈련이 부족한 분들은 아무래도 쉽게 관측 가능하면서 내 피부에 직접적으로 와닿는 지표들을 중심으로 경기를 판단하는 경향이 자연스럽게 생겨나는 것 같습니다. 즉 주식 투자를 많이 하는 사람은 주가지수의 부침으로, 외환 투자를 하는 사람은 환율로, 채권 투자를 하는 사람은 금리를 중심으로, 그리고 부동산 투자를 많이 하는 사람은 부동산 가격을 이 세상의 중심으로 바라보는 것입니다.

물론 이들 자산가격 역시 독립적으로 움직이는 것이 절대 아닙니다. 그래서 이런 자산가격에 관심이 많으신 분들은 자신이 주력해서 투자하는 자산군 이외에도 다른 변수들을 함께 파악하려고 많은 노력을 기울이는 것 같습니다. 하지만 그런 모든 자산가격들의 큰 흐름이 발생하는 기저(基底)의 속성을 간과하고, 가격변수들에만 집중하다 보면 의사결정에서 오판을 하는 경우가 종종 발생할 가능성이 높습니다.

개인적으로 저는 과거 한 시중은행의 외환 딜링룸에서 근무했던 경험이 있습니다. 딜링룸은 은행 간의 대규모 외환거래가 이루어지는 곳이며 뉴스에서 "오늘은 원/달러 환율이 1,200원을 기록했습니다"라는 멘트가 나올 때 보통 배경화면으로 많이 등장하는 전광판이 많이 달려 있는 곳입니다.

그때 만난 고객 분들 중에는 원/달러 환율이 1,200원만 넘어서면 한국경제가 망하는 것으로 알고 계신 분들이 심심치 않게 계셨습니다. 특히 그런 분들 중 일부는 원/달러 환율이 1,100원 하던 시절에는 달러를 사거나 투자할 생각을 하지도 않다가, 1,200원이 넘어서는 순간 한국경제가 망해서 원화가 종잇조각 취급을 받을 것이라며 이때 달러 투자를 하고 나서 막심한 후회를 하시는 분들도 계셨지요.

　물론 원/달러 레벨 1,200원에서 달러를 매수해서 수익을 얻은 경우도 없지는 않습니다. 2022년에는 '슈퍼달러'라는 명칭이 유행하면서 원/달러 환율이 1,450원에 육박하는 수준까지 오르기도 했었으니까요. 하지만 원/달러 환율이 1,400원을 넘어가는 그 순간, 한국경제가 매우 힘들었던 건 사실이지만 원화가 종잇조각으로 변하지 않았고, 오히려 환율상승으로 이점을 얻는 경제주체들도 분명 존재했을 것입니다.

　부동산도 마찬가지입니다. 특히 부동산 가격은 우리 피부에 와닿는 정도가 훨씬 큽니다. 주식, 채권, 외환 등 금융 분야는 시장에 참여하지 않으면, 적어도 그런 가격변수들의 부침이 나의 주머니를 직접 뒤흔드는 경우를 막을 수 있습니다. 하지만 부동산은 그렇지 못합니다. 무인도에서 움막을 짓고 살지 않는 이상, 현대사회에서 우리는 누구나 주거공간이라는 곳에서 살아가기 때문에 부동산시장에 강제적으로 참여되어 있습니다. 다만 '주거공간을 소유하느냐 임대하느냐'와 같은 의사결정이 개인이 처한 여러 가지 상황에 따라 달라지는 것입니다.

2020년부터 2021년 상반기까지 부동산시장에서는 "개집도 사놓으면 오른다"는 말이 유행하기도 했었습니다. 하지만 그런 부동산 대세 상승장의 배경에는 당시 정부가 추구했던 부동산정책, 코로나19로 인한 초저금리와 유동성, 사람들의 군중 심리 등이 복합적으로 작용했음을 부인하기 힘듭니다. 특히 2021년 상반기의 부동산시장과 2022년의 부동산시장의 분위기는 불과 1년 6개월 만에 이렇게 바뀔 수가 있을까 싶을 정도로 크게 변화되었습니다.

시장경제체제에서 자산가격이라는 것은 그것을 사려는 사람이 더 많으면 오르고, 팔려는 사람이 더 많으면 내려가는 지극히 단순하고 상식적인 원리가 작용을 합니다. 하지만 특정 상황에서 사람들이 무엇을 더 사고 싶어하고 무엇을 더 팔고 싶어하는지를 결정하는 과정

영화 〈관상〉 중. "난 사람의 얼굴을 봤을 뿐 시대의 모습을 보지 못했소. 시시각각 변하는 파도만 본 격이지. 바람을 보아야 하는데… 파도를 만드는 건 바람인데 말이오." (자료: 쇼박스)

에서는 경기변동이라는 큰 파도를 무시할 수 없습니다.

자산가격의 변화에 전혀 관심이 없는 분들이라고 할지라도, 현대 사회에서 대출 및 예금 금리 혹은 나와 가족의 일자리, 부동산 가격 등 우리의 경제적 삶과 관련된 이슈 대부분은 경기흐름으로부터 자유로울 수 없을 것입니다. 따라서 현대 자본주의 사회를 살아가는 분들이라면, 경기변동이 나의 관심사 밖의 일이라고 치부해버리는 것은 좋지 않은 습관일 것 같습니다.

개인적으로 재밌게 봤던 영화 중에 배우 송강호가 주연으로 나왔던 〈관상〉이라는 영화가 있습니다. 그 영화의 말미에 나오는 제 기억에 남아 있는 명대사가 하나 있습니다. "난 사람의 얼굴을 봤을 뿐 시대의 모습을 보지 못했소. 시시각각 변하는 파도만 본 격이지. 바람을 보아야 하는데… 파도를 만드는 건 바람인데 말이오." 이 대사는 오늘날 자본주의 시장경제체제를 살아가는 현대인에게 경기변동이라는 큰 그림에 대해 한 번쯤 다시 생각해보게 하는 것 같습니다.

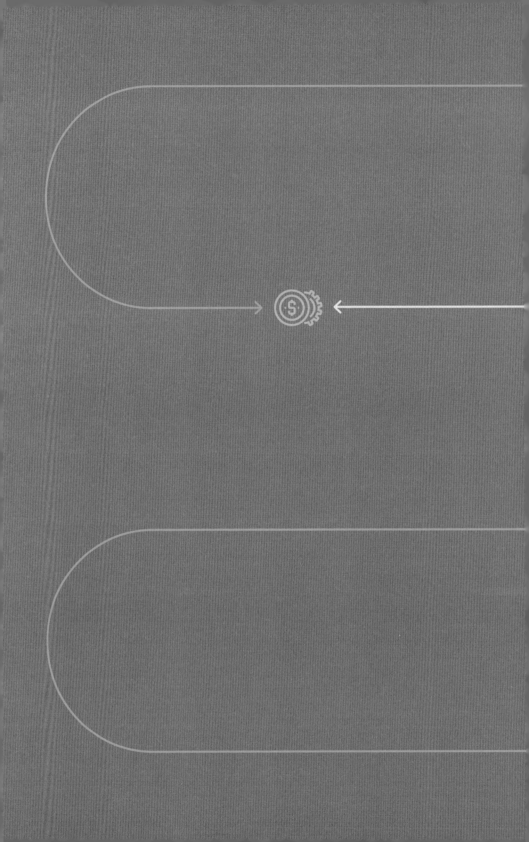

2장

경기순환(경기변동)은
자본주의의 달력이다

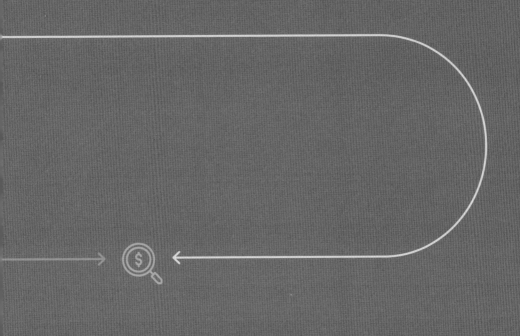

경기변동은 총수요와 총공급이 불일치하기 때문에 일어납니다. 총수요가 총공급보다 더 많은(적은) 상황이라면, 경제주체들이 원하는 물품과 서비스에 대한 수요가 다 채워지지 않고 있다(공급이 남고 있다)는 것을 의미하기 때문에 물품과 서비스에 대한 가격, 즉 물가가 올라갈(내려갈) 것입니다. 그럼 공급측면에서는 늘어나는(줄어든) 수요를 맞추기 위해 더 많이(더 적게) 생산할 것입니다. 총공급이 점점 늘어나면(줄어들면) 물가는 다시 하락(상승)할 것입니다. 이처럼 장기적으로 총공급과 총수요는 항상 균형점을 향해 움직이려는 내재적인 힘이 작용하는데, 양자가 움직이는 방향성과 속도에 따라 경기변동이 발생합니다. 국가경제에서 총수요가 많은지 총공급이 많은지는 대외수지(경상수지)라는 항목으로 표현됩니다. 따라서 한 국가의 대외수지(경상수지)는 그 나라의 경제적 상태와 특성에 대해 많은 힌트를 알려주고 있습니다.

경기순환(경기변동)이란
무엇인가?

　현대사회를 살아가는 우리는 모두 경제활동을 하고 있습니다. 아직도 수렵과 채집 생활로 생계를 이어가는 자연인이 아니라면, 우리는 누구나 직장에 다니든, 장사나 사업을 하든, 돈을 벌기 위한 활동을 하고 있을 것이며, 그렇게 돈을 벌어서 세금도 내고 필요한 물품도 사면서 소비활동을 하고 있을 것입니다.

　기업들은 기업들 나름대로 돈을 벌기 위해 열심히 상품이든 서비스든 그 무엇인가를 생산하는 활동을 하고 있을 것입니다. 기업도 그렇게 벌어들인 돈으로 세금도 내고, 생산시설 확충을 위한 투자도 하고, 고용도 할 것입니다. 정부는 세금을 받아서 공무원도 채용하고, 국가를 운영하기 위한 여러 가지 지출 활동을 벌일 것입니다.

　경제학에서는 여기서 언급한 '우리'를 가계로 부르기도 하는데, 이렇게 가계·기업·정부를 일컬어 경제를 구성하는 3주체라고 지칭합니다. 각 경제주체가 활동을 영위하기 위해서 돈을 벌고 쓰는 행위를 통틀어 경제활동이라고 부르는데, 이런 경제활동에 대한 결과는 여러 가지 경제지표로 측정이 됩니다.

경제 분야에 특별하게 관심이 없으신 분이라도 뉴스나 언론에서 한 번쯤은 '우리나라의 경제성장률이 몇 퍼센트를 기록했고 그래서 경제가 호황이다 혹은 불황이다' 하는 표현들을 한 번쯤은 들어보셨을 것 같습니다. 여기서 이야기하는 경제성장률은 보통 실질GDP성장률을 지칭합니다.

언론에서 실질GDP라는 지표가 자주 인용되는 것은, 많은 경제지표들 가운데 그만큼 한 국가의 총체적인 경제활동 수준을 가장 잘 보여주는 지표로 대변되기 때문입니다. 따라서 '실질GDP성장률이 몇 퍼센트 증가했다 혹은 감소했다'는 것은 우리 경제가 얼마나 활발하게 잘 성장하고 있는지 아니면 후퇴했는지에 대한 종합 성적표라고 볼 수 있겠습니다.

저는 학창시절에 공부를 썩 잘했던 편은 아니었기에 성적표를 받는 게 그렇게 즐겁지만은 않았던 것 같습니다. 그런데 이렇게 달갑지 않은 경제 성적표를 굳이 만들어서 우리가 확인하고 그것을 공론화하고 평가하는 이유는 왜 그럴까요? 교육학에서 평가의 긍정적인 목적은 못하는 것을 질타함에 있는 것이 아니라 수학(受學)하는 사람의 이해도와 상태가 어떤지를 점검하는 데 있다고 하지요. 마찬가지로 경제의 성적표를 통해 우리가 확인하고자 하는 것은 현재 경제적 상태(economic status)가 어떤 상황인지 정확하게 파악할 필요가 있기 때문입니다.

경제적 상태라는 것은 다른 말로 경기(景氣, business)라고도 부릅니다. 영어 표현인 비즈니스는 직관적으로 바로 와닿으실 것 같은데, 괄호 안에 있는 한자를 보면 '볕 경'자에 '기운 기'자를 쓰고 있습니다. 한자로 풀어보면 '햇빛이 드는 기운'입니다. 그런데 햇빛이 늘 일정하지는 않습니다. 햇빛이 뜨겁게 내리쬐는 여름이 있으면 그렇지 않은 겨울도 있고, 계절의 흐름에 따라 사계절이 순환합니다. 마찬가지로 경제적 상태인 경기도 굉장히 뜨거울 때(호경기)가 있고, 차가울 때(불경기)가 있습니다.

이렇게 호경기와 불경기가 반복되는 순환적 움직임을 두고 경제학에서는 경기순환 또는 경기변동이라고 부릅니다. 농경 사회에서 뜨거운 여름이 지나고 수확의 계절인 가을이 오면 곧 닥치게 될 추운 겨울을 대비하기 위한 준비를 할 수 있듯이, 현대사회에서 경기순환을 이해한다는 것은 각 경제활동을 위한 예측과 대비를 어느 정도 할 수 있다는 것을 의미합니다.

경기순환을 이해하기 위해서는 몇 가지의 용어에 대한 이해가 필요합니다. 봄, 여름, 가을, 겨울처럼 계절을 구분하는 명칭이 있듯이 경기순환에도 각 국면을 구분하는 용어가 있습니다.

일반적으로 경기순환의 움직임 과정에서 저점(trough)에서 다음 저점까지의 기간(혹은 고점에서 다음 고점까지의 기간)을 주기(cycle)라고 부르고, 저점에서 정점(peak)까지를 확장국면(expansion), 정점에서 저점까지를 위축국면(contraction)이라고 부릅니다. 단어의 어감에서 느

꺼지는 바와 같이 저점이라는 것은 햇빛이 매우 적어 추울 수밖에 없는 한겨울을 의미하고, 반대로 정점은 햇빛이 매우 뜨겁게 내리쬐는 한여름으로 보면 편하게 이해하실 수 있을 것 같습니다.

따라서 확장국면은 경제가 추운 엄동설한의 겨울에서 벗어나 한여름까지 가는 과정을, 그리고 반대로 위축국면은 한여름의 정점에서 추운 혹서기까지 가는 과정을 의미한다고 보면 편하실 것 같습니다.

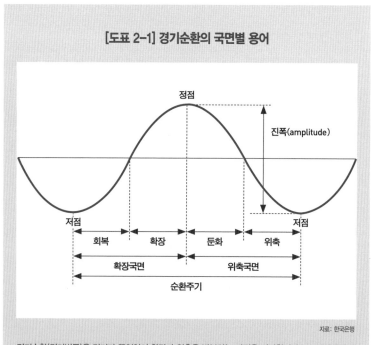

[도표 2-1] 경기순환의 국면별 용어

자료: 한국은행

경기순환(경기변동)은 경기가 끊임없이 확장과 위축을 반복하는 과정을 의미합니다. 그 과정에서 경기흐름의 각 국면을 구분하기 위해서 이 그림에서와 같은 명칭을 사용합니다. 경기국면은 크게 2분류(확장-위축)로 구분하는 방법과, 확장과 위축 단계를 다시 각각 2단계로 분류하는 4분류(회복-확장-둔화-위축) 방법이 있습니다.

크게는 경기순환 과정을 이렇게 확장국면과 위축국면, 2가지 국면으로 나눌 수가 있겠습니다. 여름과 겨울 사이에 가을과 봄이 존재하는 것처럼 4단계로 경기순환을 더 분류하면 '회복 → 확장 → 둔화 → 위축'으로 구분할 수 있습니다.

　지금까지 말한 경기순환의 국면은 〔도표 2-1〕을 참조하면 더 잘 이해되실 것 같습니다.

경기순환 국면에서는
어떤 특징들이 관찰되나? ─────────────→

　우리가 계절을 구분하는 데 있어서 '매년 6월 1일부터 8월 31일까지를 공식적으로 여름으로 선언한다'와 같은 명시적인 기준은 없습니다. 하지만 경기순환에 있어서는 '어느 정도'의 선언적인 기준이 존재합니다. 오늘날 OECD와 같은 주요 기관이나 각 국가의 중앙은행 혹은 통계청에서는 경기순환의 기준 저점과 고점을 공표하고 있습니다. 따라서 경기순환을 2단계로 분류하는 기준은 비교적 공신력이 확보된 일자로 명확한 편입니다. 그런데 제가 '어느 정도'라고 표현한 이유는 경기 정점과 저점에 대한 공식적인 확정이 사후적으로 선언되기 때문에 현재 느껴지는 경기가 매우 안 좋다고 느껴지더라도 지금이 경기 저점인지 아니면 더 안 좋아질 것인지를 당장 파악하기 힘들다는 한계점이 있기 때문입니다.

[도표 2-2] 한국의 기준순환일 및 국면지속 기간

	기준순환일			지속기간(개월)		
	저점	정점	저점	확장기	수축기	순환기
제1순환기	1972. 3	1974. 2	1975. 6	23	16	39
제2순환기	1975. 6	1979. 2	1980. 9	44	19	63
제3순환기	1980. 9	1984. 2	1985. 9	41	19	60
제4순환기	1985. 9	1988. 1	1989. 7	28	18	46
제5순환기	1989. 7	1992. 1	1993. 1	30	12	42
제6순환기	1993. 1	1996. 3	1998. 8	38	29	67
제7순환기	1998. 8	2000. 8	2001. 7	24	11	35
제8순환기	2001. 7	2002. 12	2005. 4	17	28	45
제9순환기	2005. 4	2008. 1	2009. 2	33	13	46
제10순환기	2009. 2	2011. 8	2013. 3	30	19	49
제11순환기	2013. 3	2017. 9	-	54	-	-
평균	-	-	-	33	18	49

자료: 통계청

이 자료는 통계청에서 추산하는 한국경제의 기준순환일입니다. 1972년 이후 한국경제는 총 11순환기를 거쳤다는 것을 명시적으로 확인할 수 있습니다. 하지만 경기 저점과 경기 정점에 대한 공식적인 선언은 항상 사후적으로 오랜 검증을 거친 뒤에 발표된다는 한계점이 있습니다.

경기순환을 2단계로 구분하는 방법도 어려운데, 4단계로 나누기는 더욱 어렵습니다. 그래서 경기순환의 4단계 국면으로 분류하는 방법에 있어서는 기준 설정과 판단에 대한 잣대가 연구기관 혹은 연구자에 따라 다소간의 차이를 보이기도 합니다. 현재 경기가 안 좋다고 하더라도 향후 더 안 좋아질 것인지 아니면 이제 나아질 것인지에 대한 경제전망이 기관이나 연구자마다 차이가 나는 이유가 여기에 있습니다. 하지만 이런 한계점에도 불구하고 현재 내가 살고 있는 지금의 경제가 경기흐름의 큰 그림에 있어서 순환 국면의 어디쯤에 위치해 있는가를 판단하는 문제는 매우 중요합니다.

농경 사회에서 계절의 흐름을 이해하는 것이 경제활동에 있어서 가장 중요하듯이 현대 자본주의 사회에서는 경기순환의 중요성이 그에 비견된다고 할 수 있겠습니다. 비록 그 과정에서 '경기순환을 2단계 분류로 볼 것이냐 혹은 4단계 분류로 볼 것이냐' 하는 것은 차치하더라도, 경기흐름의 큰 맥락을 파악한다는 것은 앞으로 도래할 경기흐름의 큰 파도를 인지하고 그에 대한 불확실성을 대비할 수 있기 때문입니다.

특히나 일반적으로 경기의 각 순환 국면에서는 경제와 금융시장에서 어느 정도로 정형화된 경험적인 현상(stylized fact)이 관찰됩니다. 예를 들어 경기가 확장하는 국면에서는 각 경제주체들 간 주머니에서 주머니로 돈이 잘 순환되는 경향이 있습니다. 호경기에는 실업률이 낮고 그만큼 사람들의 노동소득도 좋습니다. 돈이 잘 벌리는 만큼 사람들은 돈을 더 잘 쓰는 경향이 있습니다. 그래서 물건을 생산하는 기업들도 매출이 올라가게 됩니다. 그 돈으로 생산시설을 확충하고 사람들을 더 채용하는 순환적 과정이 반복되면서 돈의 흐름이 원활하게 진행되는 것이지요. 그러다 보니 가계도 기업도 돈을 쓸 일이 더 많아집니다. 그러면서 물가가 올라가는 경향이 있습니다. 돈에 대한 수요가 많아지면서 돈에 대한 사용가격이라고 볼 수 있는 금리도 함께 올라갑니다. 그리고 보통 이런 상황에서 금융시장에서는 경제에 대한 낙관론이 높아지면서 기업들의 성장성이 주목을 받게 됩니다. 기업들의 높은 성장 기대감은 주가상승으로 나타나게 됩니다. 반대로 경기가 위축되는 국면에서는 지금 설명한 내용과 반대의 현상이 나타난다고 보면 될 것 같습니다.

[도표 2-3] 경기의 각 국면에서 나타나는 경제와 금융시장에서의 일반적 현상

경기국면	실질GDP	소비	투자	고용	물가	금리	주가
확장	상승	증가	증가	증가	상승	상승	상승
위축	하락	감소	감소	감소	하락	하락	하락

위의 표는 경기변동을 크게 2국면으로 분류했을 때, 경제와 금융시장에서 관찰되는 일반적인 현상입니다. 각 경기국면에서 위와 같은 현상이 예외 없이 100% 나타나는 것은 아니지만, 경험적으로 관찰되는 정형화된 패턴(stylized fact)입니다.

따라서 경기순환에 대해 이해한다는 것은 현재 경제상황이 경기 국면의 큰 그림에서 어디에 위치해 있는지 '현재를 인식'한다는 데 첫 번째 의의가 있습니다. 그리고 이를 통해 향후 경제 혹은 금융시장에서 어떤 현상이 나타날 것인지 대략적인 '미래를 예상'해볼 수 있다는 데 두 번째 의의가 있을 수 있겠습니다.

물론 이러한 경기에 대한 판단과 향후 전망이 모두 과거의 경험적 패턴대로 흘러가고 움직인다는 보장은 없습니다. 경기순환이라는 것은 경제적인 요소들 이외에도 정치와 정책, 사회적 요인 등 그야말로 예측하기 힘든 수많은 요인들이 복합적으로 작용하기 때문입니다. 그런 면에서 1년이라는 시간을 사계절로 구분하는 것보다 경기순환을 2국면 또는 4국면으로 나눠보는 일이 훨씬 복잡하고 힘든 과정입니다. 하지만 적어도 확실한 한 가지는 '경기라는 흐름은 영원히 일방적이지 않고, 순환적 움직임을 보이며 역사적으로 흘러왔다'는 사실입니다.

섬나라 폐쇄경제에서 출발하는
경기순환의 근원 ─────────────────→

그럼 경기는 왜 순환하고 변동할까요? 경제학 용어로 설명해드리자면 경기순환은 경제 생태계에서 총수요(AD; Aggregated Demand)와 총공급(AS; Aggregated Supply)이 불일치하기 때문에 발생한다고 볼 수 있겠습니다.

경제 내에서 총수요와 총공급이 일치하는 상황을 '균형(equilibrium)'이라고 부릅니다. 경제가 균형인 상태에서는 경기변동이 이론적으로 발생하지 않습니다. 교과서에 나오는 표현으로 설명해서 다소 어렵게 느껴지실 수도 있지만, 보다 쉽게 설명해드리자면 경기순환은 인류가 누구나 소비자이자 생산자로서 역할을 하고 교환경제체제를 맞이하면서 나타난 필수 불가결한 현상입니다.

제가 학교 다닐 때 공부했던 내용 중에 '로빈슨 크루소(Robinson Crusoe) 모형'이라는 것이 있습니다. 아시다시피 널리 알려진 『로빈슨 크루소』는 영국의 작가인 대니얼 디포(Daniel Defoe)의 소설입니다. 이 소설 속 주인공의 이름을 따온 로빈슨 크루소 모형은 거시경제학을 공부하신 분들이라면 누구나 한 번쯤 배웠던 내용일 정도로 대표적인 모형입니다. 하지만 저의 기억 속에 로빈슨 크루소 모형은 교과서를 펴자마자 닫아버리고 싶을 정도로 미분으로 가득 찬 수식과 차트가 빼곡하게 적혀 있었습니다. 그 모형의 일부분을 풀어서, 저의 가정과 해석을 조금 가미해 경기변동의 원인을 이해하기 쉽게 살펴보도록 하겠습니다.

경제학에서 로빈슨 크루소 모형은 소설처럼 A라는 사람이 무인도에서 혼자 살고 있다는 데에서부터 시작하는데, 그것도 딱 하루만 사는 것이라고 가정해보겠습니다. 이것을 경제학 교과서에서는 '유한 기간의 1인 경제 모델' 혹은 '생산자·수요자 동일 모형'이라고 부르기도 합니다. A라고 하는 이 사람은 각종 천연자원을 바탕으로 스스로 수요하는 만큼만 공급한다는 것이 특징입니다. 수요와 공급이라는 용어를 쓰지 않고 쉽게 이야기해보면 이런 식입니다. '배가 고프면(= 식량에 대한 수요가 발생하면) 필요한 만큼 물고기를 잡아먹거나 과일을 따먹는다(=식량을 공급한다)'와 같은 설명이 될 수 있겠네요.

이 A라는 사람은 무인도에서 하루만 지내면 되기 때문에 필요 이상으로 물고기를 많이 잡거나 과일을 많이 따서 남겨야 할 이유도 없고, 적게 채집할 이유도 없습니다. 즉 수요보다 공급을 많이 해서 저장해야 할 필요도 없고, 수요보다 공급을 적게 해서 빌려올 필요도 없습니다. 무인도니까 빌려올 곳이 없다는 표현이 더 정확할 수 있겠네요. 한편 여기서 물고기를 잡거나 과일을 따는 행위는 노동의 공급이라고 볼 수 있겠습니다. 노동 외의 시간에는 휴식을 취하기 때문에 노동의 공급과 수요도 본인의 의사[노동의 공급으로 A가 포기해야 하는 휴식에 대한 기회비용과 배를 채울 수 있는 효용이 등가(equivalence)로 성립되는 수준]에 따라 결정할 수 있습니다.

하지만 이 무인도에 한 명이 추가로 오게 되고 둘이서 꽤나 오랜 시간을 함께 살아야 한다고 생각해보겠습니다. 그리고 그 둘은 서로 다른 이질성(heterogeneous)을 지녔을 가능성이 높습니다. 원래 있던 A라는 사람은 물고기를 잘 잡지만 과일 따기는 잘 못하는 반면, B라는 사람은 물고기를 잡는 기술은 부족하지만 과일 따기는 꽤 잘하는 편이라는 식이죠. A라는 사람과 B라는 사람은 서로가 물고기와 과일을 먹는 양도 다르고, 물고기와 과일 중에서 좋아하는 음식도 다르기 때문에 둘은 '교환'을 하기 시작합니다.

따라서 A는 과일 따기보다는 물고기 잡는 게 훨씬 수월하기 때문에 자기가 필요한 것 이상으로 많은 물고기를 잡아놓아야만 자기가 필요한 만큼 먹고, 남은 것은 과일 따기를 잘하는 B에게 가져가서 물고기를 과일로 교환할 수 있을 것입니다. B도 마찬가지의 이유로 자기가 필요한 정도 이상으로 많은 과일을 따놓아야만 A와 물고기로 교환할 수 있겠죠. 이런 물물교환 경제 생태계에서는 A가 먹고 남은 물고기의 양과 B가 먹고 남은 과일의 양이 서로 교환을 원하는 수준에서 일치할 경우에는 아무런 문제가 발생하지 않습니다.

하지만 A는 B가 얼마나 물고기를 필요로 할지 예측하기가 쉽지 않습니다. A가 예상했던 것보다 B가 물고기를 조금밖에 필요로 하지 않을 때에는 A가 필요한 물고기 이상을 잡기 위해 수고한 노력이 모두 헛된 일로 돌아갈 수 있을 것입니다. 혹은 A가 예상했던 것보다 B가 물고기를 더 많이 필요로 할 경우에는 어떻게 될까요? A에게는 이런 여러 가지 문제가 발생할 수 있겠는데, 이는 B의 입장에서도 마찬가지일 수 있겠습니다. 이런 경우에 남는(혹은 모자란) 물고기나 과일은 저장해야 하거나 어디선가 빌려와야 하는 상황이 발생할 수밖에 없겠죠.

여기서 더 나아가 이 섬에 C, D, E…라고 하는 사람들이 무수히 많이 들어왔다고 가정해보면 문제는 더욱 복잡해집니다. 그리고 이제 서로 다른 특성을 지닌 A, B, C, D, E…들이 이 섬에서 평생을 살아야 한다고 가정해보면, 각자가 생계를 유지하기 위해 생각해야 하는 골칫거리들은 기하급수적으로 늘어날 것입니다. 누가 무엇을 잘하고 좋아하는지, 나의 노력(비용)을 최소화해서 어떤 선택으로 교환해야 최대의 효용가치(utility value)를 누릴 수 있는지가 각자의 머릿속에 가장 중요한 숙제로 자리 잡기 때문입니다.

지금까지 언급했던, 가상의 로빈슨 크루소들이 살아가는 섬나라 경제 생태계는 현재를 살고 있는 우리 경제 생태계를 비유해서 축소한 모형입니다. A, B, C, D, E…들은 각각 경제활동을 통해 살아가는 경제주체라고 볼 수 있겠습니다. 물고기와 과일은 각 경제주체들이 생산하는 물품이나 서비스에 비유할 수 있습니다. 실제 경제와 다른 점이 있다면 오늘날 경제적 거래 행위는 물건이나 서비스에 대한 대가를 화폐를 통해 지불하는 구조이지만, 여기서는 직접 교환한다고 가정한 차이가 있을 뿐입니다.

여기서 중요한 점은 섬나라 경제 생태계에서 이야기했던, 그들이 소비하고 남는(혹은 부족한) 물고기와 과일에 대한 개념입니다. 그들이 모두 소비한 물고기와 과일의 총량을 거시경제학 용어에는 총소비(gross consumption)라고 하고, 이들이 총소비 후 남은 물고기와 과일의 총량을 총저축(gross saving)이라고 합니다. 따라서 총저축이 0보다 크다는 것은 경제 생태계에서 소비되는 총량 이상의 재화와 서비스가 남아 있다는 것을 의미(혹은 필요 이상으로 생산되어 남아 있다는 것을 의미)합니다. 반대로 총저축이 0보다 작다는 것은 경제 생태계에서 필요한 총량보다 재화와 서비스가 부족하다(혹은 필요한 총량보다 덜 생산되어 있다)는 것을 의미한다고 볼 수 있겠습니다. 만약 총저축이 0이라면 총수요와 총공급이 일치되는 상황에 해당한다고 볼 수 있겠습니다. 총수요와 총공급의 일치, 즉 경제 내의 총자원이 남거나 부족하지 않은 상태를 경제학 용어로는 최적상태(optimal) 혹은 균형상태(equilibrium)라고 부릅니다.

지금까지 이야기한 상황을 현실적으로 조금만 생각해보면 경제의 균형상태가 장기간 유지되기는 매우 어렵다는 것을 직관적으로 이해하실 수 있을 겁니다. 각 경제주체들은 한두 달 혹은 1~2년 동안 경제 생활을 하는 것이 아니고 여러 세대에 걸쳐 무한 기간을 살아가고 있습니다. 기업은 기업대로, 가계는 가계대로의 다양한 이유로 각각의 정도에 따라 소비와 저축(혹은 생산과 투자)을 결정하기 때문입니다. 즉 경제주체들의 다양한 경제적 행위에 대한 결과물이 모두 모여 총소비와 총저축이라는 형태로 나타나기 때문에, 경제 생태계에서 총수요와 총공급이 딱 맞아떨어지는 경제의 균형상태가 오랫동안 유지되기는 쉽지 않습니다.

만약 총수요가 총공급보다 더 많은 상황이라면, 다른 말로 총저축이 0보다 작은 상황이라면 이는 경제주체들이 원하는 물품과 서비스에 대한 요구가 다 채워지지 않고 있다는 것을 의미하기 때문에 물품과 서비스에 대한 가격, 즉 물가가 당연히 올라갈 것입니다. 그럼 공급자의 역할을 하는 경제주체들은 늘어나는 수요를 맞추기 위해 더 많이 생산하려고 하겠죠. 즉 총공급이 점점 늘어나면서 총수요를 충족해가는 과정이 진행될 것이고, 총저축은 점점 늘어나서 0으로 다시 수렴해가면서 상품과 재화에 대한 가격인 물가는 다시 안정화를 보일 것입니다.

그런데 여기서 공급을 담당하는 경제주체들이 앞으로 수요가 지금보다도 더 많아질 것으로 전망하고 공급을 계속해서 늘려가는 바람에, 이제는 상황이 반대로 총공급이 총수요보다 더 많아진 상황이 되었다고 가정을 해봅시다. 즉 총저축이 0보다 큰 상황이 되어버린 거죠. 이때의 상황은 어떻게 전개될까요? 당연히 앞서 설명한 상황(총수요가 총공급보다 더 많은 상황)과 반대의 일들이 펼쳐질 가능성이 높겠죠. 경제 생태계에서 경제주체들이 원하는 물품과 서비스보다 잉여되는 물량이 훨씬 많기 때문에, 그것의 가격인 물가는 하락할 것입니다. 그러면서 공급자의 역할을 하는 경제주체는 생산량을 조절할 것이고, 그렇게 총수요에 맞는 수준으로 총공급량이 줄어들면서 총저축은 다시 0으로 수렴해가는 과정이 진행될 것입니다.

경기순환을 알아야 하는 이유, 경기순환은 자본주의의 달력이다 ⟶

앞서 말한 과정을 조금 더 현실 경제와 비슷하게 생각해보겠습니다. 공급자들이 공급량을 늘려가는 과정에서 기업들은 공장을 증설하기 위해 대출을 늘립니다. 그리고 늘어난 공장만큼 인력도 더 필요하니까 사람도 더 많이 고용할 것입니다. 공장을 운영하면서 물건을 만들기 위한 원자재가 더 많이 필요하니까 원자재 가격도 올라갈 것입니다. 그리고 공장에 새롭게 취업한 사람들은 받아가는 급여로 소비를 할 것이고, 재테크를 하면서 성장성이 유망한 기업들을 골라 주식 투자를 많이 하니까 주가도 올라가는 일들이 발생할 것입니다. 돈에 대한 수요가 공급자도 소비자도 모두 늘어나면서 금리도 높아지겠죠. 이런 모습은 경기가 확장되는 국면에서 관찰되는 대표적인 현상들입니다.

이와는 반대로 공급자들이 공급량을 줄여가는 과정을 생각해봅시다. 즉 경기가 위축되는 국면에서는 잘 돌아가던 공장도 이제는 가동률을 낮추거나 일부를 폐쇄해야 할 것이고, 그만큼 인력도 필요가 없어지니까 실업자가 늘어날 것입니다. 공장 가동률이 낮아지니까 원자재도 수요가 줄어 가격이 하락하겠죠. 실업자가 늘어난 사회에서는 소비가 활발하게 진행되기도 힘들 것이고, 주식 투자와 같은 재테크가 활성화되기 힘들겠지요. 그래서 전반적으로 물가가 하락하고 돈에 대한 수요 자체가 줄어드니까 금리도 하락할 것입니다. 이런 모습은 경기가 위축되는 국면에서 우리가 쉽게 볼 수 있는 현상들입니다.

지금까지 예를 들어 설명한 내용은 경제 모형을 간단하게 가정해서 경기순환의 확장국면과 위축국면에 대해 이해하기 쉽게 설명한 것입니다. 하지만 실제로 우리가 경제활동을 하며 살고 있는 현실에서 경기순환은 위와 같은 과정들이 복잡하게 반복되고 있습니다. 또한 설명의 편의를 위해 마치 그 과정이 주로 공급자 역할을 하는 기업이 공급량을 늘리거나 줄이는 과정에서 경기순환을 주도하는 것처럼 말했는데, 실제로는 총수요와 총공급은 서로 "닭이 먼저냐 아니면 계란이 먼저냐?"의 질문처럼 서로 순환적인 영향을 주고받기 때문에 그 원인이 어디에 있다고 구분 지어 말하기도 쉽지 않습니다.

참고로 경제학에서는 경기변동을 바라보는 수요 중심적 접근과 공급 중심적 접근에 따라 경제학파별 논쟁이 시작된다고 볼 수 있습니다. 이 책에서 경제학파별 설명을 잠깐씩 드리겠습니다만, 경제학설사를 전문적으로 공부하시는 분들이 아니라면 '오늘날 총수요와 총공급은 서로 영향을 주고받는 관계이고, 그것에는 경제적인 요인 말고도 인구학적·사회문화적·지정학적·정치적 요인 등이 복합적으로 작용한다'는 정도로만 알고 있어도 괜찮습니다.

종합적으로 1년을 사계절로 분류할 때 '평균적으로 각 계절마다 3개월 정도가 됩니다'라고 이야기할 수는 있어도 '경기순환에서 확장기간은 보통 몇십 개월'이라고 결론지어버리는 것은 자칫 비합리적일 수 있습니다. 중요한 것은 앞서 설명한 바와 같이 경기순환에 대한 기준일자는 공신력 있는 기관에서도 항상 사후적으로만 발표할 뿐이

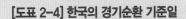

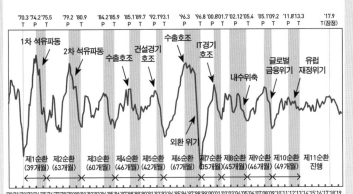

[도표 2-4] 한국의 경기순환 기준일

'70.3 '74.2 '75.5   '79.2 '80.9   '84.2'85.9   '85.1'89.7   '92.1'93.1   '96.3   '96.8 '00.8'01.7'02.12'05.4   '05.1'09.2   '11.8'13.3   '17.9
T P T   P T   P T P T P T   P   T P T P T P T P T   T(잠정)

1차 석유파동
2차 석유파동
수출호조
건설경기 호조
수출호조
IT경기 호조
외환 위기
내수위축
글로벌 금융위기
유럽 재정위기

제1순환 (39개월) 제2순환 (63개월) 제3순환 (60개월) 제4순환 (46개월) 제5순환 (42개월) 제6순환 (67개월) 제7순환 (35개월) 제8순환 (45개월) 제9순환 (46개월) 제10순환 (49개월) 제11순환 진행

'70'71'72'73'74'75'76'77'78'79'80'81'82'83'84'85'86'87'88'89'90'91'92'93'94'95'96'97'98'99'00'01'02'03'04'05'06'07'08'09'10'11'12'13'14'15'16'17'18'19

P: 정점(Peak), T: 저점(Trough)

자료: 통계청

이 그림은 1970년대 이후 한국경제에서 나타난 총 11번의 순환주기를 보여주는 차트입니다. 경기순환은 다양한 사건이 모여 발생하는 것을 알 수 있습니다. 특히 경기순환주기가 대칭적으로 발생하지 않고 기준순환일의 공표가 사후적이기 때문에, 현재 내가 살고 있는 오늘날의 경기흐름이 순환주기의 어디쯤에 해당되는지를 파악하려는 경제적 시계(視界)를 갖출 필요가 있습니다.

지 그 누구도 정확히 찍어서 이야기해주지 않는다는 점입니다. 그래서 경기순환이 발생하는 원리를 이해하고 내가 살아가고 있는 지금이 순간이 경기순환 국면의 어디쯤에 해당되고 있는지를 파악하는 것은 자본주의를 살아가는 우리들의 경제적 시계(視界) 확장을 위한 필수적인 공부라고 할 수 있겠습니다.

아는 만큼 보이는
총저축과 경상수지에 대한 이야기들 ──────→

앞서 이야기한 바와 같이 총수요와 총공급이 불일치하는 현상은 실제 경제현상에서 매우 빈번하게 발생합니다. 오늘날 현대사회에서는 매우 빈번한 정도가 아니라 늘 불일치하는 게 오히려 정상이라고 봐도 무방할 듯합니다. 경제 내에서 총저축이 너무 과도하거나 너무 부족하다는 것은 총수요와 총공급이 불일치되고 있다는 것을 의미하고, 경제 시스템 내에서 총수요와 총공급이 균형점을 찾아가는 과정에서 경기가 확장되기도 하고 위축되기도 합니다. 이런 움직임이 경기순환이라고 볼 수 있는 것입니다.

그럼 이 부분을 읽었을 때 누구나 직관적으로 한 번쯤은 '총저축이 마이너스라는 것이 무슨 뜻일까? 각 경제주체들이 소비나 투자 같은 행위를 하고 남겨진 총합이 총저축인데 어떻게 음수가 나올 수가 있지?'라는 의문을 가지셨을 것 같기도 합니다. 이에 대한 부연 설명을 조금 더 드리겠습니다.

거시경제적 개념의 총저축은 미래를 위해 투자를 하는 행위, 즉 기업이 공장을 짓기 위한 설비투자가 포함되는 개념입니다. 따라서 총저축에서 이런 총투자를 제외한 개념을 총순저축(gross net saving)이라고 부르는데(총저축-총투자=총순저축), 총투자가 총저축 내에서 이루어진 지출의 일환이라는 점을 감안하면 총투자는 총저축보다 클 수가 없습니다. 즉 이론적으로는 총순저축은 0보다 작을 수가 없다는 것이지요.

하지만 이는 대외 경제와 무역을 하지 않는 로빈슨 크루소가 살고 있는 섬나라처럼 폐쇄형 경제일 때를 상정한 것입니다. 어떤 섬나라가 다른 섬나라와 교역을 하게 되면, 즉 외부 경제와 무역을 하게 된다면 총순저축은 외부로부터 차입을 해오는 형태로 음수로 표현이 가능해집니다. 아울러 개념적으로 앞서 말한 '총저축이 0보다 작다 혹은 크다'의 설명은 '총순저축이 0보다 작다 혹은 크다'와 그 개념이 같습니다. 따라서 '총투자가 총저축보다 더 큰 상황'이라는 이야기와 '총순저축이 0보다 작은 상황'이라는 표현은 같은 의미이고, 이는 경제 내에 남아 있는 재화와 서비스의 양이 총수요를 충족시키지 못해서 모자란 상황이라고 이해하면 됩니다.

이런 환경에서는 앞서 말한 대로 공급자 역할을 하는 경제주체들이 공급량을 늘리려고 합니다. 공급량을 늘리는 데에는 생산 자체를 증가시키는 방법이 있지만, 폐쇄경제가 아닌 경우 외국에서 모자란 상품과 서비스를 수입해오는 방법도 있을 수 있습니다. 그래서 총순저축이 낮은 국가들은 수입을 수출보다 더 많이 하는 경향이 있고, 그 결과 국가경제에서 무역과 서비스 그리고 자본에 대한 거래 전반의 회계장부라고 볼 수 있는 경상수지가 적자를 기록하는 경우가 많습니다.

반대로 총투자가 총저축보다 더 작은 상황이라는 말과 총순저축이 0보다 큰 상황이라는 표현은 같은 말입니다. 이는 경제 내에 남아 있는 상품과 서비스가 총수요를 충족시키고도 남아 있는 상황이라는 것을 의미합니다. 이런 상황에서 공급자는 그것들을 헐값에 판매하려고 애쓰기보다는 교역을 통해 그것을 필요로 하는 국가에 수출하는 것이 더 이득일 수 있겠습니다. 그래서 총저축이 높은 국가는 수입보다 수출을 더 많이 하기 때문에 경상수지가 흑자인 경향을 보입니다.

이처럼 한 국가의 경제활동에서 경상수지라는 항목은 총순저축으로 그 의미가 해석된다고 보면 될 것 같습니다. '경상수지가 흑자(적자)인 국가들은 총순저축이 높은(부족한) 국가이구나'라는 식입니다.

다만 개인에게 있어서 저축은 본인이 벌어들이는 소득에서 얼마를 쓰고 얼마를 저축할 수 있는지를 결정하는 선택 변수인 반면에, 거시

[도표 2-5] 거시경제에서 경상수지가 갖는 의미

(1) 국민소득항등식

$$Y = C+I+G+(X-M) \Rightarrow Y-C-G = I+(X-M) \Rightarrow$$
$$S = I+(X-M) \Rightarrow S-I = X-M$$

(2) 경상수지의 경제적 의미

1) $X-M>0 \Leftrightarrow S>I$: 경상흑자 $\Leftrightarrow$ 총투자 $>$ 총저축 $\Leftrightarrow$ 총순저축 >0
2) $X-M<0 \Leftrightarrow S<I$: 경상적자 $\Leftrightarrow$ 총저축 $<$ 총투자 $\Leftrightarrow$ 총순저축 <0

Y:국내총생산, C:민간소비, I:총투자, G:정부지출, X:수출, M:수입, S:총저축, X-M≒경상수지

자료: 저자 작성

이 그림은 경제학원론 교과서에서 쉽게 찾을 수 있는 국민소득항등식으로부터 대외수지(경상수지)가 갖는 의미를 간단한 이항 과정을 통해 도출한 것입니다. 대외수지(경상수지)라는 항목이 국가 총경제에서 총순저축의 의미로 해석된다는 함의를 얻을 수 있습니다.

경제 차원에서 집계되는 총순저축, 그러니까 경상수지라는 항목은 국가를 구성하는 가계·기업·정부 모두가 이런 각각의 지출과 투자와 같은 경제적 선택을 한 후에 남겨진 결과물을 의미한다는 차이점이 있습니다. 그래서 경상수지는 국가의 경제적 특성을 이해하는 데 있어서 중요한 지표 중 한 가지로 볼 수 있겠습니다. 또한 '한 국가의 경상수지가 흑자를 보이고 있는가? 혹은 적자를 보이고 있는가?' 하는 것은 그 국가의 대략적인 경제적 상황을 이해하는 데 밑그림과 같은 큰 힌트를 주기도 합니다.

경상수지가 알려주는
경제적 힌트들 ──────────────→

앞서 설명한 것처럼 총순저축이 많다는 것은 경상수지 흑자국이라는 것을 의미합니다. 그리고 그 국가에서 생산되는 재화와 서비스의 총량이 국가 내에서 소비되는 동시에 다른 국가에 수출을 하고도 아직까지 저축의 형태로 남아 있다는 것을 의미합니다. 이는 재화와 서비스의 공급이 더 많다는 것을 의미하기 때문에 이들의 가격 수준을 의미하는 물가상승률이 전반적으로 낮아지는 효과로 이어집니다. 또한 자본 측면에서는 경제주체들이 돈을 쓰려는 수요보다 저축하려는 공급이 더 많다는 것을 의미합니다. 돈의 공급이 많기 때문에 돈에 대한 사용가격인 금리가 낮아지게 됩니다.

서비스와 재화가 늘 남아 있고 돈이 잘 순환되지 않는 국가에서 경제성장률이 높을 수는 없겠죠. 그래서 저물가, 저금리, 저성장이라는 단어가 이런 국가들을 설명하는 대표적인 수식어로 따라다닙니다. 직관적으로 느끼시기에 이런 단어들이 주는 어감이 생기발랄하고 활력이 넘치지는 않죠? 실제로 대부분 평균연령이 높고 고령화가 사회적 이슈로 떠오르는 국가들에서 나타나는 특징이기도 합니다.

그리고 무역 측면에서 이런 국가들이 대부분 제조업 강국이라는 특징이 있습니다. 수출을 할 때 우리가 쓰는 재화들, 그러니까 휴대폰이나 자동차 같은 제조업 상품들은 세계 어디서나 공통적인 소비의 저변이 공유되는 데 비해서, 서비스는 국가별 사회·문화와 법 제도가 상이하기 때문에 수출로 연결되기가 어렵습니다. 예를 들어 한국변호사 라이선스를 가지고 있는 법률가들이 미국에서 동일한 범위의 업무를 수행하면서 한국과 똑같은 법률 서비스를 수출하는 경우는 많지 않기 때문입니다. 그래서 국제무역은 제조업을 중심으로 발달될 수밖에 없고, 수출을 많이 하는 국가는 제조업 강국이라는 경향이 있습니다.

지금까지 설명한 특징들을 들으시고 머릿속에 떠오르는 국가들이 있으신가요? 대표적으로 일본, 독일 그리고 한국과 같은 국가들입니다. 국제사회에서 선진국으로 분류되는 국가들입니다.

반면 총순저축이 음수인, 그러니까 경상수지가 적자인 국가를 생각해봅시다. 앞서 설명과 반대의 상황을 생각하면 쉽게 이해되실 것 같은데, 그 국가에서 생산되는 재화와 서비스의 총량이 수요를 충족

[도표 2-6] 주요 신흥국과 선진국들의 경상수지, 경제성장률, 물가상승률, 노령화 정도

경제권	국가	총저축	총투자	경상수지	실질 GDP 성장률	물가 상승률	65세 이상 인구비율	제조업 경쟁력 지수
신흥	브라질	15.2	17.9	-2.7	0.3	5.6	9.9	42
	칠레	21.3	25.1	-3.8	2.1	3.1	12.7	49
	중국	46.0	44.4	1.7	6.8	2.5	12.4	2
	인도	31.2	33.0	-1.8	5.3	6.2	6.8	40
	인도네시아	31.9	33.9	-2.0	4.6	4.4	6.5	39
	멕시코	21.1	22.4	-1.3	1.3	3.9	7.8	20
	튀르키예 (터키)	25.2	29.1	-4.2	5.2	10.2	9.3	28
선진	싱가포르	44.0	26.6	17.4	3.1	1.4	14.3	9
	독일	28.3	20.9	7.5	1.2	1.3	22.0	1
	일본	27.5	24.9	2.6	0.3	0.5	28.7	4
	한국	35.7	31.1	4.7	2.6	1.5	16.6	5
	미국	19.0	20.6	-2.3	1.6	1.7	17.0	6

자료: IMF, UN, World Bank

위의 표에서 총저축, 총투자, 경상수지의 단위는 GDP에서 차지하는 비중(%)이며, 실질GDP성장률, 물가상승률은 연간상승률(%)을 의미합니다. 그리고 65세 이상 인구비율은 2021년 기준이며, 나머지는 2011~2020년간의 평균치를 사용했습니다. 이 자료를 통해 신흥국은 선진국보다 평균적으로 젊고, 총순저축이 낮고(경상적자), 경제성장률과 물가상승률이 높은 경향을 보인다는 것을 확인할 수 있습니다. 또한 제조업 경쟁력은 선진국보다 열위에 있습니다. 반면 선진국은 신흥국에 비해 평균적으로 고령화되었고, 총순저축이 높고(경상흑자), 경제성장률과 물가상승률이 낮은 편입니다. 그리고 선진국의 제조업 경쟁력은 신흥국에 비해 상대적으로 높은 패턴을 보입니다.

시키지 못하기 때문에 수입을 많이 하게 됩니다. 즉 재화와 서비스에 대한 수요가 늘 존재하기 때문에 그것들의 전반적인 가격 수준인 물가상승률이 높은 경향이 있습니다. 또한 자본 측면에서는 돈에 대한 수요가 공급보다 많습니다. 돈을 쓰려는 경제주체들이 많다 보니(돈에 대한 수요가 많다 보니) 돈에 대한 사용가격인 금리가 높습니다. 재화와 서비스의 생산이 활발하고 돈이 잘 순환되는 국가는 경제성장률도 높게 나타나겠죠. 그래서 이런 국가들은 고물가, 고금리, 고성장을 보이는 경향이 있습니다.

이런 단어가 주는 어감은 앞서 저성장과는 다르게 뭔가 활력이 느껴지지 않으신가요? 이런 국가들은 실제로 평균연령이 상대적으로 젊고 소비성향이 높다는 특징이 있습니다. 무역 측면에서는 제조업 경쟁력이 약하기 때문에 주로 농산물, 원자재 등 1차 산업 수출이 주를 이루고, 제조업 강국들의 생산을 위탁받아 수행하는 OEM가공이 발달되어 있다는 특징이 있습니다. 지금까지 설명한 특징들을 들으시고 머릿속에 떠오르는 국가들이 있으신가요? 대표적으로 인도네시아, 인도, 브라질, 멕시코, 칠레와 같은 국가들입니다. 국제사회에서 신흥국으로 분류되는 국가들이 주로 해당됩니다.

그리고 또 한 가지 중요한 정보로, 경상수지는 그 국가의 환율에 대해서도 어느 정도의 힌트를 제공합니다. 수출을 수입보다 더 많이 한다는 것은 그 국가가 벌어들이는 외화가 자국통화보다 더 많다는 것을 의미합니다.

특히 현실에서 국제무역은 거의 미국 달러를 기준으로 발생하기 때문에 수출이 수입보다 더 많은 경상수지 흑자국의 외환시장에서는 달러가 자국통화보다 항상 더 많습니다. 이런 외환시장에서는 달러를 자국통화로 환전하고자 하는 수요가 늘 있기 때문에 자국통화는

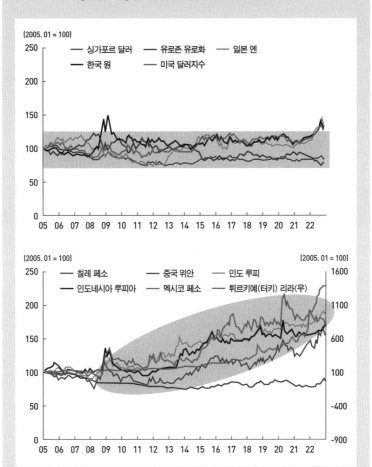

[도표2-7] 주요 선진국과 신흥국의 환율 추이

(2005. 01 = 100)

— 싱가포르 달러   — 유로존 유로화   — 일본 엔
— 한국 원   — 미국 달러지수

(2005. 01 = 100)   (2005. 01 = 100)

— 칠레 페소   — 중국 위안   — 인도 루피
— 인도네시아 루피아   — 멕시코 페소   — 튀르키예(터키) 리라(우)

자료: Bloomberg

이 차트는 2005년 1월 말 각 국가의 달러 대비 환율을 100으로 환산했을 때 환율이 변동된 수준을 보여주는 그림입니다. 위의 차트는 선진국 그룹의 환율변동을, 그리고 아래의 차트는 신흥국 그룹의 환율변동입니다. 여기서 특정 통화의 달러 대비 환율 상승은 해당 통화가치의 하락을 의미하므로, 이 그림에서 우상향하는 패턴을 보이는 통화들은 그만큼 통화가치가 하락했음을 의미합니다. 다만 유로화는 그 표기법이 다른 통화들과 반대이므로 차트가 우상향하는 것이 유로화의 가치 상승을 의미합니다. 장기적으로 볼 때 전반적으로 신흥국 통화는 환율이 상승(가치가 하락)해왔고, 선진국 통화는 환율이 상대적으로 안정적으로 이어져온 패턴이 관찰됩니다.

절상압력을 받게 되어 환율이 안정적으로 유지되는 편입니다. [도표 2-7]에서 앞서 설명한 대표적인 경상수지 흑자국들의 환율 장기차트를 보면 달러 대비 엔화 환율, 원화 환율, 유로화 환율 등은 특별한 경우를 제외하고는 장기적으로는 일정 수준에서 등락을 보여왔습니다.

반대로 수입을 수출보다 더 많이 해서 경상수지가 적자인 국가들은 달러보다 자국통화가 많다는 것을 의미합니다. 이런 국가들의 외환시장에서는 수입에 필요한 달러 수요가 늘 존재하기 때문에 자국통화는 절하압력을 받게 되어, 환율이 불안정하고 상승하는 움직임을 보이는 편입니다. 앞서 설명한 대표적인 경상수지 적자국인 인도네시아 루피아, 인도 루피, 브라질 헤알, 멕시코 페소, 칠레 페소 같은 통화의 달러 대비 환율은 장기적으로 봤을 때 대체적으로 상승(절하)해온 경향이 있습니다.

이처럼 경상수지 안에는 그 국가의 경제적 상황을 파악할 수 있는 많은 힌트가 숨어 있습니다. 물론 지구상에 존재하는 200여 개 국가들이 모두 제가 설명한 프레임 안에서 정확하게 분류되지는 않습니다. 다만 그러한 '경향'이 나타나는 것입니다. 앞서 예시를 들어드린 경상수지 흑자·적자 국가들은 이러한 프레임으로 잘 설명이 되는 국가들이지만, 현실적으로는 그렇지 않은 국가들도 많습니다(대표적인 예외 국가가 14억의 인구를 자랑하는 중국과 기축통화국인 미국입니다. 이들에 대한 설명은 5장과 7장에서 다루도록 하겠습니다).

경상수지라는 것은 가계·기업·정부의 각 경제주체들이 얼마나 쓰고 얼마를 저축할지를 결정한 후에 남겨진 결과물의 총합이라고 말했습니다. 경상수지가 물가·환율·금리 등에 큰 영향을 미치지만, 반대로 경제주체들도 이런 금융변수를 기반으로 지출·저축·투자와 같은 의사결정을 하기 때문에 개별 경제주체들의 선택 후 남겨진 결과물의 총합은 다시 개별 경제주체들의 행동에 영향을 미치는 순환적 구조를 띠게 됩니다.

저축은 미덕이다?
저축의 역설 ────────────────────→

가계·기업·정부와 같은 경제주체들이 돈을 얼마나 쓰고, 얼마나 투자하고, 얼마를 저축할 것인지를 결정하는 데 가장 큰 변수는 금리가 아닐까 생각합니다. 예를 들어 국가경제가 지금 저성장, 저금리, 저물가 상황이 지속되며 경기가 매우 침체된 상황이라고 가정해봅시다.

현재 물가는 낮지만 가계는 앞으로 비관적인 경제전망 때문에 더욱 지갑을 닫고 저축을 늘릴 것입니다. 소비자들이 지갑을 닫아버린 사회에서는 기업들이 시설 확충과 같은 투자를 늘리기보다는 이윤을 기업에 유보하거나 기업예금과 같은 형태로 저축하려는 유인이 더 커질 수 있습니다. 정부는 세입과 세출에 있어서 상대적으로 가계나 기업보다는 금리의 영향을 덜 받기 때문에 여기서는 논외로 하겠습니다.

그럼 이렇게 가계와 기업이 모두 돈을 저축의 형태로 쌓아두려고만 하고, 지출이나 투자를 줄이려고만 한다면 어떤 일이 발생할까요? 경제주체들이 지출이나 투자를 모두 줄이면 결국 경제는 전체적으로 총순저축이 과도하게 축적되게 됩니다. 총순저축이 과도해진다는 것은 경제지표로 표현하자면 앞서 설명한 바와 같이 경상수지 흑자 규모가 과도해진다는 것을 의미합니다. 특히 대외교역 측면에서는 글로벌 경제상황이 안 좋아서 수출이 줄어드는 국면이라도, 국가경제에서 소비하고 투자하는 총량이 더 빠르게 줄어들면 경상수지는 흑자를 보일 수 있습니다. 바로 이런 경우를 '불황형 경상수지 흑자'라고 표현합니다. 따라서 일반적으로 알려진 "저축은 미덕이다"라는 격언이 국가경제 전체적으로는 그렇지 못하는 경우도 있는 것입니다.

불황형 흑자가 지속되면 경제의 활력이 저하될 것입니다. 경제 시스템에서 돈이 잘 돌지 않으니 경기가 둔화될 가능성이 높아질 것이고, 물가가 낮아지는 가운데 사람들이 예상하는 기대인플레이션율이 낮아질 것입니다. 특히 명목금리에서 기대인플레이션을 차감한 값을 실질금리라고 부르는데, 이런 관계를 피셔방정식(Fisher Equation)이라고 부릅니다.

피셔방정식은 명목금리, 실질금리, 물가상승률 간의 관계를 나타내는 식입니다. 명목금리는 원금에 대한 이자의 비율을 화폐 단위로 표현한 것을 의미합니다. 현재 1,000원을 예금으로 저축해서 1년 후에 원리금이 1,050원이 된다면 명목이자율은 5%(=(1,050-1,000)÷

[도표 2-8] 피셔방정식

$$r = i - \pi^e$$

r: 실질금리, i: 명목금리, π^e: 기대인플레이션

자료: 경제학 교과서

위의 피셔방정식은 명목금리에서 기대인플레이션을 차감한 값이 실질금리와 같음을 보여주는 관계식입니다.

1,000]가 됩니다. 한편 실질금리는 실물에 대한 실물이자의 비율을 뜻합니다. 현재 사과 1개의 가격이 1,000원이고, 1년 후 사과 1개의 가격은 3% 오른 1,030원이 될 것이라고 사람들이 예상한다면 현재 보유한 1,000원으로는 사과 1개(1,000÷1,000)를 살 수 있고, 1년 후의 원리금 1,050원으로는 사과 1.02개(1,050÷1,030)를 살 수 있습니다. 즉 사과 1개라는 실물에 대해 사과 0.02개라는 실물금리를 얻었기 때문에 실질금리는 2%가 됩니다. 따라서 '실질금리(2%)=명목금리(5%)-기대인플레이션(3%)'의 관계가 성립함을 알 수 있는데, 이를 경제학자 어빙 피셔(Irving Fisher)의 이름을 따서 피셔방정식이라고 부르는 것입니다.

피셔방정식에서 기대인플레이션이 음수(negative)의 수준으로 과도하게 낮아지면 실질금리가 높아지면서 소비와 투자 감소가 나타나게 됩니다. 위의 예시에서 사람들이 1년 후 사과 가격에 대해 1,030원(기대인플레이션 3%)이 되는 것이 아니라, 오히려 970원(기대인플레이션

−3%)이 된다고 예상하는 것이지요. 그렇게 되면 실질금리는 8%〔=
명목금리(5%)−기대인플레이션(−3%)〕가 되기 때문에 사람들은 소비를
늘리기보다는 저축을 늘릴 것이고, 기업은 상품을 팔아서 8% 이상의
이익률을 낼 자신이 없다면 투자와 생산을 늘리기보다는 저축만 늘
리려고 할 것입니다.

　결국 시중의 유동성이 줄어드는 가운데 총수요와 총공급이 함께
줄어듭니다. 이는 경기순환적 경기침체(cyclical stagnation)를 넘어서
장기적인 구조적 침체(secular stagnation)로 흘러갈 가능성도 높아지게
만드는 요인이 됩니다. 가계와 기업이 어려운 경제상황을 헤쳐나가
기 위해 선택한 합리적인 결정이, 전체적으로 합쳐졌을 때에는 상황
을 더 어렵게 만드는 결과로 나타나는 경우입니다. 이것이 바로 '저축
의 역설(Saving's glut)'입니다. 경제주체들이 모두 저축에만 열중한 나
머지 총저축이 과도해지면서 총수요가 줄어들고 공급도 그에 맞추어
줄어들면서 경기가 위축되는 현상을 의미합니다.

부의 흐름은
반복된다

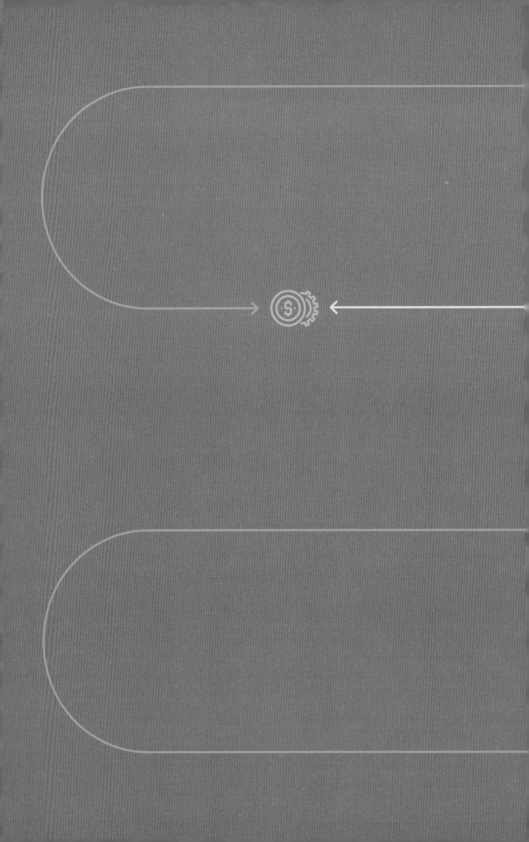

물가와 중앙은행의 비밀,
알고 나면 쉽다

경제에서 총공급과 총수요는 내생적으로 균형점을 찾아 움직이려는 힘이 작용합니다. 하지만 균형점을 찾아가는 과정에서는 장기간에 걸쳐 거시경제적 비용이 수반됩니다. 이 시간을 단축하고 거시경제적 비용을 최소화하기 위해 오늘날 우리는 중앙은행이라는 기관을 통해 경제를 공적 신탁(Public Trust)하고 있습니다. 그러므로 물가안정을 최우선으로 하는 중앙은행의 행태를 이해해야 할 필요가 있습니다. 그러기 위해서 물가가 측정되는 방식과 물가에 영향을 미치는 미시적 요인과 거시적 요인에 대한 이해가 필요합니다. 아울러 중앙은행의 통화정책은 국가경제 전반에 걸쳐 큰 영향을 미칩니다. 금리, 물가, 환율, 경제성장 등 주요 변수들은 통화정책과 밀접하게 연관되어 있습니다. 하지만 중앙은행의 통화정책이 모든 거시경제변수를 긍정적인 방향으로 이끄는 만능은 결코 아님을 유의할 필요가 있습니다.

경제를 위임하는 공적 신탁,
중앙은행

　경기침체 상황이 지속되면 경제주체들은 고통스럽겠지만, 결국 일정 시차를 두고 금리와 물가가 자연스럽게 변화되면서 경제 전체의 총저축과 총투자는 다시 균형점을 향해 움직이게 됩니다. 즉 경기가 순환하는 것이지요. 이렇게 금리와 물가가 경제상황에 부합하며 탄력적으로 변화된다고 보는 입장이 고전학파 경제학자들의 시각입니다.

　반면 금리나 물가는 경기에 탄력적으로 변화되지 않는다고 보는 시각이 케인스학파의 입장입니다. 특히 케인스는 저축을 하는 경제주체와 투자를 하는 경제주체는 가계와 기업으로 서로 다른 주체들이고, 투자는 금리에 의해 변화되는 함수가 아닌 기업인의 동물적 직감(animal's spirit)에 의해 결정된다고 케인스학파는 보았습니다.

　그래서 고전학파 경제학자들은 기본적으로 경제에 정부가 개입하는 것을 최소화하려고 하고, 케인스학파는 정부가 나서서 총수요를 관리해야 한다고 주장합니다. 고전학파와 케인스학파 간의 논쟁이 20세기 경제학의 큰 이슈였음은 분명하지만, 그 구도를 '시장'과 '정부'의 대립으로 이원화해서 이해하는 분들이 종종 계시는 것 같습니다. 하지만 양대 학파별 논쟁의 핵심은 시장과 정부의 대립이 아니라, 근본적으로 '물가와 금리의 경기탄력성'과 '총수요 및 총공급이 조정되는 경제학적 시간'의 차이에 기인하고 있습니다.

여기서 경제학적 시간이라 함은, 마셜(Alfred Marshall, 1842-1924)이라는 경제학자의 설명으로 장기간과 단기간으로 구분 지을 수 있습니다. 장기간(long run)이란 생산시장에서 진입과 퇴출이 충분하게 이루어지는 시간을 의미하고, 단기간(short run)이란 그보다 짧은 시간을 의미합니다.

예를 들어 어느 날 사과가 특정 불치병 예방에 좋다는 효능이 입증되어 사과에 대한 수요가 폭발적으로 증가했다고 가정을 해봅시다. 그런데 국내 사과 농가는 한정되어 있고 수입량도 한정되어 있기 때문에 갑작스럽게 수요가 폭증해버리면 공급이 갑자기 늘어난 수요량을 따라잡기는 어렵습니다. 이런 경우 사과 가격은 당연히 '단기적'으로는 급등할 것입니다.

하지만 사과의 경제적 유망성에 대해 눈독을 들인 사람들 혹은 기업이 사과 농사에 적극적으로 뛰어들어서 사과 공급량이 늘어나고 무역기업이 해외 어디선가 새로운 사과 수입처를 개척해서 사과 수입량을 수요에 맞게 늘릴 경우, 사과 가격은 다시 '장기적'으로는 하락할 것입니다. 만약에 어떤 기업이 이런 사태를 일찌감치 예견해서 사과 과수원을 매수해 출하를 준비해왔거나 미리부터 수입처를 확보해놓아서, 사과에 대한 수요가 폭증했을 때 단 일주일 만에 시장에 공급량을 충분히 제공할 수 있다면 어떨까요? 여기서 '일주일'은 시장에서 새로운 공급자(생산자)의 진입이 충분히 일어난 시간이므로 장기간에 해당하는 것입니다.

이 설명은 공급량이 변화되는 단기와 장기에 대한 경제학적 개념을 예를 들어 설명한 것인데, 실제로 사과와 같은 농산품들은 파종부터 출하까지 물리적인 시간이나 경제학적 시간으로도 장기간을 요하는 경우가 많습니다. 그래서 공급측면이 수요에 맞추어 탄력적으로 변화되지 못하는 쌀이나 특정 농산품과 같은 품목에서는 정부가 적극적으로 나서서 가격을 보조해주거나 상품을 매입해주는 처방이 오늘날 일반화되어 있는 것이고, 공급측면이 수요에 상대적으로 단기간 내 대응할 수 있는 공산품의 경우에는 정부의 개입보다는 시장의 원리에 맡겨두는 정책이 오늘날 행해지는 것입니다. 그런 면에서 현대 경제학은 고전학파와 케인스학파의 이분화로 분류되고 있지 않습니다.

다소 어렵고 지루한 이야기인 경제학파별 논쟁은 차치하더라도, 현실 경제에서 경기침체가 지속되는 상황을 오늘날 그 누구도 환영하지는 않을 것 같습니다. 이런 고통스러운 경기침체 상황을 가급적 빨리 탈출하기 위해서는 누군가가 나서서 금리를 인위적으로 낮춰주는 게 효과적일 수 있습니다.

금리가 현재 수준보다 더 낮아지면, 가계는 저축을 하려는 유인이 줄어들고 소비를 늘리거나 투자를 늘리려는 유인이 높아질 것입니다. 가계의 소비가 늘어나면 기업 입장에도 저축을 늘리기보다는 낮은 금리로 자금을 조달해서 시설도 확충하고 고용도 늘리려는 유인으로 작용할 수 있습니다. 그렇게 되면 돈이 소비자에서 기업으로, 기업에서 소비자로 순환이 잘되면서 경기가 위축국면에서 벗어나 확장국면을 향해 달려갈 것입니다. 그래서 오늘날 현실 경제에서 금리의 수준을 인위적으로 조절할 수 있는 고유한 권한을 특정 기구에게 공적 신탁(Public Trust)을 하는데, 우리는 이 기구를 중앙은행이라고 부릅니다.

현대 자본주의 사회에서 중앙은행은 전 세계 어느 국가에나 있으며, 각국의 중앙은행은 공통적으로 물가안정을 제1의 정책 목표로 삼고 있습니다. 앞서 설명한 바와 같이 일반적으로 물가와 금리는 경기순환적인 측면에서 동행하는 방향성을 띠는데, 시장경제체제에서 물가, 즉 특정 재화나 서비스의 가격은 직접 통제할 수 없습니다. 그래서 금리의 조절을 통해 총수요와 총투자를 균형 있게 유지하면서 물가를 일정 수준에서 관리하고, 나아가 경기순환에 개입하는 것을 목표로 하고 있습니다.

이렇게 중앙은행이 인위적으로 금리를 조절하는 것을 '통화정책'이라고 부르며, 통화정책으로 조절하는 금리를 '정책금리' 혹은 '기준금리'라고 부릅니다. 그리고 중앙은행이 경기순환에 개입한다는 것은 통화정책을 통해 경기 확장기에서는 국가경제가 최대한 오랫동안 머물게 하고, 반대로 경기위축기에서는 최대한 빠른 시일 내에 탈출하도록 유도하는 것입니다.

앞서 경기침체기를 탈출하는 과정으로 금리인하가 효과적일 수 있음을 예를 들어 말했습니다. 하지만 반대의 경우에는, 즉 경기가 활황을 보이는 확장국면에서는 선제적인 금리인상을 통해 총수요를 조금 줄이도록 유도함으로써 물가를 안정시키고 경기과열을 막는 역할을 한다고 보면 될 것 같습니다.

일상생활에서 뉴스나 신문기사를 통해서 한 번쯤은 '미국 연준이나 혹은 한국은행이 이번 달에 기준금리를 25bp(1bp=0.01%p) 인상이나 인하 혹은 동결했다'는 소식이 탑라인으로 보도되는 경우를 보셨을 겁니다. 그만큼 중앙은행의 통화정책은 경제와 금융시장 전반에 걸쳐 큰 영향을 미치기 때문입니다.

중요하지만 학문적 개념에 가까운
중립금리의 실체 ──────────────→

중앙은행이 적절한 물가 수준을 유지하기 위해서는 결국 총저축과 총투자가 균형을 이루는 수준에서 금리를 결정하는 것이 핵심입니다. 금리의 수준에 따라 각 경제주체들은 저축을 더 할지 아니면 현재 지출을 늘릴지를 결정하기 때문입니다.

그리고 앞서 설명한 바와 같이, 이론적으로 총저축과 총투자가 완벽하게 일치하는 국면에서는 경기변동이라는 것이 발생하지 않고 그에 따른 물가상승 혹은 물가하락도 발생하지 않습니다. 이처럼 총저축과 총투자가 일치하는 수준을 유지하도록 하는 금리를 중립금리 혹은 자연이자율(Natural Rate of Interest)이라고 부릅니다.

그러나 총저축과 총투자가 완벽하게 일치되는 것은 대외교역을 하지 않는 폐쇄경제에서 이론적으로나 가능한 이야기입니다. 따라서 어느 국가나 교역을 하는 현대사회에서는 그것이 서로 일치될 수 없고, 그것이 균형을 이루도록 하는 금리의 수준도 사후적인 관측으로도 측정하기가 힘들기 때문에 중립금리라는 것은 학문적 개념에 가깝습니다.

2022년에 한국은행이 기준금리를 공격적으로 인상하면서 한국은행 총재가 기자회견을 통해 중립금리에 대해 거론한 적이 있습니다. "현재 한국의 기준금리는 중립금리의 하단에 위치하고 있는데 최근 금리인상으로 중립금리의 중간 수준에 진입했고, 필요시 중립금리의 상단 이상으로 올릴지를 검토할 것이다"라고 발언한 것이지요. 한은 총재의 이날 발언 이후 금융시장에 업을 두고 살아가는 금융기관의 이코노미스트들과 채권 애널리스트들 사이에서 '한국의 중립금리 수준이 얼마인가'에 대한 논쟁이 업계의 화두로 떠올랐던 시기가 있었습니다.

이처럼 중립금리는 전문가들도 쉽게 판별할 수 없고, 경제학자들 사이에서도 연구방법론에 따라 다양한 범위의 값으로 추산되는 추정치입니다. 그럼에도 한은 총재의 발언에서 볼 수 있듯이 중립금리는 현실적인 통화정책 운용에 있어서 잣대 혹은 통화정책의 사후적 평가지표라고 볼 수 있을 만큼 중요한 개념이라는 것은 부인할 수 없습니다. 그래서 현재 경제상황에 부합하는 중립금리를 최대한 정교하게, 그리고 합리적으로 추정하는 것은 중앙은행과 경제학자들의 영원한 숙제이기도 합니다.

중립금리를 정확하게 관측할 수 없는 상황에서 중앙은행의 금리 결정에 영향을 미치는 주요 요인을 한 번쯤 생각해볼 필요가 있습니다. 앞서 중앙은행이 금리를 조정하려는 이유와 메커니즘에 대해서 설명했는데, 그 내용을 다시 한번 상기해보면 중요한 핵심은 결국 물가상승률을 통제하고 조절하기 위해서입니다. 따라서 중앙은행의 기준금리 향방을 예상한다는 것은 물가상승률의 향방에 대해 고민한다는 것과 그 맥을 같이한다고 보면 됩니다.

물가는 어떻게 측정되고 왜 변할까? ⟶

경기변동에 대해 설명해드리는 과정에서 '물가 수준은 거시적 차원에서 총저축과 총투자의 관계에 따라 큰 흐름이 결정된다'고 말했습니다. 즉 총수요와 총공급의 관계에 있어서 수요가 더 많으면 가격이 오르고 공급이 더 많으면 가격이 내리는 지극히 당연한 경제 원리가 작동하는 것입니다.

다만 이는 물가 수준이 형성되는 거시적인 측면을 설명한 것입니다. 물가는 거시적인 측면 외에 미시적인 요인에 의해서도 영향을 많이 받습니다. 미시적으로 물가가 상승하는 원인은 크게 다음과 같이 2가지 종류로 나눠볼 수 있습니다.

첫 번째는 사람들이 돈을 많이 써서 상품과 서비스에 대한 수요가 많아지고 그 가격이 올라가는 '수요견인(Demand-pull) 물가상승'이 있습니다. 두 번째는 기업들이 상품과 서비스를 제공하는 데 있어서 그 생산비용이 올라감에 따라 산출품의 가격이 올라가는 '비용견인(Cost-push) 물가상승'이 있을 수 있습니다. 여기서 수요측면을 중심으로 물가 수준을 측정하는 지표를 소비자물가지수(CPI; Consumer Price Index)라고 부르고, 생산자를 중심으로 물가 수준을 측정하는 지표를 생산자물가지수(PPI; Producer Price Index)라고 부릅니다.

이 2가지는 경제학자들이 물가상승률이 높아지고 낮아지는 현상을 보다 정교하고 편하게 분석하기 위해 만들어놓은 측정지표(measure index)인데, 사회현상 대부분이 그렇듯이 2가지의 현상이 상호 간에 배타적으로 완벽하게 분류되지는 못한다는 한계가 있습니다. 즉 PPI가 높아지면 기업이 생산품의 가격을 올리면서 CPI가 높아지는 경우가 있고, 또한 CPI가 높아지면 노동자들은 더욱 높은 임금을 기업에 요구하면서 PPI가 높아지는 경우도 있습니다. 이 2가지의 지표는 서로 영향을 주고받는 관계라고 볼 수 있겠습니다. 여기서 중요한 점은 물가의 척도를 나타내기 위해 만들어놓은 소비자물가나 생산자물가는 경제의 체온계와 같은 역할을 한다는 것입니다.

우리가 몸에 열이 나서 체온이 크게 올라간다고 하면 병원에 가서 진료를 받겠지요. 이때 의사는 열을 낮추기 위해 해열제를 처방합니다. 하지만 그것은 환자의 고통을 경감시켜주기 위한 처치일 뿐 근본적 치료라고는 하지 않습니다. 대부분의 의사는 열이 나는 이유, 예를 들어 우리 몸의 어디에선가 염증이 발생했다든지 하는 원인을 파악하려 할 것입니다. 마찬가지로 소비자물가나 생산자물가가 매우 가파르게 올라가고 있는 혹은 내려가고 있는 상황이라면, 우리 경제의 온도계가 왜 그렇게 반응하는지에 대해 그 이면의 요인들을 살펴볼 필요가 있습니다.

임금과 노동생산성은 어떤 관계인가? ⟶

먼저 수요측면에서 물가에 가장 큰 영향을 미치는 요인은 임금상승률입니다. 수요견인 물가상승은 대부분 사람들이 소비를 많이 하기 때문에 발생하는 것인데, 소비의 원천은 임금에서부터 발생하기 때문입니다. 그리고 임금은 노동시장의 수요와 공급에 의해서 결정됩니다. 일자리를 구하려는 수(공급. 주로 가계)가 일자리를 제공하는 수(수요. 주로 기업)보다 많은 경우에는 노동의 가격이라고 볼 수 있는 임금은 낮아지게 됩니다. 반대의 경우에는 임금이 높아지게 됩니다.

노동의 공급은 실업률이라는 지표로 측정이 되고, 노동의 수요는 구인율이라는 지표로 측정이 되는데, 이 2가지의 지표는 일반적으로 서로 반비례하는 패턴을 보입니다. 따라서 실업률이 낮고 구인율이 높은 상황이라면, 노동시장에서 결정된 높은 임금상승률이 가계의 소득 증가로 이어지면서 사람들이 돈을 더 많이 쓰고, 곧 수요견인 물가상승으로 이어질 가능성이 높아지게 됩니다. 이런 수요견인 물가상승은 일반적으로 경기가 확장되는 국면에서 나타나는 현상입니다. 반대의 경우, 그러니까 실업률이 높고 구인율이 낮은 상황은 경기가 위축으로 접어드는 국면에서 주로 발생됩니다. 그러므로 이때 수요견인 물가상승이 나타날 가능성은 희박합니다.

그런데 임금에는 '하방 경직성'이라는 특징이 존재합니다. 기업들이 임금을 한 번 올려주면 그것을 다시 깎는 것이 매우 힘들다는 것이지요. 여기에는 노동조합의 협상력이 작용하거나 기업의 이익이 충분해서 당장 경기가 안 좋더라도 임금을 깎아가면서까지 경영을 축소시킬 필요가 없을 수도 있습니다. 물론 이례적인 경제위기가 발생해서 임직원이 회사를 위해 자발적으로 임금 삭감을 하는 경우가 있겠지만, 그런 일부 사례를 제외하면 임금은 현실 경제에서 하방 경직성을 보이는 경향이 있습니다.

만약 임금이 계속 올라가기만 한다면 수요견인 물가상승도 계속해서 나타날까요? 수요측면에서 임금이 물가를 높이는 요인이라면, 반대로 물가를 안정시키는 요인도 있는데, 대표적인 물가안정 요인은 노동생산성입니다.

노동생산성이라는 지표는 노동자 1인당 생산하는 산출물로 정의

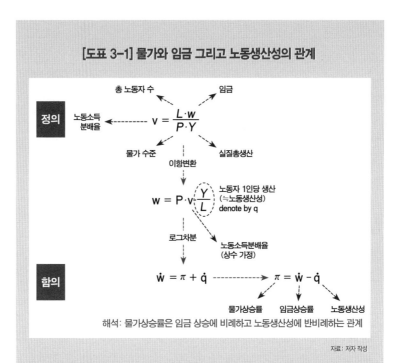

[도표 3-1] 물가와 임금 그리고 노동생산성의 관계

정의

총 노동자 수   임금

노동소득 분배율 ←------ $v = \dfrac{L \cdot w}{P \cdot Y}$

물가 수준   실질총생산

이항변환

$w = P \cdot v \cdot \dfrac{Y}{L}$ 노동자 1인당 생산
(≒노동생산성)
denote by q

로그차분   노동소득분배율
(상수 가정)

함의

$\dot{w} = \pi + \dot{q}$ ------→ $\pi = \dot{w} - \dot{q}$

물가상승률   임금상승률   노동생산성

해석: 물가상승률은 임금 상승에 비례하고 노동생산성에 반비례하는 관계

자료: 저자 작성

국가경제의 총생산(=실질생산×물가)에서 총노동소득(=총 노동자 수×임금)이 차지하는 비중을 노동소득분배율이라고 합니다. 노동소득분배율을 정의하는 식을 간단하게 이항변환 후 로그차분을 하면, '임금상승률은 물가상승률를 높이는 요인이고, 노동생산성은 물가상승률을 낮추는 요인'이라는 함의를 도출할 수 있습니다.

됩니다. 임금이 올라가더라도 노동생산성이 더 높아지는 상황이라면, 1인당 생산하는 산출물이 더 많아집니다. 이는 경제 내에서 상품과 서비스에 대한 총공급을 증가시키는 요인이기 때문에 서비스와 재화에 대한 전반적 가격인 물가상승률을 억제하는 요인으로 작용할 수 있습니다.

그래서 UN이나 세계은행과 같은 국제기구에서는 개발도상국의 경제발전을 위한 도구로서 교육과 인적자원 개발을 매우 중요하게 강조합니다. 경제발전 초기 단계에서 안정적인 물가상승률이 담보되지 않으면 실질적인 경제성장이 어렵기 때문인데, 교육을 통한 인적자원 개발이 노동생산성의 개선으로 이어지고 그것이 물가안정에 영향을 미치기 때문입니다.

원자재 가격과 기술발전은 어떤 관계인가? ⟶

공급측면에서 물가상승에 영향을 미치는 가장 중요한 요인은 원자재 가격입니다. 제조업 기업을 생각해본다면 기본적으로 공장을 가동하기 위해 전기, 원유 등 에너지를 필요로 할 것이고, 상품을 생산하기 위한 원자재가 반드시 필요할 것입니다. 서비스를 제공하는 기업이라고 해도 기업의 물리적 활동을 유지하기 위해 들어가는 기본적인 에너지 비용 등에서 자유로울 수 없습니다. 따라서 원자재 가격이 올라가게 되면 기업이 직면하는 생산비용이 높아집니다.

그런데 원자재 가격은 일반적으로 경기와 동행하기 때문에 원자재 가격이 높아지는 상황은 정황상 경기가 확장되는 국면일 가능성이 높습니다. 원자재가 생산을 위한 재료로 쓰인다는 특성을 감안하면 그만큼 원자재 가격이 오르고 있다는 것은 생산요소로서 수요가 많아지고 있다는 것을 의미하기 때문입니다. 그렇다면 만약 경기가 확장되는 국면이 장기화되는 상황에서는 원자재 가격이 계속 오르고 그에 따라 생산자물가도 계속 오르기만 할까요?

원자재 가격이 공급측면의 물가상승 압력을 높이는 요인이라면 반대로 공급측면의 물가 압력을 낮추는 요인도 있는데, 대표적인 요인으로 기술발전이 있습니다. 경제학 이론모형에서는 기술발전이 나타나게 되면 한계생산체감 효과가 완화되는 것으로 반영이 됩니다. 이것을 좀 더 이해하기 쉽게 예를 들어 설명하겠습니다.

어떤 제조업 기업이 원유 100ℓ를 이용해서 공장을 1시간 동안 가동해 100개의 상품을 만들어낸다고 가정을 해봅시다. 이 공장을 10시간 가동하면 1,000개의 생산품이 만들어질 텐데, 이 기계를 1만 시간을 가동하고 10만 시간 가동한다면 기계가 소모되고 그만큼 불량품이 나옵니다. 그래서 보통 경제학에서 생산함수를 가정할 때 투입요소에 따른 산출량이 일정하게 선형(linear)으로 증가하는 형태보다는 오목(concave)하게 증가하는 함수를 가정하는데, 이런 현상을 한계생산체감이라고 합니다.

그런데 기술발전으로 공장의 기계들이 좋아져서 이제는 원유 100ℓ로 공장을 1시간이 아닌 10시간 동안 가동할 수 있다고 한다면, 과거와 동일한 양의 원유를 소비하더라도 총생산량은 10배가 될 것입니다.

물론 공장의 기계들이 소모되어 불량품이 나오는 정도는 여전할 수 있겠지만 이마저도 기술발전으로 기계의 내구성이 강화되어서 불량률이 현저히 낮아진다고 가정하면, 극단적인 경우에는 한계생산

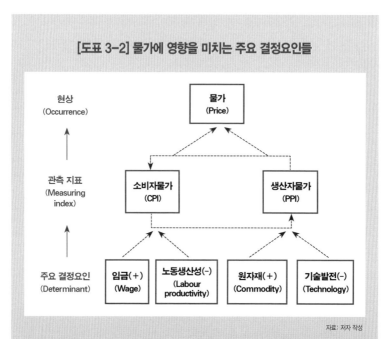

[도표 3-2] 물가에 영향을 미치는 주요 결정요인들

현상
(Occurrence)

물가
(Price)

관측 지표
(Measuring
index)

소비자물가
(CPI)

생산자물가
(PPI)

주요 결정요인
(Determinant)

임금(+)
(Wage)

노동생산성(−)
(Labour
productivity)

원자재(+)
(Commodity)

기술발전(−)
(Technology)

자료: 저자 작성

물가에 영향을 미치는 요인은 다양하지만 크게 살펴보면 수요측면과 공급측면으로 나눠볼 수 있습니다. 수요측면에서는 임금(+)과 노동생산성(−)이 영향을 미치고, 공급측면에서는 원자재 가격(+)과 기술발전(−)이 중요한 요인입니다. 수요측면에서 측정한 물가지표를 소비자물가지수(CPI)라고 부르고, 공급측면에서 측정한 물가지표를 생산자물가지수(PPI)라고 부르는데, 양자는 서로 영향을 주고받는 관계입니다.

체감이 거의 제거되는 것과 유사한 효과가 나타날 수 있습니다. 이는 매우 극단적으로 전제된 설명이지만, 중요한 점은 기술발전이라는 요소가 경제 내에서 총공급을 증가시키는 요인으로 작용하면 원자재 가격 상승으로 인한 물가상승 압력을 상쇄시킬 수 있다는 것입니다.

이런 기술발전이 가격을 하락시키는 현상으로 뚜렷하게 관찰되는 산업은 하이테크 기술의 집약체라고 볼 수 있는 IT와 반도체 분야입니다. 장기적으로 보면 IT제품이나 반도체의 명목가격은 지속적으로 오르기는 하지만 기술발전이 매우 빠르게 나타나면서 단위제품당 가격은 크게 오르지 않습니다. 여기서 말하는 '단위제품'이란 물리적 개념으로서 수량을 지칭하는 단위가 아닌, 시간당 정보처리용량 등 기능적 단위의 가격을 의미합니다.

1990년대 중반 한국에서는 가정용 컴퓨터(PC)의 보급이 한창이었던 걸로 기억합니다. 개인적으로 누나가 대학에 입학하고 제가 중학생이 되면서 아버지께서 컴퓨터를 사주셨던 기억이 아직도 생생합니다. 구체적인 PC의 스펙이 잘 기억이 나지 않습니다만, 당시 386 컴퓨터라고 불리던 32bit 성능에 하드디스크의 용량이 무려 120MB(기가가 아닌 메가입니다)에 다다르는, 그 당시로서는 제 친구들 중에 가장 고성능 컴퓨터를 보유할 수 있어서 무척이나 좋아했던 기억이 있습니다.

그 컴퓨터가 당시 돈으로 약 120만 원 정도였던 것으로 어렴풋이 기억납니다. 오늘날 120만 원으로 구매할 수 있는 컴퓨터의 기본 스펙은 32bit 컴퓨터와는 비교도 안 될 정도의 고사양이지요. 그리고 오늘날 120만 원으로 구매한 컴퓨터로는 과거 32bit 컴퓨터로 할 수 없는 수많은 정보처리 작업들을 할 수 있습니다. 1990년대 중반부터 지금까지의 물가상승률을 반영해서 굳이 상대가격을 계산해보지 않더라도, 기술발전이 가져오는 물가안정 효과가 얼마나 중요한지 알 수 있게 해주는 일화입니다.

핵심 물가란
무엇인가? ⟶

　물가가 상승하거나 하락하는 것을 인플레이션 또는 디플레이션이라고 표현합니다. 그런데 이 용어들은 현상을 지칭하는 표현이지, 물가를 측정하는 용어는 아닙니다. 그래서 우리는 물가의 수준을 측정하는 소비자물가와 생산자물가라는 것을 만들어서 사용한다고 앞에서 설명했는데, 한 가지 더 알아놓으면 유용한 물가지표가 있습니다. 그것은 바로 핵심(근원) 물가(Core Price)라고 하는 개념입니다.

　소비자물가지수에서 식료품과 에너지 가격을 제외한 물가상승률을 핵심 또는 근원 소비자물가(Core CPI)라고 부릅니다. 식료품과 에너지는 현실에서 변동성이 높고, 가격 변동의 원인이 수요보다는 공급측면에 의해 결정되는 정도가 훨씬 크기 때문입니다.

　예를 들어 식료품 중 양파라는 품목은 1인당 연간 소비량이 급격하게 변하지 않습니다. 양파를 이용한 특정 음식이나 과자와 같은 가공식품들이 매우 인기가 높아지면서 소비량이 잠깐 증가하는 경우는 있을 수 있겠지만, 인구가 갑자기 늘지 않는 이상 양파에 대한 전체 수요는 일정하거나 매우 점진적으로 변화된다고 보는 것이 합리적입니다.

　그런데 어느 해 홍수나 가뭄 등 기후적인 요인으로 양파 작황이 안좋아지면 양파 가격은 천정부지로 치솟습니다. 반면에 양파 농사가 매우 풍년인 해에는 양파 가격이 폭락하면서 '농민들이 양파 밭을 갈

[도표 3-3] 통계청에서 제공하는 소비자물가지수 보도자료

	소비자물가지수 주요 등락률 추이						(%)
	연도별 동향(전년비)			최근 월별 동향(전년동월비)			
	2019	2020	2021	22년 8월	9월	10월	11월
소비자물가지수	0.4	0.5	2.5	5.7	5.6	5.7	5.0
농산물 및 석유류 제외지수	0.9	0.7	1.8	4.4	4.5	4.8	4.8
식료품 및 에너지 제외지수	0.7	0.4	1.4	4.0	4.1	4.2	4.3
생활물가지수	0.2	0.4	3.2	6.8	6.5	6.5	5.5
신선식품지수	-5.1	9.0	6.2	14.9	12.8	11.4	0.8
품목 성질별 / 농축수산물	-1.7	6.7	8.7	7.0	6.2	5.2	0.3
공업제품	-0.2	-0.2	2.3	7.0	6.7	6.3	5.9
전기·가스·수도	1.5	-1.4	-2.1	15.7	14.6	23.1	23.1
서비스	0.9	0.3	2.0	4.1	4.2	4.2	4.1

자료: 통계청

현재 국내에서 소비자물가를 산출 및 발표하는 기관은 통계청입니다. 통계청 웹사이트에 접속하면 매월 초에 직전월 소비자물가동향 보도자료를 확인하실 수 있습니다. 아울러 위의 표에서 농산물 및 석유류를 제외한 지수가 핵심(근원)소비자물가입니다.

아엎어버리고 있다' 혹은 '우리 양파 먹기 운동' 등의 뉴스도 한 번쯤은 보셨을 겁니다. 이런 가격 변동의 패턴은 양파뿐만 아니라 대부분의 농수산물 가격 변동에서 관찰되는 전형적인 특징입니다. 즉 수요의 변화에 의해 가격이 변동되는 효과보다는 공급의 변화가 상품 가격의 대부분을 설명하는 경우입니다.

대표적인 에너지 상품인 유가의 경우에도 마찬가지입니다. 전 세계적으로 산유국들은 OPEC라는 카르텔을 형성해서 생산량 조절을 통해 가격을 일정 부분 조정하고 있습니다. 이런 상황에서 중동 국가의 정치적 이슈나 아랍권의 어느 국가가 미국과 갈등이 불거졌다는 뉴스들이 나오기 시작하면 유가의 변동폭도 매우 커지는 사례를 언론을 통해 접해보셨을 겁니다.

이처럼 식품과 에너지의 가격 변동은 공급측면의 이슈에 의해 결정되는 경우가 많기 때문에 소비자물가에서 이들을 제외한 물가인 핵심소비자물가를 관찰하면, 경제 내에서 수요견인 효과가 유발되는 물가상승률을 보다 정교하게 측정할 수 있습니다.

핵심소비자물가는 보통 소비자물가가 발표될 때 함께 공표되기 때문에 매우 활용적인 지표입니다. 마찬가지로 생산자물가에서도 식료품과 에너지가 제외된 핵심생산자물가라는 개념이 존재합니다. 다만 생산자물가지수 자체가 공급측면에서 발생하는 비용견인 성격의 물가 수준을 측정하기 위한 지표이기 때문에 핵심생산자물가라는 개념이 핵심소비자물가보다 언론 등에 상대적으로 덜 노출될 뿐입니다.

중앙은행이
환율을 관리할까? ──────────────→

물가상승률을 컨트롤하기 위한 중앙은행의 금리결정은 실물경제 전반에 걸쳐 영향을 미치지만 화폐가 교환되는 외환시장에도 큰 영향을 미칩니다. 앞서 국가의 경상수지가 환율의 큰 방향성에 대한 대략적인 힌트를 제공할 수 있음을 말했는데, 이렇게 경상수지를 기반으로 환율을 설명하는 관점을 '대외수지 접근법'이라고 부릅니다. 또한 국가 간의 물가 혹은 금리차이에 기반해서 환율의 움직임을 설명하려는 접근법을 '자산접근법'이라고 부릅니다. 따라서 자산접근법을 선호하는 분석가들은 통화를 투자자산의 한 부류로 보면서 중앙은행이 통화정책 도구로 사용하는 금리변경이 환율에 미치는 영향에 대해 주로 설명하는 편입니다.

예를 들어 A라는 국가와 B라는 국가가 있는데 A국가에서는 금리가 인상이 되고 B라는 국가에서는 금리의 변화가 없다면, A국가의 통화는 가치가 상승(appreciation)하는 압력을 받게 됩니다. 기본적으로 금리가 높아진다는 것은 자본시장에서 요구 수익률(투자자가 투자할 가치를 판단하고자 요구하는 최소한의 수익률)이 올라간다는 것을 의미하는데, 그만큼 A국가에 투자하려는 수요로 인해 A국가의 통화를 필요로 하는 사람들이 많아지기 때문입니다. 이해하기 쉽게 직관적인 비유를 드리자면, '물은 높은 곳에서 낮은 곳으로 흐르지만 자본은 수익률(금리)이 낮은 곳에서 높은 곳으로 흘러간다'라고 생각하면 이해하기가 편하실 겁니다. 즉 화폐를 투자와 자산의 관점에서 접근하는 것입니다.

그런데 현실 경제에서는 A국가와 B국가라는 2개 국가만 존재하는 것이 아니고 200여 개의 국가가 존재합니다. 기준통화와 표시통화에 따라 그만큼 다양한 환율이 존재합니다. 현실적으로 글로벌 경제에서 기축통화(Key Currency)로 사용되는 통화는 미국 달러이고 국제무역의 대부분은 달러로 결제되기 때문에 우리가 가장 중요하게 보는 환율은 원/달러 환율입니다. 따라서 미국의 통화정책을 중요하게 관찰해야 하는 이유가 바로 여기에 있습니다.

기준금리를 결정하는 한국은행의 금융통화위원회(이하 금통위)에 관심을 갖고 계신 분이라면, 금통위를 앞두고 여러 경제 전문가들이 "미국의 연준이 금리를 인상(또는 인하)하고 있으니, 내외금리차(內外金利差)를 고려해서 기준금리를 인상(또는 인하)해야 한다"라고 인터뷰하는 모습을 한 번쯤은 보셨을 겁니다. 그만큼 금리와 환율은 밀접한 관계이며, 매우 중요합니다.

중앙은행이 통화정책을 운용함에 있어서 변동환율제에서 특정 환율 수준을 명시적으로 정해놓고 그것을 목표로 삼아 정책 결정을 하지는 않습니다. 하지만 한 나라의 환율이 변하게 되면 상대국가 대비 자국통화의 가치가 변하면서 국제무역시장에서 상품에 대한 가격 변동이 불가피해집니다.

특히 한국처럼 원유 등 원자재 수입 비중이 높고, 반도체·선박·자동차 등 제조업 상품이 주력 수출국인 국가에서는 환율변동이 수입물가와 수출 채산성에 크게 영향을 미치고 이것들이 금리 등 경제 전반에 걸쳐 다시 영향을 주기 마련입니다. 따라서 환율변동으로 인해 파생되는 경제적 현상은 중앙은행의 통화정책 운용에 있어서 매우 중요한 고려 요인 중 한 가지라고 볼 수 있습니다.

자본시장의 뿌리와도 같은 금리, 그리고 트릴레마 ⟶

　흔히들 주식시장을 '자본시장의 꽃'이라고 부릅니다. 기업의 미래 가치를 밑거름 삼아 성장하는 금융자산이 주식입니다. 주가가 상승하면, 주주의 이익 증대와 기업의 가치 제고에 일조하면서 투자자와 자본 조달자가 서로 윈윈하게 됩니다.

　개인적으로는 증권사 리서치센터 근무 시절, 기업이 첫발을 내딛고, IPO(기업공개)를 통해 상장을 하고, 주권이 유통되고, 주가가 오르고 내리는 일련의 과정들을 지켜볼 수 있었습니다. 그 일련의 과정이 마치 자본시장이라는 땅에 뿌려진 씨앗(기업)이 화려한 꽃(높은 시가총액을 보유한 기업)으로 피어나기까지, 마치 자연에서 풍파를 이겨내고 꽃이 피어나는 과정과 비슷하다고 느꼈던 경험이 많았습니다. 화려한 꽃일수록 사람들의 주목을 많이 받는 것도 자연스러운 이치입니다. 그래서 오늘날 자본시장에서 주식 투자는 대표적인 전 국민의 투자 수단이 될 수 있었던 것 같습니다.

　반면에 채권시장은 주식시장에 비해서는 상대적으로 투자 수단으로서의 인지도가 떨어집니다. 채권시장에서 거둘 수 있는 기대수익률이 주식시장보다 상대적으로 낮기 때문에 그런 것도 있겠지만, 투자가 좀 재미없게 느껴지는 이유도 있는 것 같습니다.

　요즘은 재테크 관련 미디어가 잘 발달되어 있어서 증권방송 콘텐츠를 쉽게 접할 수 있는데, 금융업계에서 종사해온 제가 봤을 때도 개별 기업의 주가 관련된 이슈들은 그 기업의 대표 상품과도 연관되어 있어서 그런지 화젯거리 자체가 더 대중적이고 재밌습니다. 반면에 금리자산인 채권의 경우에는 물가상승률과 중앙은행의 통화정책이 중요한 변수인데, 물가상승률을 결정짓는 요인들인 경제성장률, 실업률, 유가상승률과 같은 경제변수들이 그리 흥미로운 이야기들은 아니기 때문에 인기도 측면에서 떨어지는 것 같다는 생각이 들기도 합니다.

하지만 금리의 중요성은 주식시장에 비해 결코 간과될 수 없습니다. 금리가 변한다는 것은 경제 전반에 유통되는 자본의 조달비용이 올라간다는 것을 의미합니다. 기업이 자본의 조달비용에서 자유로울 수 없고, 가계가 대출금리에 민감하다는 것은 두말할 필요가 없는 것이겠죠. 그래서 금리가 올라가면 경제성장에는 일정 부분 부담으로 작용할 수밖에 없습니다.

자본시장에서는 금리가 올라가게 되면 주가의 가격을 산정 (Valuation)하는 과정에서 기업의 미래가치를 현재가치로 환원하는 조정인자인 할인율이 올라가기 때문에 주가에 영향을 미칩니다. 금리가 올라가는 상황에서는 일반적으로 경기가 좋은 국면일 가능성이 높기 때문에, 금리가 올라가도 기업의 성장성이 더 조명을 받는다면 주가는 충분히 상승할 것입니다. 반면에 성장성이 담보되지 못하는 기업들의 주가는 금리상승에 취약할 수밖에 없겠죠.

따라서 우리의 삶과 경제 전반에 영향을 미치는 금리는 자본시장의 뿌리와 같다고 생각합니다. 건강한 뿌리는 씨앗이 자라나 화려한 꽃을 피우기 위한 과정에서 반드시 필요한 것처럼, 금리는 건강한 경제 생태계를 유지하기 위한 필요조건이라는 점은 두말할 나위가 없겠죠.

오늘날 현대 자본주의 사회에서 금리의 변동이 경제와 금융시장에 미치는 영향력이 매우 크기 때문에 금리를 관장하는 통화정책의 파급력 역시 매우 크다는 점은 부인할 수 없습니다. 금리의 수준이 결정되는 근간에는 물가상승률이 자리 잡고 있기 때문에, 각국의 중앙은행들은 안정적인 물가상승률을 유지하기 위해 물가에 영향을 미치는 모든 경제적 요인과 금융시장을 모니터링하며 지금 이 순간에도 애쓰고 있는 것입니다. 너무 높지도 않고 낮지도 않은(인플레이션도 아니고 디플레이션도 아닌) 안정적인 물가상승률이 담보되어야만 지속적인 경제성장이 가능할 것이고, 이런 상황에서는 외국자본이 유입돼서 투자의 재원으로 활용되면서도 환율이 매우 안정적으로 유지될 가능성이 높아집니다.

결국 국가경제의 안정적이고 지속적인 성장을 위해서는 금융시장이 개방되어 자본의 유출입이 자연스러워야 하면서도 독립적인 통화정책으로 물가와 환율이 안정적으로 유지되어야만 하는 것입니다. 하지만 저는 이런 상황을 빗대어 '경제적 유토피아 혹은 이상향'이라고 부르고 싶습니다. 실제 국제사회에서는 안타깝게도 경제적 유토피아에 도달한 국가가 없기 때문입니다.

앞서 설명한 바와 같이 금리가 변하게 되면 환율의 변화는 필연적으로 동반될 수밖에 없습니다. 통화정책에 의해 금리가 변하는 과정에서 환율의 변화를 막으려면 고정환율제도를 사용하거나 국제자본의 유출입을 매우 어렵게 만드는 방법밖에 없습니다.

하지만 고정환율제도는 극단적 상황에서 국가 디폴트와 같은 시스템 리스크(systemic risk)로 발현되는 치명적 단점을 가지고 있습니다(이에 대해서는 4장에서 다시 설명하겠습니다). 국제자본의 유출입을 어렵게 한다는 것은 국제 금융시장에서 한 걸음 물러나 폐쇄경제로 향하겠다는 의미인데, 공산주의식 자본주의를 표방하는 일부 국가를 제외하고는 오늘날 국제사회에서는 현실적으로 불가능에 가깝습니다.

이런 애로점은 선진국들도 예외일 수 없습니다. 다음에 이어지는 4장에서 자세히 설명하겠지만, 선진국들의 환율에는 일반적으로 내외금리차가 큰 설명변수로 작용합니다. 그래서 미국과 같은 기축통화국이 기준금리를 올리거나 내리기 시작하면 다른 선진국들(신흥국들도 마찬가지이겠지만)은 팔짱을 끼고 바라볼 수는 없는 상황이 됩니다. 그렇다고 변동환율제를 운용하는 선진국들이 갑자기 고정환율제로 바꿀 수는 없을 것이며, 외국자본이 유출입되는 것에 대한 세금을 크게 책정해서 국가 간 조세 분쟁으로 몰고 갈 수도 없는 노릇일 것입니다.

이처럼 오늘날 전 세계 국가들이 '독립적인 통화정책 운용'과 '환율 안정', 그리고 '자유로운 자본 이동(금융시장의 개방성)'이라는 3가지 목표를 동시에 달성하는 것이 불가능한 이런 상황을 두고 트릴레마(Trilemma)라고 부릅니다. 트릴레마는 1999년에 노벨상을 수상한 경

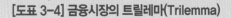

[도표 3-4] 금융시장의 트릴레마(Trilemma)

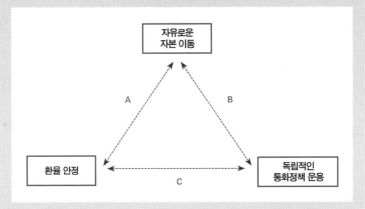

자료: Economist

이 그림은 국제경제에서 '독립적인 통화정책 운용, 환율 안정, 자유로운 자본 이동(금융시장의 개방성)'이라는 3가지 목표를 동시에 달성하는 것이 불가능하다는 것을 도식화한, 경제정책의 트릴레마를 표현한 것입니다. 정책당국은 3가지 정책 목표 중 현재 경제적 상황에 맞추어 우선순위에 두어야 하는 목표를 중심으로 탄력적으로 경제를 운용해가는 것입니다.

제학자 로버트 먼델(Robert A. Mundell)이 주장한 '불가능한 삼위일체(impossible trinity)'의 핵심 내용이기도 합니다. 따라서 오늘날 현대 경제사회에서 대부분의 국가들은 그때그때 경제상황에 따라 불가능한 삼위일체 중에서 우선순위에 두어야 하는 정책 목표를 두고 경제를 운용해가는 것입니다.

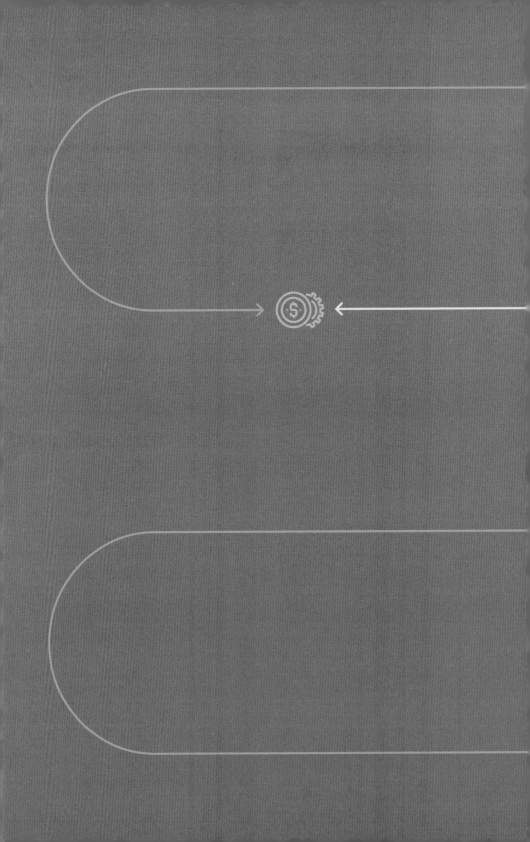

4장

금리와 환율의
긴밀한 연결고리를 이해하자

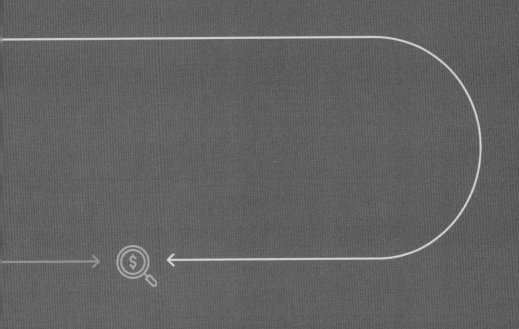

사람은 몸이 아프면 열이 나는 것처럼 경제도 그 상황에 따라 신호를 발산합니다. 특히 채권시장의 금리 스프레드는 경기의 흐름을 선행적으로 예측하는 능력이 매우 뛰어난 지표들 중 하나로 알려져 있습니다. 금리라는 변수가 경기와 향후 시간(만기)에 대해 매우 민감하기 때문입니다. 금리가 변화될 때는 통화에 대한 수요와 공급이 변화되면서 환율도 함께 변화되는 경우가 일반적입니다. 그래서 금리와 환율의 관계는 경기라고 하는 같은 동인(動因)을 일정 부분 공유하고 있다고 볼 수 있습니다. 다만 현실적으로 세계경제에서 국가 간 자본이 자유롭게 이동하기 위한 제도적 여건이나 외환시장의 유동성과 같은 차이점들이 금리와 환율의 관계를 강화하거나 약화하기도 합니다. 선진국과 신흥국의 환율을 바라볼 때 이런 차이점을 이해해야 할 필요가 있습니다. 특히 달러는 기축통화라는 점을 무기로 삼아 미국경제가 힘들 때도 웃을 수 있는 통화입니다.

금리의 기간구조란
무엇인가?

　중앙은행이 통화정책의 도구로 사용하는 기준금리는 국가마다 조금씩 다릅니다. 미국에서는 은행들이 지급준비금을 맞추기 위해 빌리는 1일 만기 초단기금리를 FFR(Fed Funds Rate)이라고 부르며 기준금리로 사용합니다. 한국의 기준금리는 한국은행이 보유증권을 담보로 금융기관으로부터 7일간 차입[7일물 환매조건부채권(RP) 매각 시 고정 입찰금리]하는 금리를 의미합니다. 유럽 중앙은행(ECB)의 경우에는 은행들이 ECB에 담보를 제공하고 7일물 자금을 차입하는 데 적용하는 금리(Main Refinancing Rate)를 기준금리로 사용하고 있습니다.

　이처럼 기준금리의 정확한 개념은 국가마다 조금씩 차이가 있습니다. 하지만 한 가지 공통적인 점은, 모두 금융기관 간의 거래에 사용되는 초단기금리를 통화정책의 도구로 사용하고 있다는 것입니다.

　각국 중앙은행이 금융기관 간의 거래에 적용되는 단기금리를 통해 통화정책을 운용하는 이유는 금융기관이 자금을 조달하거나 빌려오는 여수신금리(중앙은행이 개별 금융기관을 상대로 대출해주거나 예금을 받을 때 적용되는 금리)에 따라 실제 경제주체들이 접하는 금리도 함께 변동되기 때문입니다.

즉 개별 경제주체들이 금융기관으로부터 차입을 하거나 돈을 맡길 때 기준이 되는 금리 수준을 거래 건별로 일일이 개입할 수가 없기 때문에 금융기관 간 거래되는 화폐의 양과 여수신금리를 통해 금리 수준의 전반을 조정하려는 것입니다. 금융기관의 입장에서는 고객에게 적용되는 금리를 산정할 때 기준금리에 연동된 금융기관의 조달금리(금융기관이 조달한 자금에 지불하는 금리)에 연동해서 일정 이율을 가·감해 대고객금리(금융기관 창구에서 금융기관과 고객 간의 상호계약에 의해 형성되는 금리)로 적용하게 되기 때문이죠.

그런데 자금시장에서는 돈을 맡기거나 빌리려는 경제주체(가계, 기업, 비영리기관 등)들이 원하는 기간이 매우 다양합니다. 짧게는 하루에서 한 달 정도만 돈을 쓰거나 저축을 하려고 하는 경제주체들이 있을 수가 있겠고, 길게는 10년 이상 장기간 동안 저축을 하거나 돈을 빌리려는 경제주체들도 있을 것입니다. 이런 경우 아마도 단기 고객들에게는 기준금리 수준보다 소폭 높은 수준의 금리를 적용할 것이고, 장기 고객들에게는 상대적으로 더 높은 금리를 적용할 것입니다. 돈을 저축하려는 혹은 빌려가려는 기간이 길면 길어질수록 그 기간 동안 발생할 수 있는 불확실성에 대한 보상으로 프리미엄이 요구되기 때문입니다.

돈을 장기간 저축하려는 고객은 그 기간 동안의 물가상승률과 돈이 묶여버리게 되는 것에 대한 보상을 원할 것입니다. 그리고 금융기관의 입장에서는 돈을 빌려가는 고객에게도 마찬가지의 이유로 장기간 동안 발생할 수 있는 여러 가지의 불확실성에 대한 프리미엄을 요구할 것입니다. 그래서 자금시장에서는 돈이 유통될 수 없는 기간에 비례해서 단기보다 장기일수록 금리가 더 높아지는 것이 일반적인데, 이를 금리의 기간구조(Term Structure)라고 부릅니다. 즉 장기금리는 미래에 예상되는 단기금리의 예상값에 시간에 대한 보상인 기간프리미엄(term premium)이 더해지는 기간구조가 형성됩니다. 이 때문에 만기가 길어질수록 금리가 높아지는, 우상향 형태가 나타납니다.

채권시장의 금리 스프레드가 알려주는 신호들 ⟶

금리의 기간구조는 채권시장에서 쉽게 관찰할 수 있습니다. 앞서 설명에서 돈을 저축하려는 사람은 채권 투자자로 볼 수 있겠고, 돈을 빌리려는 사람은 채권 발행자로 볼 수 있겠습니다. 즉 자본을 투자하고자 하는 경제주체와 자본을 조달하려는 경제주체가 금융기관의 예금과 대출이라는 상품을 통하지 않고 직접 거래할 수 있는 직접금융시장이 채권시장입니다.

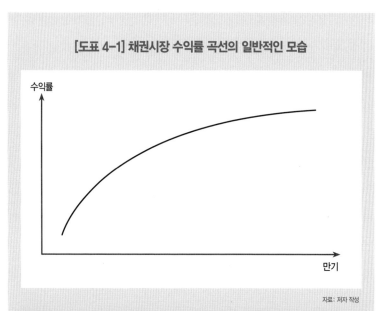

[도표 4-1] 채권시장 수익률 곡선의 일반적인 모습

수익률

만기

자료: 저자 작성

채권시장에서 만기와 수익률의 관계를 도식화한 선을 '수익률 곡선'이라고 부릅니다. 채권의 만기가 길어질수록 수익률이 함께 높아지는 패턴이 관찰되기 때문에, 일반적으로 수익률 곡선은 우상향하는 모습으로 나타납니다.

채권시장의 수익률은 앞서 설명한 이유와 동일한 논리로 만기가 장기인 채권일수록 높은 표면금리를 보이는 것이 일반적입니다. 이와 같이 채권시장에서 만기와 수익률의 관계를 평면에 도식화한 차트를 수익률 곡선(Yield Curve)이라고 부릅니다. 채권시장의 수익률 곡선은 우리에게 경기판단에 대한 힌트를 제공하기도 합니다.

경기가 위축되면서 향후 전망조차 비관적인 상황이라고 가정한다면, 채권 투자자들은 돈이 오랜 기간 묶이는 것이 달갑지 않을 것입니다. 내 돈을 빌려간 그 누군가가 장기간 어떤 일을 당할지 알 수 없기 때문입니다. 만약 내 돈을 빌려간 채권 발행자가 파산을 하게 되면 그 돈을 받을 수 없게 됩니다. 또한 돈을 빌려가는 입장에서도 투자자에게 장기간에 걸쳐 높은 금리를 제공할 자신이 없는 상황이라면, 자금을 단기로 조달하려고 할 것입니다.

반대로 경기가 확장되는 국면이고 경제적 낙관이 큰 상황이라면 채권을 투자하려는 입장에서는 보다 높은 금리로 오랫동안 수익을 보장받고 싶어할 것입니다. 돈을 빌려가는 채권 발행자 입장에서도 장기로 자금을 조달함으로써 장기적인 관점에서 자금을 운용할 수 있을 것입니다.

이러한 만기별 선호도의 차이는 금리차이로 반영되게 됩니다. 그러나 만기가 길어질수록 기간프리미엄을 산정하는 데 고려해야 하는 사항들은 더 많아집니다. 우리가 당장 다음 달 혹은 1년 후의 경제성장률이나 물가상승률을 예상할 때보다 10년 뒤의 경제 여건을 예상하는 것이 훨씬 어렵고 전망에 대한 불확실성도 크기 때문입니다.

이런 이유 때문에 채권금리에는 만기가 길어질수록 경제주체들의 기대와 전망이 반영되는 정도가 더 크게 나타납니다. 따라서 일반적으로 단기 채권금리는 중앙은행의 기준금리에 밀접하게 연동되는 경향을 보이고, 장기 채권금리는 경제성장률이나 기대인플레이션과 같은 향후 미래 전망치에 더 큰 영향을 받는다는 특징이 있습니다.

경기 전망이 비관적일 때에는, 즉 장기간 자금의 수요와 공급이 활발하지 않을 때에는 장기금리가 낮아지는 현상이 나타납니다. 반대로 경기 전망이 긍정적일 때에는 장기간 자금의 수요와 공급이 원활해지면서 장기금리가 높아지는 현상이 나타납니다. 이처럼 채권시장에서는 단기금리 대비 장기금리의 수준이 중요하다고 볼 수 있습니다.

일반적으로는 앞서 설명했던 금리의 기간구조 때문에 장기금리가 단기금리보다 더 높아야 함에도 불구하고, 경제주체들의 경기 전망이 극단적으로 비관적인 경우에는 장기금리가 단기금리보다 더 낮아지는 현상이 발생하기도 합니다. 이를 '장단기금리차 역전 현상'이라고 부릅니다.

장단기금리차를 측정할 때 특정 기간물의 금리로 한정하는 정해진 규칙은 없고 상대적입니다. 다만 채권시장에서는 유동성이 풍부하고 거래가 잘 이루어지는 국채 기간물을 주로 활용합니다. 미국의 경우에는 10년-2년, 10년-3개월 금리차가 일반적으로 활용되는 편이고, 한국의 경우에는 10년-3년, 10년-5년과 같은 금리차를 활용하는 편입니다.

장단기금리차 역전이 경제주체들의 비관적 전망을 예측하는 데 있어서 그 정확도도 매우 높은 편입니다. 미국의 사례를 보면 역사적으로 장단기금리차 역전 현상이 발생하고 나면, 향후 짧게는 6개월에서 길게는 1년 반 사이에 실제로 경기침체가 높은 확률로 발생했기 때문입니다. [도표 4-2]에서 보듯 미국에서 1960년부터 2000년대 초반까지 장단기금리차 역전 현상이 1개월 이상 지속된 사례가 총 10번 발생했는데, 이 중에서 7번 정도가 장단기금리차 역전 이후 약 1년 이내에 실제 경기침체가 발생한 것입니다. 이 때문에 금융시장에서 장단기금리차는 향후 도래할 수 있는 경기침체 가능성을 추론하는 선

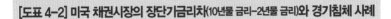

[도표 4-2] 미국 채권시장의 장단기금리차(10년물 금리-2년물 금리)와 경기침체 사례

자료: 세인트루이스 연준

미국 채권시장에서 10년만기와 2년만기 국채금리의 차이(장단기금리차)를 보여주는 차트입니다. 회색 음영 구간은 미국에서 경기침체에 해당하는 기간을 의미합니다. 장단기금리차 역전이 발생한 이후 일정시차를 두고 높은 확률로 실제 경기침체가 발생했음을 알 수 있습니다.

제적 대리변수(Proxy Variable)로 간주되어 사용되곤 합니다.

채권시장 참여자들 사이에서는 장단기금리차가 좁혀지는 것을 '수익률 곡선이 평평해진다(yield curve flattening)'라고 표현하며, 반대로 장단기금리차가 확대되는 것을 '수익률 곡선이 가팔라진다(yield curve steepening)'라고 부릅니다. 경제·금융 뉴스나 신문기사 등에서 "수익률 곡선이 평평해지고 있다" 혹은 "가팔라지고 있다"는 헤드라인이 등장한다면, 채권시장이 우리에게 그만큼 경기에 대한 비관적 혹은 낙관적 전망이 강화되고 있음을 알려주고 있다고 생각하면 됩니다.

채권시장에서 장단기금리 스프레드와 함께 우리에게 경기 판단에 대한 힌트를 제공해주는 지표가 한 가지 더 있습니다. 그것은 동일한 만기의 채권이 발행자의 신용도에 따라 다른 금리를 갖게 되는 신용 스프레드(Credit Spread)입니다. 신용도가 낮은 발행자가 발행한 채권은 그만큼 더 위험하다는 것을 의미하기 때문에 금융시장에서는 신용위험에 대한 보상으로 더 높은 금리를 요구합니다. 그리고 이러한 신용 스프레드는 보통 경기가 안 좋아질 경우에 위험이 더 커지면서 그에 대한 요구보상이 늘어나기 때문에, 신용 스프레드가 확대(축소)되고 있다는 것은 채권시장이 바라보는 경기 전망이 비관적(낙관적)임을 알려주고 있는 것으로 해석이 가능합니다.

한국의 경우에는 동일 만기의 국채와 회사채(AA-) 금리의 스프레드를 일반적인 신용 스프레드로 봅니다. 국채금리 대비 어떤 신용등급의 회사채 금리를 사용하느냐는, 장단기금리차를 측정할 때와 같이 정해진 규칙이 없고 상대적 개념이라고 이해하면 됩니다.

이와 같은 논리는 국가나 기업들에게도 적용됩니다. 동일한 10년물 국채금리라고 하더라도, 일반적으로 기축통화국이자 높은 국가신용등급을 보유한 미국의 금리가 국가신용도가 낮은 다른 국가들의 10년물 국채금리보다 더 낮은 이유이기도 합니다. 또한 유로화라는 단일 통화를 사용하는 유로존 내에서 동일한 만기일지라도 경제 펀더멘털(특히 재정수지)이 가장 건전해서 신용위험이 낮은 독일의 국채금리가 보통 제일 낮은 수준이고, 다른 회원국들은 재정수지 등 경제 여건에 따라 차등적으로 금리 구조가 형성됩니다. 기업들이 발행하는 회사채 시장에서 발행기업의 신용도가 낮을수록 높은 금리로 발행되는 것도 당연한 이치라고 볼 수 있습니다.

원/달러? 달러/원?
어떤 것이 맞는 표현일까? ——————————→

금융시장에서 어떤 특정한 변수가 변화를 보일 때 그것만 변하는 경우는 거의 없습니다. 변동되는 가격과 함께 거의 실시간으로 여러 가지 변수들이 함께 변화하는 게 일반적인데, 국가의 기준금리 혹은 채권시장의 시장금리가 변하게 되면 대표적으로 변화되는 가격은 환율입니다.

환율이라는 것은 두 통화 간의 교환비율을 의미합니다. 여기서 두 통화 간 적용되는 교환비율이라는 설명은, 환율이라는 변수 자체가 상대가격이라는 설명과 동일하다고 볼 수 있습니다. 따라서 환율은 '통화'라고 하는 상품을 사고파는 데 필요한 '상대가격'이라고 이해하면 편할 것 같습니다. 환율은 두 통화 간의 상대가격이라는 점 때문에 어느 통화를 기준으로 삼느냐에 따라 표기법이 달라질 수 있습니다. 이에 대한 설명을 잠깐 드리겠습니다.

먼저 직접표시법(Direct Quotation)은 외국통화 1단위당 교환되는 자국통화의 단위를 의미하며, 자국통화표시법이라고도 합니다. 반대로 간접표시법(Indirect Quotation)은 자국통화 1단위당 교환되는 외국통화의 단위를 의미하며, 외국통화표시법이라고 합니다.

우리가 일반적으로 접하는 '원/달러 환율이 1,200원이다'라는 표현은 한국의 입장에서는 자국통화표시법이자 직접표시법을 사용한 표현입니다. 반대로 미국의 입장에서는 외국통화표시법이자 간접표시법입니다. 여기서 슬래시(/)는 '퍼(per)'로 해석되는, 수학에서 분수와 같은 의미입니다. 오늘날 대부분의 일반적인 대중성을 띠는 언론사나 한국은행, 한국개발연구원(KDI) 등 주요 기관에서는 자국통화표시법에 따른 '원/달러'를 주된 표기로 사용하고 있습니다. 그리고 저도 이 책에서 거론되는 환율은 모두 자국통화표시법을 기준으로 표기했습니다.

한편 대규모 외환거래가 촌각을 다투며 거래되는 은행 간 거래에서는 표기법이 조금 달라집니다. 대부분의 거래가 기축통화인 달러를 중심으로 거래되기 때문에 1달러에 1,200원이라는 개념을 표기할 때 USD/KRW, USDKRW, 달러/원, 달러-원 등의 명칭을 사용합니다. 표기만 다를 뿐 모두 같은 의미입니다. 이는 국제표준기구의 거래 코드에서 환율을 표기할때 기준통화를 앞에, 그리고 표시통화를 뒤에 표시하는 규정 때문인데, 여기서 사용된 슬래시(/)나 하이픈(-)의 경우에는 수학적 의미를 갖는 것이 아니라 기준통화와 표시통화를 분리해주는 구분자로 역할을 하는 것입니다.

'USD/KRW가 1,200원이다'라는 표현은 앞에 나오는 기준통화인 미국 1달러가 원화로 1,200원에 표시되어 거래된다는 의미와 같습니다. 여기서 앞에 나오는 기준통화인 미국 달러를 미국 이외 통화로 표시하기 때문에 유럽식 표기라고 부릅니다. 오늘날 대부분의 외환거래에서 사용되는 거래 코드 방식입니다.

하지만 예외적으로 유로존 유로화(EUR/USD), 영국 파운드(GBP/USD), 호주 달러(AUD/USD), 뉴질랜드 달러(NZD/USD)는 자국통화를 기준통화로 앞에 표기하고, 이것을 미국 달러로 표시하는 미국식 표기로 표현합니다. 'EUR/USD가 1.15달러이다'라는 표현은 기준통화인 1유로가 1.15미국 달러로 표시되어 거래된다는 의미입니다.

대부분 통화에 해당하는 유럽식 표기법, 그리고 4가지 통화에 해당하는 미국식 표기법은 주로 은행 간 거래(inter-bank dealing)를 전문적으로 다루는 외환딜러·트레이더·브로커와 같은 외환시장 참여자들과 이들의 동향을 심도 있게 취재하는 외환·금융 전문 언론사 등에서 사용하는 편입니다. 따라서 환율 표기법의 특징과 그에 따른 환율변동의 의미는 [도표 4-3]에서 정리해볼 수 있습니다.

[도표 4-3] 환율 표시법에 따른 특징과 해석 방식

환율 표시법	표기	의미	주로 사용되는 곳	환율 해석과 특징
• 직접표시법 • 자국통화표시법 • 유럽식표기법 (European Term)	• 원/달러	• 외국통화 1단위당 거래되는 자국통화의 비율 • per(/)는 수학적 의미	• 한국은행, 국책연구 기관, 정부기관, 일반인 대상 언론사 등	• 환율상승은 외국통화(달러) 대비 자국통화(원화) 가치하락을 의미(환율하락은 반대) • 영연방권 일부 국가를 제외한 대부분의 환율 표기 방식
	• USD/KRW • USDKRW • 달러/원 • 달러-원	• 앞에 표기되는 기준통화를 뒤에 표기되는 표시통화 비율로 거래 • / . - 는 기준통화와 표시통화를 구분하는 기호	• 외환딜러, 트레이더, 브로커 등 은행 간 거래 시장 참여자들 • 외환/금융종사자 대상 전문 언론사 등	
• 간접표시법 • 외국통화표시법 • 미국식표기법 (American Term)	• EUR/USD • GBP/USD • AUD/USD • NZD/USD			• 환율상승은 외국통화(달러) 대비 자국통화 가치상승을 의미(환율하락은 반대) • 주로 과거 영국의 영향권에 있었던 국가들의 환율 표기 방식

자료: 저자 작성

이 표는 환율을 표시하는 방법과 의미를 정리한 것입니다. 현실에서 원/달러와 달러/원과 같은 표현이 혼용되어 사용되고 있지만, 2개의 표기가 나타내주는 숫자는 모두 동일한 의미입니다(환율상승=해당 통화가치하락). 그리고 거의 대다수의 통화도 마찬가지입니다. 다만 외환통화들 중에서 4가지 통화(유로존 유로화, 영국 파운드, 호주 달러, 뉴질랜드 달러)만 표기법이 다르고, 의미가 반대라는 점은 기억할 필요가 있을 것 같습니다(환율 상승=해당 통화가치상승).

내외금리차로 설명이 잘 되는
선진국 통화의 환율 ——————————→

다시 금리와 환율의 관계로 돌아와, 특정 국가의 통화를 보유하게 되면 그것으로 할 수 있는 것이 많습니다. 그 국가의 주식이나 채권 시장에 투자를 할 수 있고, 안전하게 은행에 예금을 하기만 해도 예금이자를 받을 수 있습니다. 리스크를 수반하지 않고 최소한의 예금 금리가 보장하는 수준만큼의 최소한의 이익이 보장되는 겁니다. 아시다시피 예금이자는 해당 통화를 사용하는 국가의 금리 수준에 의해서 결정되는데, 누구나 더 높은 금리를 받고 싶은 게 당연한 심리일 것입니다.

그래서 특정 국가의 경기가 활황을 보이면서 금리가 높아지면 그 국가의 통화를 보유하려는 수요가 많아지고, 통화가치가 상승하는 현상이 나타나는 것입니다. 반대로 특정 국가의 경기가 침체되면서 금리가 낮아지는 상황이라면, 해당 국가의 통화가치가 낮아지는 현상이 나타납니다. 미국의 경기가 좋아서 금리가 높아지게 되면 달러에 대한 수요가 많아지면서 달러가 강세를 보이는 것입니다.

다만 환율이라는 것은 '2개의 통화 간의 교환비율'이기 때문에 특정 국가의 금리가 다른 어느 국가보다 높아지느냐 낮아지느냐의 상대적 관점이 중요합니다. 예를 들어 달러와 유로화의 거래가격을 의미하는 달러/유로 환율이 낮아지고 있다는 것(달러 대비 유로화 가치 하락)을 설명할 때, 미국 경기가 좋아서 금리가 높아진다는 표현에는

'유로존보다 경기가 좋고 유로존보다 금리가 더 빨리 높아져야 한다'
는 상대적 관점이라는 중요한 포인트가 숨겨져 있습니다. 만약 미국
경제가 좋아서 금리가 올라가는 국면인데, 동시에 유로존도 미국만
큼이나 경기가 좋아서 미국 금리가 올라가는 만큼 비슷한 속도로 유
로존의 금리가 동시에 올라간다면 달러/유로 환율은 거의 변화가 없
기 때문입니다. 만약 미국과 유로존의 변화되는 금리차이 속도가 일
정한데 달러/유로 환율이 한쪽 방향으로 크게 변화된 상황이라면, 그
것은 금리 차이말고 정황상 다른 특별한 충격이 어느 한쪽에 발생했
을 가능성이 높습니다.

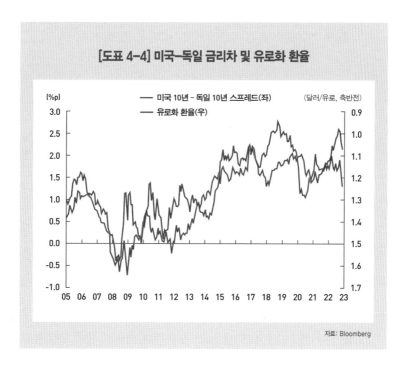

[도표 4-4] 미국-독일 금리차 및 유로화 환율

자료: Bloomberg

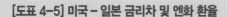

[도표 4-5] 미국 - 일본 금리차 및 엔화 환율

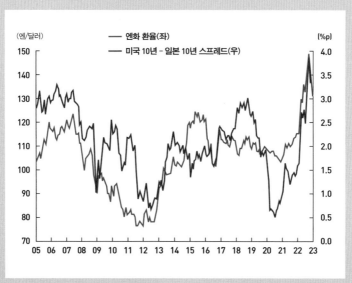

자료: Bloomberg

[도표 4-4]와 [도표 4-5]는 대표적 선진국 통화인 유로화와 엔화의 달러 대비 환율을 미국과의 10 년물 국채금리격차(스프레드)와 함께 도식화한 차트입니다. 유로화의 경우 미국-독일의 금리차이가 커질수록 유로화 환율이 하락(달러 대비 유로화 가치가 하락)하는 패턴이 장기적으로 관찰됩니다. 엔화 역시 미국-일본의 금리차이가 커질수록 엔화 환율이 상승(달러 대비 엔화 가치가 하락)하는 패턴을 보이고 있습니다.

　　미국 달러와 일본 엔화의 거래의 경우에도 마찬가지입니다. 미국과 일본의 금리차이가 확대되느냐 축소되느냐에 따라 엔/달러 환율이 상승(달러 대비 엔화 가치 하락)하기도 하고 하락(달러 대비 엔화 가치 상승)하기도 하는 원리입니다.

　　[도표 4-4]와 [도표 4-5]를 보면 유로존과 미국의 금리차와 유로

화의 환율, 그리고 일본과 미국의 금리차와 엔화의 환율이 유사한 패턴으로 이어지는 모습을 확인할 수 있습니다. 이처럼 대표적인 선진국 통화인 달러/유로 환율과 엔/달러 환율은 미국과의 금리 차이인 내외금리차로 설명이 잘 되는 통화입니다. 이런 내외금리차로 환율의 움직임을 설명하는 이론을 '이자율평가설(interest rate parity)'이라고 합니다. 하지만 모든 통화의 대미(對美) 환율이 미국과의 이자율평가설, 즉 금리 차이로 설명되지는 않습니다. 내외금리차로 환율을 설명하는 과정에는 자본 이동이 국가 간 자유롭다는 가정이 깔려 있기 때문입니다.

우리가 미국이나 유로존이나 일본에 사는 사람이라고 가정해봅시다. 달러화, 유로화, 엔화 중에 어느 통화를 보유해서 그 국가의 예금이나 채권 같은 금융자산에 투자를 할 것인지를 결정하려면 이런 통화들을 거래하는 데 있어서 불편함이 최소화되어야 합니다. 경제용어로는 거래비용이 작아야 한다고 말할 수 있습니다. 그렇기 위해서는 이들 통화의 유동성이 풍부해서 사고파는 비용이 작아야 하고, 국가 간 세금 문제라든지, 해당 국가의 자본시장 개방도나 신용위험 등이 비슷해야만 한다는 전제 조건이 필요합니다.

일반적으로 미국 달러, 일본 엔, 유로존 유로화는 국제 금융시장에서 널리 통용되는 통화라서 유동성은 일단 풍부하다고 볼 수 있습니다. 자본시장의 개방도나 국가의 신용위험을 보더라도 모두 선진국으로서 대동소이한 측면이 있기 때문에 내외금리차가 환율에 미치는 경로가 잘 적용된다고 보면 될 것 같습니다.

내외금리차로 설명이 어려운
신흥국 통화의 환율 ─────────────→

반면에 신흥국의 경우에는 앞의 전제 조건들이 성립하지 않는 경우가 대다수입니다. 신흥국 통화가 전체 글로벌 외환시장의 거래에서 차지하는 비중은 각 통화별로 0.1~3.5% 정도에 해당되는 경우가 대부분이기 때문에 유동성이 풍부하지 못합니다. 자본시장의 개방도나 국가의 신용등급 면에 있어서도 미국보다 하위 등급인 경우가 대부분입니다.

이런 현실적인 상황 때문에 상당수 신흥국 통화의 대미(對美) 달러 환율에서는 미국과의 금리 차이로 설명되는 경우가 드물다고 볼 수 있습니다. 안타깝게도 한국은 세계 10위권 경제 규모에 비해서는 국제 외환시장에서 아직 신흥국 통화로 분류되는 것이 현실입니다. 참고로 한국 원화가 전체 외환시장 거래에서 차지하는 규모는 매수와 매도를 모두 합쳤을 때 1.9% 정도(BIS, 2022년 기준)로 낮은 편입니다. 이런 점 때문에 미국과의 금리차이가 한국의 원/달러 환율의 움직임을 설명하는 정도도 낮은 편입니다. 따라서 대다수 신흥국들의 대미 환율은 주요 선진국 간의 힘겨루기로 달러 가치가 결정되고, 그 수준에 맞는 환율이 형성된다고 보는 게 합리적일 것 같습니다. 특히 달러(88.5%)와 유로화(30.5%)는 전체 외환거래(매수와 매도를 모두 합친 경우, 전체 총합은 200%)에서 절반 이상을 차지할 정도로 절대적입니다.

그래서 미국과 유로존의 경제상황과 금리 격차가 달러의 가치를

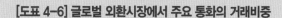

[도표 4-6] 글로벌 외환시장에서 주요 통화의 거래비중

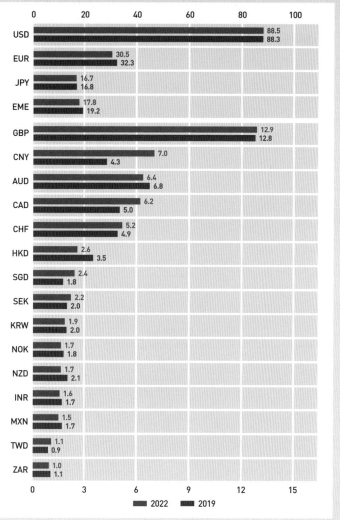

	2022	2019
USD	88.5	88.3
EUR	30.5	32.3
JPY	16.7	16.8
EME	17.8	19.2
GBP	12.9	12.8
CNY	7.0	4.3
AUD	6.4	6.8
CAD	6.2	5.0
CHF	5.2	4.9
HKD	2.6	3.5
SGD	2.4	1.8
SEK	2.2	2.0
KRW	1.9	2.0
NOK	1.7	1.8
NZD	1.7	2.1
INR	1.6	1.7
MXN	1.5	1.7
TWD	1.1	0.9
ZAR	1.0	1.1

자료: BIS Triennial Central Bank Survey (2022. 10)

이 자료는 국제결제은행(BIS)에서 발간하는 자료로 국제 외환시장에서 주요 통화의 거래비중을 보여주고 있습니다. 각 통화의 매수와 매도를 합산한 것으로 총합은 200%인데, 그중 달러와 유로화의 합산 비중이 100%를 넘어가며 절반 이상을 차지하고 있습니다. 한편 한국 원화의 거래비중은 2% 내외를 보이고 있습니다.

결정짓는 경향이 강합니다. 달러의 가치라는 것은 달러 대비 거래 빈도가 높은 6개의 통화로 표현한 '달러지수'라는 것으로 측정됩니다(달러지수에 대한 설명은 6장에서 더 자세하게 설명하겠습니다). 그렇게 외환시장의 두 고래인 미국과 유로존 간의 힘겨루기를 통해 달러 가치가 결정되면, 나머지 국가들의 대미 환율은 그에 따른 상대적 수준으로 환율이 형성된다고 볼 수 있습니다.

종합해보면 환율은 선진국 통화이든 신흥국 통화이든 외환시장에서 자국통화와 외화의 수요와 공급의 관계에서 결정된다는 것에는 큰 차이점이 없습니다. 다만 선진국 통화의 수요와 공급에는 금리 차

[도표 4-7] 인도-미국 10년물 금리차이와 루피 환율

자료: Bloomberg

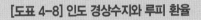

[도표 4-8] 인도 경상수지와 루피 환율

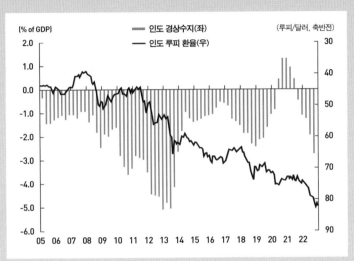

자료: Bloomberg

[도표 4-7]은 인도와 미국의 10년물 국채금리차이와 루피 환율을 함께 그려놓은 차트입니다. 인도의 채권금리가 미국보다 기조적으로 높은 수준으로 장기간 이어졌음에도 불구하고 인도 루피 환율이 하락(루피 가치가 상승)하는 현상은 제한적입니다. 반면 [도표 4-8]은 인도의 경상수지와 루피 환율을 그려놓은 차트입니다. 기조적으로 경상수지 적자국인 인도는 달러가 루피보다 늘 부족하기 때문에 루피 환율이 상승하는(루피 가치가 하락하는) 현상이 장기적으로 나타나고 있습니다. 대표적으로 인도의 사례를 들었지만, 이는 선진국과는 다르게 내외금리차가 신흥국 환율에 미치는 영향이 제한적이라는 점을 시사하며, 경상수지가 적자를 보이는 대부분의 신흥국에서 공통적으로 관찰되는 현상이기도 합니다.

이가 자본 이동을 유발해서 환율에 영향을 크게 미치고, 신흥국에서는 부족한 유동성과 제도적인 장벽으로 인해 그렇지 못하다는 차이가 있을 뿐입니다. 따라서 신흥국 통화의 대미 환율을 설명할 때에는 미국과의 금리 차이를 제외하고, 달러와 신흥국 통화의 수급에 영향을 미치는 다른 요인들을 살펴볼 필요가 있는 것입니다.

글로벌 경제상황이 일반적인 경우에 대다수의 신흥국은 금리 수준이 미국보다 높습니다. 이런 경우 내외금리차에 따르면, 신흥국 통화에 대한 수요가 늘어나면서 신흥국 통화의 환율은 하락(로컬 통화가치가 상승)하는 현상이 나타나야 하지만, 실제로는 그렇지 못한 경우가 대부분입니다. 특히나 경상수지가 적자인 신흥국의 경우에는 외환시장에서 달러가 부족하기 때문에 중장기적 환율 추세가 상승(로컬 통화가치가 하락)하는 패턴을 보여온 게 더 일반적입니다.

다만 그런 과정에서 일시적으로 환율이 낮아지는(로컬 통화가치가 상승하는) 국면이 종종 관찰되기도 합니다. 그런 시기에는 선진국 간의 힘겨루기로 결정되는 달러 자체가 약한 국면이거나, 특정 신흥국의 특정 이슈가 발생하면서 성장성이 주목을 받고, 해당 국가로 외국자본이 빠르게 유입되는 경우에 해당됩니다. 즉 특정 신흥국의 통화를 보유함으로써 현실적인 거래비용과 해당 국가의 제도적인 불편함을 감수하더라도 누릴 수 있는 기회 이익이 훨씬 큰 경우입니다.

신흥국의 원죄론이란 무엇인가? ⟶

이처럼 신흥국의 대미 환율 수준은 현실적으로 자국 경제 펀더멘털에 의해 결정된다고 보기가 힘든 면이 있습니다. 외환시장에서 중요한 플레이어인 달러와 유로화의 줄다리기에서 어느 정도 기조적인 판세가 가름 지어지면(강달러 혹은 약달러의 큰 방향성이 결정되면), 그 안에서 환율의 변동폭이나 속도 정도만이 해당 국가의 펀더멘털에 의해 영향을 받는 정도입니다.

그러다 보니 신흥국들은 국제 금융시장에서 자본을 조달할 때 큰 어려움을 겪습니다. 자국통화로 표기된 국채를 발행하려고 하면, 신흥국들이 가지고 있는 리스크를 받아들이지 않는 투자자들이 대부분이기 때문입니다. 그래서 신흥국의 로컬 통화 채권은 대부분 높은 금리를 제공하지만 사실 그 이면에는 그만큼이나 높은 인플레이션이 자리 잡고 있고, 특히 신흥국 대부분 국가의 환율변동성이 높다는 점에서 국제 금융시장에서는 일부 시기를 제외하고는 신흥국 로컬 통화 채권이 선호되지 않는 것이 사실입니다.

결국 외국 자본을 유치해야 하는 신흥국들은 대부분 달러 표시 채권으로 발행하고, 만기 역시 짧아지는 경향이 있습니다. 이렇게 조달한 자금을 자국 경제발전을 위한 투자자금, 특히나 투자자본의 회수 기간이 비교적 장기간인 인프라 시설이라든지 부동산 PF와 같은 투자 재원으로 사용되는 경우에는 통화불일치(Currency Mismatch)와 만기불일치(Maturity Mismatch) 현상이 나타날 수밖에 없습니다.

이런 현상이 나타나는 동안 글로벌 경제가 평온하게 유지되면서 달러의 가치 변동이 크지 않은 경우에는 별다른 문제가 없을 수 있습니다. 그러나 문제는 달러를 사용하는 미국에서 기준금리가 다른 국가에 비해 빠르게 인상된다든지, 글로벌 경제 어디선가 경기위축이 일어나면서 금융시장의 심리가 취약해지는 경우에는, 결과적으로 달러 가치가 상승하면서 신흥국들의 부채 부담이 함께 높아진다는 것입니다.

특히 이런 상황에서는 글로벌 투자자들이 만기가 돌아오는 달러 채권에 대해 원금상환을 요구하는 경우도 있습니다. 만기가 짧은 채권으로 조달한 자금을 장기로 투자해놓은 경우 원금상환이 힘들어질 수밖에 없습니다. 특히 이런 신흥국들은 기업들의 안정적인 수출 채산성을 위해 달러 대비 환율을 국가가 인위적으로 조절해주는 고정 환율제도를 사용하는 경우가 있는데, 이때 투기적 기관들이 해당 국가의 자산 매도까지 가세하는 경우에는 그 충격이 훨씬 커질 수밖에 없습니다.

이를 '대차대조표 위기(Balance Sheet Crisis)'라고 부릅니다. 이런 비상상황을 대비해서 국가에서는 외환보유고라는 이름으로 달러를 일정 수준 비축하기도 하지만, 이마저도 충분하지 못한 상황이라면 사태는 더욱 걷잡을 수 없도록 악화될 수밖에 없습니다. 즉 이런 현상들이 동시다발적으로 일어나면 결국 국가 디폴트(Default)와 같은 극단적 상황(Systemic Risk)으로 치닫게 되는 것입니다. 이런 사례가 바로 과거에 1997년 동아시아와 한국을 강타했던 IMF 사태입니다.

신흥국들이 자국통화가 아닌 외화 자본(특히 달러)을 조달할 수밖에 없는 태생적 여건 때문에 여러 가지 리스크가 내재적으로 형성되고, 달러 가치 변동에 의해 위험이 언제든 발현될 수 있는 이런 현상을 두고 경제학자 배리 아이컨그린(Barry Eichengreen)은 '신흥국들의 원죄론(The Original Sin)'이라고 불렀습니다.

1990년대만 하더라도 고정환율제를 사용하는 국가가 대부분이었던 동아시아의 신흥국들은 1997년 큰 폭풍을 겪고 나서 대부분 변동환율제도로 변화되었고, 많은 경상수지 흑자와 외환보유고를 확충했습니다. 아울러 부채 구조도 상당히 개선되었습니다. 대표적인 국가가 바로 한국입니다.

한국은 1997년 이후 비약적인 경제성장과 함께 오늘날 경제 규모나 1인당 GDP 면에서 선진국의 대열에 합류했습니다. 하지만 안타깝게도 한국의 금융시장은 여전히 신흥국의 범주에 더 자주 묶이는 편입니다. 한국 주식시장의 시가총액은 전 세계 시가총액의 약 2% 정도밖에 되지 않으며, 채권시장은 아직(2023년 2월 기준) 선진국 채권시장지수(WGBI; FTSE World Government Bond Index) 안에 편입되어 있지 못합니다. 그리고 서울외환시장의 거래 규모는 전체 글로벌 외환시장의 0.7%(2022년 4월 기준) 정도로, 한국은 세계 10위권의 경제 규모에 비해서 상대적으로 금융시장이 다소 초라합니다.

경제 규모 면에서는 신흥국의 범주에서 벗어나 선진국의 반열에 합류한 한국이 이 정도인데, 다른 신흥국들의 금융시장은 더 취약하겠죠. 물론 1997년에 비해 오늘날 대다수 신흥국들의 기초 경제 펀더멘털이나 환율제도의 운용이 개선되었지만 여전히 취약한 면이 없지 않습니다.

이러한 이유 때문인지 여전히 국제 금융시장에서 신흥국 통화로 표시된 채권이 인기가 많지 않은 것이 사실입니다. 그래서 오늘날까지도 신흥국의 원죄론은 아직 존재한다고 볼 수 있습니다. 신흥국들이 피할 수 없는 원죄론 때문인지, 미국이 공격적인 기준금리인상에 돌입했을 때, 그 말로가 조용했던 역사적 경험도 별로 없었던 것 같습니다.

달러가 웃는다?
달러의 스마일 커브 ————————————→

글로벌 외환시장에서 미국 달러와 대등한 요건을 갖춘 주요 선진국 통화의 힘겨루기에 의해서 다른 신흥국 대다수의 환율이 어느 정도 결정된다는 것은, 불편하지만 어쩔 수 없는 현실적인 이야기입니다. 특히 글로벌 무역 거래는 물론이고 금융시장에서도 달러의 중요성은 거의 지배적(dollar dominance)입니다.

전 세계 각국의 중앙은행들이 비상상황을 대비해서 쌓아놓는 외환보유고만 봐도 58.8%(2021년 말 기준)가 달러로 구성되어 있을 정도입니다. 따라서 기축통화인 달러에 대한 수요는 미국에서뿐만 아니라 전 세계에서 늘 존재한다고 봐야 할 것 같습니다.

특히 언제 위험이 도래할지 모르는 원죄론까지 가지고 있는 신흥국의 입장에서는 달러의 중요성이 더 클 수밖에 없습니다. 한국 역시 신흥국 원죄론에서 완전히 자유롭다고 볼 수 없기 때문에, 한국의 외환보유액에서 달러가 차지하는 비중은 68.3%(2021년 말 기준) 정도로 전 세계의 공적 비중(58.8%)보다 높은 편입니다.

달러에 대한 수요가 미국 이외 국가에서 늘 존재한다는 이유 때문에, 달러는 통화가치를 설명하는 전통적인 관점에서 벗어나는 현상이 종종 발생합니다. 국가경제가 좋을 때(나쁠 때) 해당 국가의 통화에 대한 수요가 증가하면서(감소하면서) 통화가치가 상승(하락)하는 것은 미국이나 다른 국가들이나 공통적으로 적용되는 현상입니다. 하지만 달러는 미국경제가 나쁠 때에도 달러의 수요가 많아지면서 강세를 보인다는 특징이 있습니다.

미국경제가 좋을 때 미국의 금리가 높아지면서 달러가 강세를 보이는 현상에 대해서는 이제 충분히 이해를 하셨을 것 같습니다. 그리고 미국경제가 '어느 정도' 안 좋을 때는 달러의 수요가 감소하면서 완만히 약해지는 일반적인 현상에 부합하기도 하지요. 그런데 달러라는 통화는 미국의 통화이면서도 전 세계 거의 어느 곳에서나 통용되는 기축통화이자, 앞서 설명한 바와 같이 동시에 국가경제의 비상시에도 활용할 정도로 중요한 안전통화라는 특성이 있습니다. 그러다 보니 미국경제가 '어느 정도' 안 좋은 국면을 지나서 '너무' 안 좋아지면 그때는 달러가 더 하락하는 것이 아니고 다시 강해지는 패턴을 보입니다.

글로벌 경제에서 미국이 전 세계 GDP에서 차지하는 비중은 25% 내외 정도이고, 금융시장이 차지하는 비중은 주식 시가총액으로 봤을 때 50%가 넘어갑니다. 그래서 미국경제나 금융시장이 '어느 정도' 안 좋을 때에는 미국만의 이슈로 끝날 수도 있는데, 이것이 '어느 정

[도표 4-9] 달러의 스마일 커브

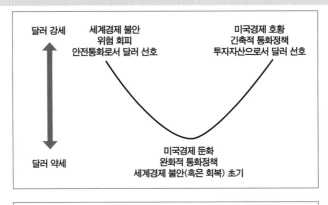

달러 강세

세계경제 불안
위험 회피
안전통화로서 달러 선호

미국경제 호황
긴축적 통화정책
투자자산으로서 달러 선호

달러 약세

미국경제 둔화
완화적 통화정책
세계경제 불안(혹은 회복) 초기

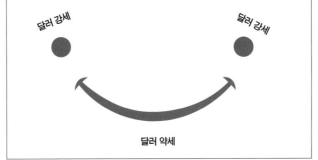

달러 강세

달러 강세

달러 약세

자료: Citi, Forex 이미지

일반적으로 통화가치는 해당 국가의 경제가 좋을수록 높아지는 경향이 있습니다. 하지만 미국 달러는 미국경제가 너무 좋을 때에도, 너무 안 좋을 때에도 모두 가치가 상승하는 패턴이 있습니다. 이와 같은 관계를 도식화한 그림이 웃는 모양과 같다고 해서 '달러의 스마일 커브(Smile Curve)'라고 부릅니다.

도'를 넘어가서 문제가 커지기 시작하면 전 세계의 경기침체로 이어질 가능성이 상당히 높아집니다. 즉 미국경제나 금융시장에 비상등이 들어오기 시작하면, 미국 말고도 해외에서도 안전통화에 대한 선호 때문에 미국 달러를 사려는 수요가 늘어나면서 달러 가치를 밀어 올린다는 것입니다.

그래서 미국경제나 금융시장이 강한 정도와 달러의 가치를 분포로 표현해보면 [도표 4-9]와 같이 U자의 형태를 보입니다. 이 형태가 마치 웃는 모습과 비슷하다고 해서 '달러의 스마일 커브(Smile Curve)'라고 부릅니다.

이런 명칭을 처음 쓴 사람은 IMF출신으로 모건스탠리의 외환전략가로 활동했던 스티븐 젠(Stephen Jen)이라는 이코노미스트로 알려져 있습니다. 달러의 스마일 커브는 경제학이나 재무학 분야에서 정통 이론으로 불리지는 않습니다. 하지만 미국 달러라는 통화가 현실세계에서 거의 절대적인 지배력을 보유한 기축통화로 쓰인다는 특징 때문에, 경험적으로 나타나는 결코 무시할 수 없는 현상입니다.

현실적으로 달러 가치의 변곡점은 어떻게 형성되나? ⟶

그렇다면 달러의 스마일 커브에서 가장 중요한 U자 모양의 분포에서 변곡점을 선정하는 기준은 무엇일까요? 스마일 커브 자체가 학계에서 통용되는 일반적인 이론은 아니기 때문에 그에 대한 학술적연구가 깊게 이루어지지 않았고, 실증적으로도 명쾌한 해답은 사실

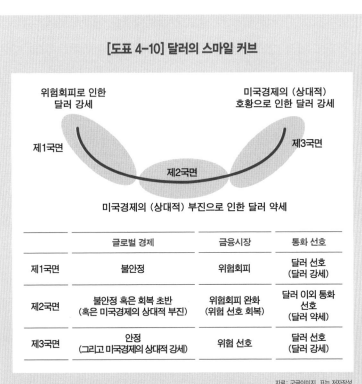

[도표 4-10] 달러의 스마일 커브

위험회피로 인한
달러 강세

미국경제의 (상대적)
호황으로 인한 달러 강세

제1국면   제3국면

제2국면

미국경제의 (상대적) 부진으로 인한 달러 약세

	글로벌 경제	금융시장	통화 선호
제1국면	불안정	위험회피	달러 선호 (달러 강세)
제2국면	불안정 혹은 회복 초반 (혹은 미국경제의 상대적 부진)	위험회피 완화 (위험 선호 회복)	달러 이외 통화 선호 (달러 약세)
제3국면	안정 (그리고 미국경제의 상대적 강세)	위험 선호	달러 선호 (달러 강세)

자료: 구글이미지, 표는 저자작성

달러의 스마일 커브는 크게 3국면으로 나눠볼 수 있습니다. 스마일 커브의 각 국면에서는 정황상 글로벌 경제와 금융시장의 분위기가 위의 표에서 정리해드린 바와 같은 현상으로 전개될 가능성이 높습니다.

없습니다. 그래서 제가 앞서 설명을 드릴 때에도 미국경제가 좋고 안좋고를 이야기할 때 '어느 정도'라는 애매모호한 수사를 사용했습니다. 이 '어느 정도'라는 것은 미국과 미국을 제외한 다른 국가와의 상대적 개념으로 이해하면 됩니다. 그래서 달러의 스마일 커브를 3가지 국면으로 나눠서 다시 설명을 정리해드릴 필요가 있을 것 같습니다.

달러의 스마일 커브를 [도표 4-10]과 같이 3가지의 국면으로 나눠 보겠습니다. 3가지 국면으로 나누는 이유는 각 국면에서 글로벌 경제 상황과 금융시장에서의 위험 선호와 관련된 패턴이 관찰되기 때문입니다.

먼저 가장 이해하기 쉬운, 스마일 커브의 오른쪽에 해당되는 3국면은 미국경제가 '어느 정도' 이상 좋으면서 달러가 강세를 보이는 구간입니다. 이때는 글로벌 경제가 안정적인 성장을 지속하고 있으나 미국경제가 상대적으로 더 높은 성장을 보이는 경향이 있습니다. 그래서 미국의 성장성에 기반한 달러에 대한 수요가 높아지면서, 금융시장에서는 달러에 대한 매수가 늘어나고 달러 가치를 상승시키는 압력으로 작용하는 것입니다. 성장성이 담보되는 통화는 가치가 상승한다는, 어느 국가에서도 통용되는 일반적인 설명에 부합하는 경우입니다.

두 번째는 스마일 커브의 2국면인 가운데 부분의 달러 약세 시기입니다. 이때는 글로벌 경제성장에 비해 미국경제가 상대적으로 약한 경우이거나, 혹은 글로벌 경제가 침체를 지나 회복 초입으로 진입하는 경우에 해당됩니다. 바로 미국경제가 '어느 정도'로만 안 좋은 경우입니다. 이런 시기에는 정황상 미국보다 상대적으로 높은 경제성장을 보이고, 미국보다 높은 국채 수익률을 보이는 국가가 다수 존재하는 경우가 많기 때문에 금융시장에서는 위험 선호가 회복되는 경향을 보입니다. 따라서 이들 국가에 투자하려는 유인이 높아지면서 미국 이외 국가(Non US) 통화에 대한 수요가 증가하며, 달러 매도

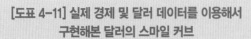

[도표 4-11] 실제 경제 및 달러 데이터를 이용해서
구현해본 달러의 스마일 커브

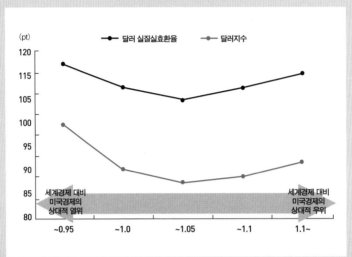

자료: 저자 시산

이 차트는 세계경제 대비 미국경제의 강도와 달러와의 관계를 2000년 1월부터 2022년 10월까지의 월간 실제 데이터를 통해 구현한 '달러의 스마일 커브'입니다. 가로축(X축)은 세계경제 대비 미국경제의 상대강도를 의미하는 대용지표(전 세계 제조업 PMI지수 대비 미국 제조업 PMI지수의 비율)이고, 세로축(Y축)은 달러 가치를 의미하는 지표인 실질실효환율과 달러지수입니다. X축(세계경제 대비 미국경제의 상대강도)의 각 구간에 해당하는 달러 실질실효환율과 달러지수의 평균값을 Y축에 표시해서, 그것들을 선 그래프로 이어보았을 때 U자형의 스마일 커브로 표현되는 것을 확인할 수 있습니다. 달러의 가치는 미국경제가 세계경제 대비 너무 좋거나 너무 안 좋을 때 모두 강세를 보이는 패턴이 관찰됩니다.

로 이어져 달러가 하락하는 압력으로 작용하는 것입니다.

마지막으로 스마일 커브의 1국면에 해당되는 커브 왼쪽 국면은 글로벌 경제의 성장이 미약하고 미국도 경제상황이 '어느 정도'를 넘어서서 안 좋은 상황입니다. 이런 시기에 글로벌 금융시장에서는 위험

회피 성향이 강해집니다. 따라서 글로벌 금융시장에서는 상대적 안전자산인 미국 국채 혹은 기축통화이자 안전통화인 달러 보유에 대한 유인이 전 세계적으로 높아집니다. 즉 달러 혹은 달러 표시 금융자산을 보유하려는 수요가 미국 이외 지역에서 더 많아지면서 달러가 강해지는 것입니다.

이 1국면이 특정 국가의 성장성과 통화가치는 비례한다는 일반적 우상향(좌하향) 패턴에서 벗어나, 달러가 스마일 커브를 그리게 하는 가장 핵심적인 부분입니다. 힘들 때도 웃을 수 있는 특권은 기축통화에만 허락된 것 같습니다.

통화의 밸류에이션은 어떻게 측정할 수 있을까? ⟶

지금까지 주로 달러 대비 환율을 중심으로 설명해드렸습니다. 달러 대비 환율이 실질적으로 가장 중요하기도 하지만, 2개 이상의 통화가치를 상대적으로 비교할 때에는 다소 복잡한 과정을 거칠 수밖에 없습니다. 환율이라는 것은 두 통화에 대한 상대적인 가격이라는 점이 다른 금융변수들에 비해 어렵게 느껴지는 이유일 것 같은데, 2개 이상의 여러 통화들의 가치 변동을 비교하려면 기준통화와 표시통화를 변화시킬 때마다 그 환율의 수준을 축차적(recursive)으로 서로 비교해봐야만 하기 때문입니다.

또한 어떤 특정 통화의 환율을 놓고 볼 때 이것이 지금 일반적으로 강세인지 약세인지를 평가할 만한 공식적인 잣대가 없다는 한계점도 있습니다. 예를 들어 주식의 경우에는 PER, PBR, ROE, EPS 등 밸류에이션(가치평가) 지표라는 것들이 존재합니다. 이들 지표는 지금 주가가 2,500pt인데 이것이 '아직 싸다 혹은 비싸다'와 같은 판단을 할 수 있는 근거가 됩니다. 반면 환율에서는 이런 공식적인 밸류에이션 지표가 없습니다. 만약 지금 원/달러 환율이 1,200원이라면 1,000원이던 시절에 비해 원화 가치가 달러 대비 하락(약세)한 것은 맞지만 그렇다고 다른 통화들에 대해서도 약세인지 아닌지를 판별하기는 힘들 것입니다.

그래서 특정 통화가 다른 여러 통화들에 비해 일반적으로 강세인지 약세인지를 판별하는 지표를 간접적인 척도로 활용합니다. 이를 보여주는 지표로 명목실효환율(NEER; Nominal Effective Exchange Rate)이 있습니다. 명목실효환율이라는 것은 2개의 통화 간의 교환비율을 나타내는 것이 아니라, 자국통화와 교역관계에 있는 여러 국가들 통화들과의 환율변동을 교역 비중에 따라 가중평균해 지수화한 것입니다. 예를 들어 특정 시점에서 한국 원화의 명목실효환율이 110으로 산출되었다면, 이것은 원화의 실효환율이 100이던 시절보다 원화 가치가 약 10% 정도 상승했다는 것으로 해석할 수 있습니다.

다만 여기에는 자국과 교역국 간의 물가변동이 고려되지 않은 것이기 때문에 통화의 구매력이 변화된 것인지는 알 수 없습니다. 그래서 명목실효환율에서 각 국가의 물가변동까지 반영해서 산출한 것을

[도표 4-12] 전 세계 통화들의 명목실효환율과 실질실효환율을 확인하는 방법

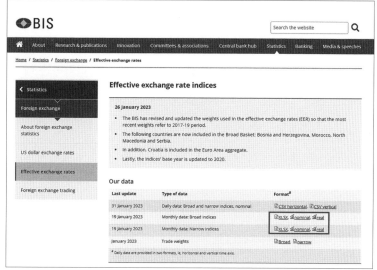

명목실효환율과 실질실효환율 데이터를 확인할 수 있는 BIS 웹페이지입니다. 위에서 박스로 표시된 각 버튼을 클릭하면 명목(nominal)과 실질(real) 실효환율 데이터를 확인할 수 있습니다. Narrow indices와 Broad indices의 차이는 실효환율을 계산할 때 해당 국가의 교역대상 국가를 모두(broad) 포함하는지, 아니면 주요 교역국(narrow)만 포함하는지의 차이를 의미합니다.

실질실효환율(REER; Real Effective Exchange Rate)이라고 부릅니다. 원화의 실질실효환율이 100이던 시점에서 현재 110으로 변했다면, 원화의 가치가 한국과 다른 나라들의 물가상승률을 모두 감안하더라도 10%가 상승했다는 것으로 해석이 가능한 것입니다.

실질실효환율은 명목 환율의 급변동이 나타날 때 그것에 대한 밸류에이션과 비슷한 잣대로 활용할 수 있습니다. 물론 정확한 의미에서 주식시장에서 사용되는 밸류에이션 지표들과는 다른 개념이지만,

통화가치라는 것이 물가와 구매력에 기반한 통화 간의 교환비율을 의미한다는 점에서는 실질실효환율을 통화의 가치측정 척도 정도로 활용하는 것입니다.

예를 들어 원/달러 환율이 1,000원에서 1,200원이 되어 20% 상승하는 동안 실질실효환율이 100에서 95로 5% 정도 하락하는 데 그쳤다면, 원화 가치가 달러 대비 20% 하락했지만 한국과 교역관계에 있는 여러 통화들에 비해서는 원화 가치가 5% 하락하는 데 그쳤다는 것으로 해석이 가능합니다. 따라서 원화 가치가 달러에 비해 15%p(=20%-5%) 정도가 '특별히' 하락한 데에는 미국에서 발생한 고유한 이슈가 명목 원/달러 환율의 상승 요인으로 작용했을 것이라는 추정을 해볼 수 있습니다.

부의 흐름은
반복된다

5장

21세기 이후 경제와
금융시장 한눈에 보기

2000년 이후 오늘날까지 세계경제를 바라보는 데 있어서 중요한 피벗(Pivot) 포인트는 2008년에 발생한 서브프라임 금융위기라고 볼 수 있습니다. 2008~2010년 진행된 금융위기를 통해 세계경제는 구조적으로 유의미한 변화를 맞이했기 때문입니다. 2008년 서브프라임 금융위기 이전에는 중국을 중심으로 하는 신흥국들이 전통 제조업과 재화 무역으로 글로벌 경제의 성장을 이끌었다면, 2010년대 이후에는 미국을 중심으로 하는 선진국들의 기술산업과 서비스업이 글로벌 경제성장의 헤게모니를 쥐고 있습니다. 과거 중국의 약진은 한국에게 매우 강력한 성장 동력이었으나, 성장의 속도가 늦춰진 오늘날의 중국은 한국경제가 해결해야 하는 과제가 되었습니다. 2008년 서브프라임 금융위기 이후 2022년까지 5,000원짜리 짜장면이 8,000원이 되며 60% 오르는 동안 2,000pt의 코스피 지수가 25%인 2,500pt까지밖에 오르지 못한 이유를 고민해볼 필요가 있습니다.

세계화와 국제 교역의 본격화, 그리고 중국의 등장

2000년대 들어 세계경제에서 가장 중요한 트렌드를 한 가지 꼽아 보라고 누군가 저에게 묻는다면, '글로벌화와 교역량의 확대'라고 대답하고 싶습니다. 2000년대 자유무역이 보편화되면서 글로벌 경제도 함께 탄력적으로 성장했기 때문입니다.

글로벌 교역의 확대라는 것은 각 국가의 경제가 국내에서 생산하고 소비하는 '섬나라 경제모델'을 벗어나, 다른 나라들과의 교역을 통해 개방경제로 나아가는 것입니다. 제2차 세계대전 이후 이념을 중심으로 하는 냉전시대의 종료를 알렸던 소련의 붕괴(1991년) 후에 세계경제는 무역 자유화가 빠르게 확산되기 시작했습니다. 특히 글로벌 무역 자유화를 위한 노력은 1980년대 GATT(관세 및 무역에 관한 일반 협정)에서부터 이미 태동하고 있었습니다. GATT라는 조약을 넘어 무역 자유화를 위한 국제기구인 WTO(세계무역기구)가 출범하면서 그 속도는 더욱 가속화되었습니다.

1995년에 WTO는 공식적으로 출범했지만, WTO 출범과 함께 회원국에 가입한 국가는 76개국 정도로 많지 않았습니다. 그래서 WTO의 실질적 효과가 본격적으로 나타나기 시작한 시점은 회원국 수가 오늘날 회원국 수(164개국)와 비슷해진 2001년을 기점으로 봐야 한다고 생각합니다. 특히 2001년에는 글로벌 경제와 금융시장에 있어서 중요한 역사적 사건이 있었습니다. 그것은 바로 공산주의 폐쇄경제를 지향하던 중국이 WTO에 가입하면서 국제무역의 무대에 등장했다는 점입니다.

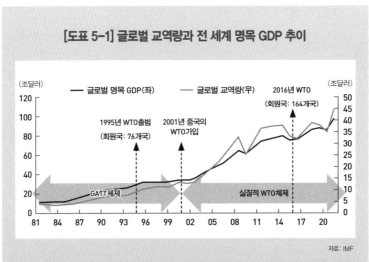

[도표 5-1] 글로벌 교역량과 전 세계 명목 GDP 추이

자료: IMF

이 그림은 1980년대부터 글로벌 교역량과 명목 GDP의 추이를 나타낸 차트입니다. 국제무역이 GATT체제이던 시절에 비해 WTO체제하에서 빠르게 커졌음을 알 수 있습니다. 특히 2001년 중국이 WTO에 가입하면서 교역량이 빠르게 늘어나고 전 세계의 명목 GDP도 빠르게 늘어나는 것을 볼 수 있습니다.

경제학에서 국제 교역 부문을 분석할 때, 개별 국가는 대부분 소규모 개방경제를 가정합니다. 소규모 개방경제라고 하는 것은, 한 국가가 소비하거나 공급하는 양이 시장 전체의 총량에 영향을 미치지 못할 정도로 미미해서 가격 결정 과정에 개입할 수 없는 상황을 의미합니다.

실제 세계경제에 존재하는 상당수 국가들은 대부분 이러한 가정에 부합하는 국가들이지만, 일부 그렇지 않은 국가들도 있습니다. 대표적인 국가가 바로 인구 14억 명의 중국입니다. 국제사회에서 폐쇄적 경제로 운영되던 중국이 WTO 가입과 함께 글로벌 무역의 한 축으로 등장하기 시작하면서 세계경제와 금융시장은 구조적으로 큰 변화를 맞이하게 되었습니다.

글로벌 교역량 증가와
경상수지의 변화 ⟶

소규모 개방경제가 아닌, 그러니까 한 국가의 수요나 공급이 글로벌 총수요와 총공급에 영향을 미치는 중국이, 국제사회의 주요한 일원으로 등장하면서 나타난 가장 큰 특징은 무엇일까요? 무엇보다도 '글로벌 교역의 총량이 빠르게 증가했다'는 점입니다.

교역은 수입과 수출을 모두 포함하는 개념입니다. 경제 개방을 막 시작한 중국이 풍부한 노동력과 저임금을 기반으로 전 세계의 공장 역할을 충실히 수행하면서 주요 원자재들을 수입하기 시작했습니다. 그리고 '중국'이라는 거대한 공장에서 만들어진 제조품들이 빠르게 수출되는 구조가 형성되면서 전 세계의 교역량이 늘어났습니다. 중국이 전 세계의 공장 역할을 하면서 벌어들인 돈이 경상수지 흑자로 쌓이면서, 전 세계의 경상수지는 1990년대까지 적자였던 것이 2000년대 들어 흑자로 변화되었습니다.

IMF에서 추계하는 글로벌 경상수지 데이터를 한번 살펴보겠습니다. [도표 5-2]를 보면 1980~1990년대 GATT시절에는 글로벌 경상

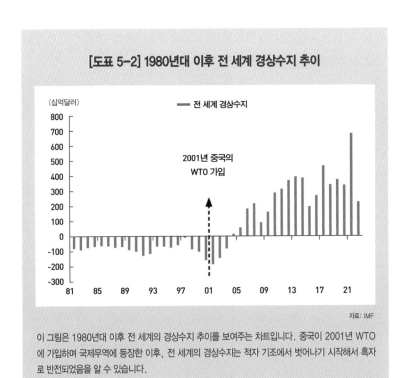

[도표 5-2] 1980년대 이후 전 세계 경상수지 추이

자료: IMF

이 그림은 1980년대 이후 전 세계의 경상수지 추이를 보여주는 차트입니다. 중국이 2001년 WTO에 가입하며 국제무역에 등장한 이후, 전 세계의 경상수지는 적자 기조에서 벗어나기 시작해서 흑자로 반전되었음을 알 수 있습니다.

수지가 적자를 기록하고 있습니다. 앞서 2장을 잘 읽은 분이라면 경상수지 적자라는 것이 어떤 상황인지 대강의 감을 잡으실 수 있으리라 생각됩니다.

이 당시 전 세계의 경상수지가 적자였다는 것은 총순저축이 0보다 적은 상황인, 즉 초과 수요(공급 부족)가 존재하던 시기였다는 것을 의미합니다. 그래서 이 당시 기업들은 물건을 어떻게 팔 것인지를 고민할 필요성이 적었습니다. 초과 수요인 상황에서 물건은 만들기만 하면 팔리기 때문에, 불량품을 줄이고 최대한 많은 상품을 효율적으로 생산해서 공급을 늘리는 것이 무엇보다 중요했기 때문입니다.

이 당시의 초과 수요 상황을 고려하면 기업들은 자연스럽게 소품종 다량생산에 집중하게 되었고, 그에 맞게 설비투자를 늘리는 것이 우선시되었습니다. 즉 글로벌 경제의 내부에서 투자 확대에 대한 에너지가 응축되는 시기였습니다.

이런 상황에서 투자가 주로 어느 국가에서 증가했는가를 [도표 5-3]을 통해 보면, 주로 신흥국을 중심으로 2008년 서브프라임 금융위기 직전까지 투자가 빠르게 늘어났음을 확인할 수 있습니다. 특히 WTO가 출범하고 중국이라는 거대한 국가가 국제무역의 무대로 나오게 되면서 생산비용이 우위에 있는 신흥국을 중심으로 투자가 빠르게 늘어난 것입니다. 이 당시 신흥국에서 늘어난 생산품은 신흥국에서 소비되는 것보다, 구매력이 우위에 있는 선진국들에 수출되면서 선진국들은 신흥국들의 공급(생산)을 받아주는(소비해주는) 역할을 했습니다. 즉 세계경제에서 신흥국은 공급을 담당하는 주체로,

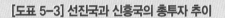

[도표 5-3] 선진국과 신흥국의 총투자 추이

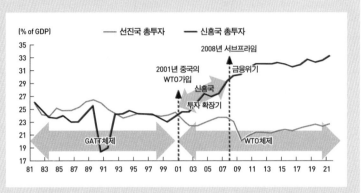

자료: IMF

이 그림은 1980년대 이후 선진국과 신흥국의 총투자가 각 GDP에서 차지하는 비중을 보여주는 차트입니다. 2001년 중국이 WTO에 가입한 이후 2008년 서브프라임 금융위기 직전까지 신흥국들의 총투자가 빠르게 증가하는 모습을 볼 수 있습니다. 반면 선진국들은 같은 기간 동안 총투자가 비슷한 수준으로 유지되었습니다.

그리고 선진국은 수요를 담당하는 주체로 어느 정도 역할이 분담된 것입니다.

신흥국에서 생산된 물품들이 선진국으로 수출된다는 것은, 반대로 자본은 선진국에서 신흥국으로 유입되었음을 의미합니다. 그 결과 글로벌 경상수지가 어떻게 재편되었는가를 [도표 5-4]를 통해 살펴보면, 신흥국은 투자와 생산을 통해 선진국으로부터 유입된 자금을 저축으로 늘려가는 과정에서 경상흑자가 빠르게 증가했음을 알 수 있습니다. 반면 지출이 증가하는 선진국은 경상수지 적자가 확대되었습니다.

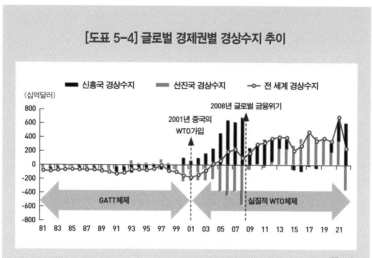

[도표 5-4] 글로벌 경제권별 경상수지 추이

■ 신흥국 경상수지   ■ 선진국 경상수지   ─○─ 전 세계 경상수지

(십억달러)

2008년 글로벌 금융위기

2001년 중국의
WTO가입

GATT체제

실질적 WTO체제

자료: IMF

전 세계의 경상수지는 1990년대까지 적자 기조가 지속되다가 2001년 중국이 WTO에 가입한 이후 추세가 바뀌면서 2000년대 들어 흑자로 변화되었습니다. 다만 그 이면을 살펴보면 2008년 서브프라임 금융위기가 발발하기 이전까지 신흥국은 투자와 생산을 통해 선진국으로부터 유입된 자금을 저축으로 늘려가는 과정에서 경상흑자가 빠르게 증가했음을 알 수 있습니다. 반면 지출이 증가하는 선진국은 경상수지 적자가 확대되고 있었습니다.

선진국과 신흥국의 경상수지를 합친 글로벌 전체 경상수지는 1980년대 적자였던 것이 2000년대 들어 흑자로 돌아서게 되었습니다. 그런데 경상수지 흑자가 시사하는 경제적 의미를 다시 한번 생각해보면, 바로 앞서 말했던 총순저축이 0보다 많은 상태인 초과 공급(수요 부족)의 시대가 도래했다는 것을 알 수 있을 것입니다.

총공급이 총수요보다 많은 초과 공급의 상황에서는, 더 이상 기업이 물건을 만드는 대로 팔리기가 힘들어집니다. 그래서 2000년대 들어 기업들은 소비자들의 기호를 고려해서 소비자가 원하는 상품을 만드는 데 힘을 쏟게 되니까 자연스럽게 다품종 소량생산으로 전략이 수정됩니다.

아울러 만들어낸 물품을 어떻게 팔 것인지를 고민하는 마케팅이란 분야도 기업 경영의 주요 화두로 떠오르게 되었습니다. 마케팅이란 개념은 분명 훨씬 이전부터 존재했었지만 초과 수요가 존재하는 시대의 마케팅은 저렴한 생산비로 많은 공급을 하는 데 초점이 맞추어진 것이었다면, 초과 공급 시대의 마케팅은 소비자의 니즈를 공략하는 마케팅으로 그 개념이 변화되었습니다.

이런 트렌드 변화를 일컬어 마케팅 전문가들은 마케팅 1.0의 시대에서 마케팅 2.0의 시대로 변화되었다고 표현합니다. 이런 마케팅의 개념 변화에는 글로벌 경제의 총수요와 총공급의 변화가 큰 파도의 흐름처럼 변화된 배경이 있었기 때문입니다.

2000년대 중반, 글로벌 경제의 황금기가 도래하다 ⟶

2000년대 중반 시기에 글로벌 경제는 무역 자유화의 결실과 함께 경제가 고성장을 보였음에도 불구하고, 물가가 크게 오르지 않고 금리도 함께 안정되는 현상이 나타났습니다. 이는 중국이 글로벌 교역에서 중요한 공급자 역할을 했다는 데서 원인을 찾을 수 있습니다. 중국이 이 시기에 저렴한 인건비를 무기로 글로벌 시장에 생산품을 저가에 공급하는 전 세계의 공장 역할을 수행했기 때문입니다.

앞서 3장에서 물가가 오르는 미시적 요인 중의 한 가지로 '임금'을 설명했습니다. 2000년대 중반 시기에 생산품을 만들어내는 데 필요한 임금 자체가 중국의 저렴한 인건비로 인해 크게 오르지를 않으니 글로벌 물가도 안정세를 보일 수 있었던 것입니다.

특히 2004년 5월부터 2006년 7월까지 미국 연준에서는 경기과열을 방지하고자 기준금리를 1.0%에서 5.25%까지 올렸었는데, 이 시기에 미국 채권시장에서는 금리가 오르지 않는 기현상도 나타났습니다. 그 첫 번째 이유는 거시적 요인으로 초과 공급에 의한 글로벌 물가가 안정세를 보이면서 금리도 오르기가 쉽지 않았기 때문이고, 두 번째 이유는 중국을 필두로 급성장하는 신흥국들이 수출을 통해 벌어들인 돈으로 서구 선진국들의 채권을 매수하면서 미국 국채에 대한 수요가 공급을 압도해버렸기 때문입니다.

실제로 2000년대 중반을 거치면서 중국은 전 세계에서 미국 국채를 가장 많이 보유한 국가로 등극하기도 했습니다. 2000년대 중반 시기에 미국 연준에서 기준금리를 지속적으로 인상했음에도 불구하고 미국의 채권금리가 올라가지 않는 현상을 두고, 그 당시 연준 의장이었던 그린스펀은 "수수께끼(Alan Greenspan's Conundrum)와 같다"고 표현하기도 했습니다.

2000년대 중반 글로벌 경제가 높은 성장성을 보이는 가운데 물가와 금리가 안정되면서 주식시장도 역시 활황을 보였습니다. 경제성장률이라는 것은 기업의 외적 성장(growth)과 직결되는 항목이고, 물

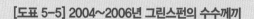

[도표 5-5] 2004~2006년 그린스펀의 수수께끼

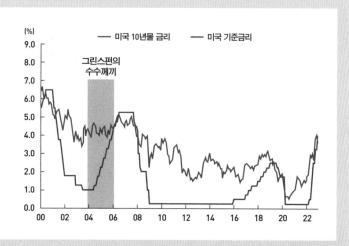

자료: Bloomberg

2000년대 중반 미국에서는 경기과열을 방지하기 위한 기준금리인상이 진행되었습니다. 하지만 이 기간 동안 미국의 10년물 채권금리는 크게 오르지 않았고 기준금리 상승 속도에 비해 상당히 안정적인 수준을 보였습니다. 이런 현상을 일컬어, 당시 연준 의장이었던 그린스펀은 수수께끼와 같다고 표현하기도 했습니다.

가나 금리는 기업의 비용(cost)과 직결되는 지표들이기 때문입니다. 성장에서 비용을 차감한 격차가 커질수록 기업 이익도 함께 늘어나기 때문에 주가도 함께 상승하는 것이 일반적입니다.

이 당시 미국이나 주요 선진국들의 주가지수가 가파르게 상승하는 모습이 나타난 것은 물론이고, 특히 그 당시 글로벌 주식시장에서는 미래가 전도유망한 주요 신흥국을 일컫는 용어로 '브릭스(BRICs)'라는 단어가 함께 유행했습니다. 브릭스 중 B와 R에 해당하는 국가는 철광석을 수출하는 브라질(Brazil), 원유를 수출하는 러시아(Russia)입니다. 그리고 I와 C는 많은 인구를 자랑하는 인도(India)와 중국(China)의 영문 머리 글자입니다. 중국이 전 세계의 공장 역할을 하면서 생산에 필요한 원자재를 수출하는 국가들이 빠르게 성장했고, 중국만큼이나 인구가 많은 인도도 당시에는 촉망받았습니다. 그리고 이 당시 한국도 대(對)중국 수출 비중을 30%까지 높여가며 안정적인 성장을 지속할 수 있었습니다.

한국은 국제 교역에 영향을 많이 받는 국가입니다. 전체 GDP에서 수출과 수입 비중을 합치면 최근에는 80%대까지 하락했으나 한때 100%에 육박했을 정도로 국제 교역에 민감한 경제구조를 가지고 있습니다. 이런 특수성 때문에 수출이 활황을 보이면 국내 경기도 함께 확장되는 경향이 강합니다. 또한 수출이 잘되면 경상수지가 흑자를 보이고 그만큼 원화도 강세를 보이는 경향(=원/달러 환율이 하락하는 경향)이 나타납니다. 그래서 글로벌 경제가 선순환 과정을 보이던 2000년대 중반에는 한때 원/달러 환율이 900원대까지 하락하기도 했습니다.

원화가 강세를 보인다는 것은 외국인 입장에서 원화 금융자산에 대한 투자 메리트가 높아진다는 것을 의미합니다. 국내 기업들의 성장성이 부각되는 가운데 원화 가치도 함께 강세를 보이면서 이 당시 국내 주식시장은 매우 활황을 보이기도 했습니다.

글로벌 불균형과
2008년 서브프라임 금융위기의 발발 ——————→

2000년대 중반 글로벌 경제의 호황기에는 미국경제도 안정적 성장 궤도를 달려갔습니다. 특히 이 당시 중국을 필두로 신흥국들이 수출과 저축을 빠르게 늘려가면서 경상수지 흑자가 늘어나게 되었다고 앞서 설명했습니다.

반면 소비와 지출을 늘려갔던 미국과 같은 선진국에서는 경상수지 적자가 늘어나고 있었습니다. 경상수지가 적자라는 것은 자본수지가 흑자라는 말과 동일합니다.

경상수지가 적자인 국가, 같은 말로 자본수지가 흑자인 국가에서는 외국통화가 자국통화보다 부족하기 때문에 자국통화가치가 절하되어야 합니다. 그래야만 변화된 통화가치가 물가와 금리에 영향을 미치고 총공급과 총수요에 영향을 미쳐서 경제가 균형상태로 이동하려는 자정적 메커니즘이 작동하기 때문입니다.

하지만 이 당시 대표적인 경상수지 적자국이었던 미국은 자본수지가 흑자이기 때문에 통화가치가 절하되어야 함에도 불구하고, 기축통화국이라는 무기 때문에 환율 변동이라는 개념이 적용되지 않았습니다. 물론 이 당시 달러 대비 주요 6개 교환 통화들의 가치 변동으로 측정되는 달러지수는 미국의 경상수지 적자가 확대되면서 함께 하락하는 모습을 보였습니다. 하지만 미국은 세계에서 가장 큰 소비시장이자 최대 금융시장을 보유한 국가였기 때문에 미국의 경상수지 적자가 지속될수록 전 세계에 풀린 달러가 다시 미국의 소비시장과 금융시장을 중심으로 유입되는 과잉 유동성 현상이 나타났습니다.

아울러 신용도가 낮은 민간들도 과도한 레버리지(타인의 자본금을 지렛대 삼아 자기 자본의 이익률을 높이는 것)를 일으킬 수 있는 금융기관의 대출 영업 행태가 더해지면서 자산가격에 버블이 형성되었습니다. 특히 이 당시 미국에서는 주택담보대출을 시행할 때 부적격 신용등급인 서브프라임 등급까지도 대출을 받아 주택을 구매하는 행태가 가능했었기 때문에 거품이 점점 더 커져갔습니다.

물론 자산가격이 거품인지 아닌지에 대해서는 이 당시에 아무도 알 수 없었습니다. 거품이라는 것은, 그것이 터져봐야만 알 수 있는 사후적 개념이기 때문입니다. 하지만 지금 거품이라는 표현을 쓸 수 있는 이유는 결과적으로 거품이었음이 확인되었기 때문입니다.

이처럼 글로벌 경제가 선진국과 신흥국, 그리고 소비국과 생산국으로 역할이 분담되어 경상수지가 한쪽에서는 적자를 보이고 다른 쪽에서는 흑자를 보이는 현상을 글로벌 불균형(Global Imbalance)이라고 부릅니다. 이 불균형이라는 단어가 주는 어감이 그리 긍정적이지 않은 것처럼, 경상수지 불균형의 결과로 자본과 유동성은 한쪽으로 쏠리는 현상이 나타나게 되었습니다.

불균형의 끝은 균형으로 움직이려는 조정이 동반되게 마련입니다. 이 조정의 속도가 완만하면 흔히 이야기하는 경기 연착륙(soft landing)으로 포장될 수가 있는데, 안타깝게도 2000년대 중후반 미국경제는 그렇지 못했습니다.

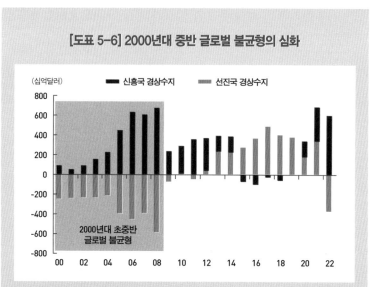

[도표 5-6] 2000년대 중반 글로벌 불균형의 심화

(십억달러)   ■ 신흥국 경상수지   ■ 선진국 경상수지

2000년대 초중반
글로벌 불균형

자료: Bloomberg

2000년대 들어 2008년 서브프라임 금융위기 이전까지 신흥국과 선진국은 글로벌 경제에서 각각 생산자와 소비자의 역할을 분담하면서 경상수지가 서로 차별화되는 글로벌 불균형이 발생했습니다. 이런 상황에서 미국 연준의 금리인상을 견뎌내지 못한 경제주체들이 부동산시장에서 파산하기 시작했고, 파생상품의 연결고리를 타고 전 세계적인 금융위기로 확산된 것이 바로 2008년 서브프라임 금융위기입니다.

경기 연착륙을 유도하기 위해 총수요를 조금 줄여보고자 2004년 부터 2006년까지 연준이 실시했던 금리인상이, 애초에 대출 부적격 자였던 서브프라임 등급의 부실과 연체로 이어지면서 주택시장의 버블을 터뜨리는 기폭제(trigger)로 작용했습니다.

그리고 모기지론(주택에 저당권을 설정하는 대출)과 관련된 파생상품들이 파산하면서 미국 부동산을 중심으로, 그리고 베어스턴스와 같은 대형 금융기관을 파산으로까지 몰고 갔던 급격한 충격이 나타난 것입니다. 이것이 바로 2008년 전 세계를 강타한 서브프라임 금융위기입니다.

선진국의 자성적 반성의 목소리,
디레버리징 ──────────────────→

이처럼 2008년 서브프라임 금융위기는 미국의 부동산 부문에서 먼저 시작되었습니다. 특히 민간주택 부문에서 먼저 발생했기 때문에 수요측면 경기충격의 대표적 사례라고 볼 수 있습니다.

수요 위축이 발생하면 경기가 침체되면서 디플레이션 현상이 동반됩니다. 전 세계에서 소비를 담당하던 주요 구매자가 지갑을 닫아버리게 된 영향으로 수요가 급격하게 위축되는 가장 전형적인 형태의 경기침체가 발생한 것입니다. 이런 상황에서는 3장에서 설명한 바와 같이 위축된 총수요를 재빨리 확장으로 이끌어낼 수 있는 기준금리 인하 정책이 효과적입니다.

그래서 미국 중앙은행인 연준은 기준금리를 제로 수준까지 빠르게 인하해나갔습니다. 그리고 기축통화의 이점을 십분 활용해 발권력까지 동원하는 재정정책도 동반했습니다. 통화정책과 재정정책의 공조는 미국의 서브프라임 금융위기의 종료를 앞당기는 힘으로 작용했고, 다른 주요 국가들도 모두 기준금리인하를 통해 총수요를 끌어올리려는 노력 끝에 위기에서 벗어날 수 있었습니다.

그런데 2008년부터 약 2년이 조금 넘는 기간 동안 진행된 금융위기를 거치면서 글로벌 경제는 큰 구조적 변화를 맞이하게 됩니다. 2008~2010년 글로벌 금융위기를 거치는 동안 국제사회에서는 과도한 레버리지에 대한 자기반성적 목소리가 커지게 되었습니다. 이 시기에 선진 경제권을 중심으로 유행했던 키워드 중 한 가지가 바로 '디레버리징(Deleveraging)'이 아닐까 싶습니다. 이 단어의 뜻 그대로 빚을 줄이자는 겁니다. 과도한 부채를 이용해서 소비를 늘리기보다는 소득에 맞는 소비를 하고, 과도한 자금 조달을 통해 기업들의 외형적 성장을 늘리기보다는 내적 성장에 충실하자는 것입니다.

소득에 맞는 소비를 하기 위해서는 민간의 고용이 탄탄해야 하며, 기업들이 제공하는 일자리가 풍부해야 합니다. 이를 위해서 당시 미국 오바마 행정부에서는 기업들의 해외 공장을 다시 미국 내로 불러들이는 리쇼어링(Reshoring) 정책을 실시하게 됩니다. 그 결과 서브프라임 금융위기 기간 중 2009년 10월에 10%까지 치솟았던 미국의 실업률이 낮아지기 시작하면서, 미국이 위기를 극복하는 데 큰 역할을 했습니다. 아울러 오바마 이후 트럼프와 바이든 행정부를 거치면서 미국의 리쇼어링 정책은 공급망과 생산망 안보라는 관점에서 지속적으로 추진되었고, 이는 훗날 미국경제가 위기에 빠질 때마다 우수한 복원 탄력을 보여주는 원동력으로 작용하기도 했습니다.

한편 미국에서 리쇼어링 정책을 실시한다는 것, 즉 주로 신흥국에 나가 있던 공장이 다시 미국으로 회귀한다는 것은 글로벌 경제에서 소비만 주로 하던 미국이 이제는 생산에도 일부 가담한다는 것을 의미합니다. 이는 반대로 이야기하면 글로벌 금융위기 이전까지 수출을 위해 생산을 담당하던 신흥국들이, 글로벌 밸류체인(기업이 제품이나 서비스를 생산해 부가가치를 창출하는 전체 과정)에서 공급자로서의 역할, 즉 생산자로서의 역할이 축소된다는 것을 의미하기도 합니다.

그래서 [도표 5-7]에서 보는 바와 같이 2008~2010년 서브프라임 금융위기 기간을 거친 후 2011년부터는 신흥국들의 산업생산 증가율이 선진국의 산업생산 증가율을 상회하는 정도가 상당 부분 축소되

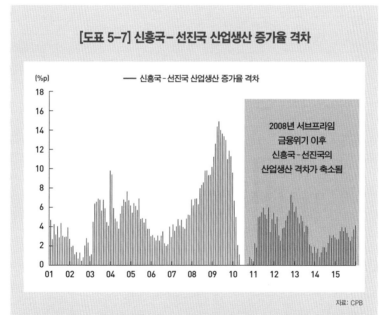

[도표 5-7] 신흥국 – 선진국 산업생산 증가율 격차

자료: CPB

이 그림은 신흥국의 산업생산 증가율과 선진국의 산업생산 증가율의 격차를 보여주는 차트입니다. 2000년대 이후 기조적으로 생산의 무게 중심은 신흥국에 쏠려 있으나, 2008년 서브프라임 금융위기를 겪고 난 2010년대부터는 신흥국들의 산업생산 증가율이 선진국의 산업생산 증가율을 상회하는 정도가 상당 부분 축소되었음을 알 수 있습니다.

었습니다.

글로벌 사회에서 생산자로서의 역할을 충실하게 수행하며 성장해 온 신흥국들의 입장에서는 본인의 역할이 일부 사라진 것이나 마찬 가지인 만큼 돈을 벌어들이기가 더 어려워졌습니다. 신흥국들이 무 역을 통해 벌어들이는 돈이 줄어든 만큼 신흥국들의 경상수지도 글 로벌 금융위기를 거치며 흑자폭이 더 축소되었습니다. 반면에 선진 국들의 경상수지는 디레버리징으로 대변되는 소비 조정과 글로벌 밸 류체인에서 생산자로서의 역할을 늘려가면서 경상수지 적자폭이 빠

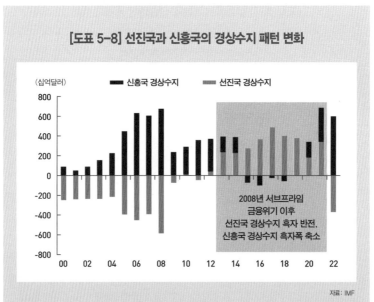

[도표 5-8] 선진국과 신흥국의 경상수지 패턴 변화

자료: IMF

2008년 서브프라임 금융위기 이후 선진국의 경상수지는 적자가 점점 줄어들다가 흑자로 반전되었습니다. 그리고 신흥국의 경상수지는 흑자폭이 2008년 이전에 비해 상당 부분 축소되었음을 알 수 있습니다.

르게 축소되었습니다.

　이런 현상은 2008~2010년 글로벌 금융위기 기간 동안 지속되었는데, 그 결과 2012년부터는 선진국의 경상수지가 흑자로 반전되기도 했습니다. 즉 2008년 글로벌 금융위기 이전까지 국제사회에서는 선진국이 지갑을 열어서 소비를 하고 수요를 담당하면 신흥국들이 열심히 공장을 가동해서 생산을 하고 저축을 하는 경제구조였는데, 2011년 이후에는 선진국이 일부 생산도 하고 소비도 하는 주체로서 변화된 것입니다.

2008년 글로벌 금융위기 이후 중국의 변화와 한국이 받은 영향 ⟶

　2008년 금융위기가 미국에 공급의 중요성을 일깨워주었다면, 중국에는 그동안의 성장 모델에 대한 한계점을 일깨워주는 역할을 했습니다. 어떻게 보면 미국인들의 과도한 레버리지와 소비 행태가 불러일으킨 경제위기가 글로벌 경제를 휘청거리게 만들고 있으니, 수출 중심의 경제성장 모형이 얼마나 외부 충격에 취약한지를 깨닫게 해준 것입니다.

　한편 중국은 내부적으로 2010년 이후부터 투자로 인한 경제성장 효과가 하락했습니다. 금융위기 이전까지 중국경제에서 투자가 늘어날수록 중국의 1인당 GDP가 늘어나는 패턴을 보였지만 그 이후에는 투자가 경제성장으로 이어지는 효율성이 떨어졌기 때문입니다. 즉 투자의 한계생산체감 효과가 나타난 것입니다.

이런 교훈 때문이었는지 중국 정책당국은 수출과 제조업을 중심으로 성장하는 경제성장 모델에서 벗어나 외풍의 영향을 덜 받는 경제구조, 즉 내수 소비와 서비스 산업을 중심으로 성장하려는 경제구조 고도화 개혁에 박차를 가하는 정책을 2008년 서브프라임 금융위기를

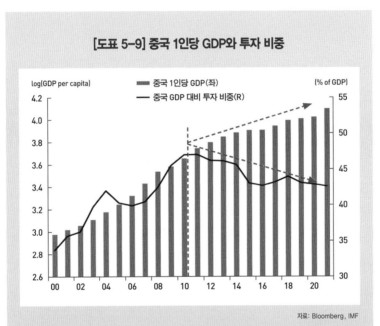

[도표 5-9] 중국 1인당 GDP와 투자 비중

이 그림은 중국의 1인당 GDP와 GDP에서 투자가 차지하는 비중을 함께 그린 차트입니다. 2000년 이후 2010년까지 투자의 양적 성장과 함께 1인당 GDP가 높아지는 경제성장 패턴이 유지되었지만, 2011년 이후에는 GDP에서 차지하는 투자 비중은 줄어들고 있습니다. 중국이 수출과 투자 중심으로 경제성장을 추구하던 성장 모델에서 벗어나, 경제구조 고도화 정책을 시행한 결과로 볼 수 있습니다.

거치는 동안 준비하게 됩니다. 그리고 이것이 중국의 정책적 목표로 공표된 것이 2011년부터 적용되었던 '12·5규획(제12차 5개년 규획)'입니다.

참고로 중국은 5개년 단위의 중기 경제발전을 위한 계획안을 제시하는 정책을 시행해오고 있습니다. '계획(計劃)'이라는 단어가 공산주의 시절의 계획경제를 연상시킨다는 비판 때문에 2006년부터 '규획(規劃)'이라는 용어를 사용하고 있습니다.

중요한 점은 12·5규획은 투자와 수출 중심의 성장이라는 패턴에서 내수 확대로 방향성을 변경하는 큰 청사진을 제시했다는 것입니다. 이것은 2011년부터 5년간 중국경제를 이끌어가는 설계도로서 본격적으로 시행되면서부터 중국은 더 이상 전 세계의 공장으로 불리는 것을 거부했다고 볼 수 있습니다. 이런 관점에서 2011년은 금융시장에서 그리고 글로벌 경제에서 중요한 해입니다.

중국이 국제사회에서 전통적 제조업 공장의 문을 조금씩 닫기 시작하면서, 그리고 미국이 직접 생산자로서 역할을 늘려가면서 글로벌 생산 대비 교역량은 더 이상 늘지 않고 정체되는 현상이 나타났습니다. 그리고 자연스럽게 대(對)중국 수출을 중심으로 성장 가도를 달려오고 있던 한국경제도 성장의 문턱이 높아지는 한계를 맞이하게 되었습니다.

2010년 한국의 실질GDP성장률이 6.8%를 기록한 이후 한국경제는 오늘날까지도 연평균 2.5% 내외에서 크게 벗어나지를 못하고 있습니다. 2000년부터 2008년 서브프라임 금융위기 이전 수준이었던

[도표 5-10] 2000년대 이후 코스피 지수 추이

(pt)
—— 코스피 지수

상대적으로 짧았던
삼천피의 명예

박스피의 오명

자료: Bloomberg

중국이 경제구조 고도화에 박차를 가하기 시작한 2010년대 이후 한국의 코스피 주가지수는 장기간
박스권에 갇히면서 박스피라는 오명을 얻었습니다. 2021년에 코스피 지수가 3,000pt를 넘어섰으
나 '삼천피의 명예'는 오래가지 못했습니다.

5%대의 연평균 성장률에 비해 한국경제의 성장 속도가 크게 느려진
셈입니다.

특히 2011년 이후 한국 코스피 주가지수는 2020년 초 코로나19
위기 발발 직전까지 장기적인 박스권에 갇히면서 '박스피'라는 오명
을 얻기도 했습니다. 이 시기 글로벌 교역량이 정체되면서 수출에 민
감한 한국경제의 저성장이 시작되었고, 한국의 주력 수출품을 담당
하는 대기업이 힘을 쓰지 못하면서 대기업의 비중이 높은 코스피 지

수가 지지부진한 흐름을 계속했던 것입니다.

물론 2017~2018년 기간, 그리고 코로나19의 경기침체에서 탈피해갔던 2020년 하반기~2021년 상반기 기간과 같이 코스피의 천장이 높게 치솟았던 구간이 없지는 않습니다. 특히 2021년 중반에는 코스피가 3,000pt를 넘어서면서 박스피의 오명을 벗고 '삼천피의 명예'를 얻기도 했었습니다.

하지만 주가지수의 바닥이 잠깐 뚫렸다고 추세적 하락이라고 이야기하지 않듯이, 천장을 단기간 뚫고 올랐다고 해서 추세적 상승이라고 이야기하지는 않습니다. 코스피 지수는 삼천피의 명예를 오래 지키지 못하고 2022년에 다시 박스피의 모습으로 회귀했습니다. 코스피가 2011년 이후 오늘날까지 기술적인 저점이 완만하게나마 높아지고 있다는 점은 다행스러운 부분이지만, 장기간의 큰 그림에서 볼 때 코스피가 박스피라는 오명을 완전히 벗어던질 수 있을지는 조금 더 두고 볼 일 같습니다.

2007년 7월 24일 뉴스에는 코스피 주가지수가 종가 기준으로 2,000pt를 돌파했다는 일간지 기사와 함께 한국거래소에서 축포를 쏘는 사진이 크게 게재되었습니다. 2008년 글로벌 금융위기가 들이닥치기 직전의 모습이었습니다. 중국이 세계의 공장으로서 역할을 충실히 수행하고, 글로벌 경제와 한국이 성장의 과실을 함께 공유하던 시절입니다.

2007년 당시를 회상해보면 저는 그때 즈음 서울 시내에서 짜장면 한 그릇을 4,000~5,000원 정도의 가격을 주고 사먹었던 것으로 기억합니다. 이후 국제사회가 2008~2010년 글로벌 금융위기를 거치고 15년이 훌쩍 지난 지금은 짜장면 한 그릇이 1만 원에 육박하는 곳도 있습니다.

제가 개인적으로 체감하는 물가상승률은 15년이란 기간 동안 짜장면 한 그릇의 가격이 두 배 조금 못 미치는 정도로 오른 것입니다. 그런데 이 책을 읽고 계신 오늘날 코스피 주가지수는 얼마인가요? 2007년 한국거래소에서 축포를 쏘아올리게 만들었던 코스피 지수가, 그 당시 2,000pt의 두 배가 조금 안 되는 정도로 4,000pt를 목전에 두고 있다면 참 기쁠 것 같습니다.

짜장면 가격보다도 오르지 못한
코스피 지수? ————————————————→

2000년대 중국이 국제무역이라는 무대에 등장하기 시작하면서 2008년 글로벌 금융위기 이전까지는 중국을 중심으로 하는 제조업 성장의 시대였다고 해도 과언이 아닐 것 같습니다. 경제학 교과서에서 이야기하는 소규모 개방경제국가가 아닌, 중국이라고 하는 대규모 개방경제국가가 소비하고 저축하고 투자하는 총량은 국제경제 전체의 총량에 유의미한 영향을 미쳤다고 볼 수 있습니다. 특히 중국의 경기 사이클은 대(對)중국 경제 의존도가 높은 신흥국 전반의 경기 사이클을 이끌었다고 봐도 무방할 것 같습니다.

아울러 중국에 원자재를 수출하는 국가들도 마찬가지라고 볼 수 있습니다. 2000년대 중반 금융시장에서 유행했던 '원자재 슈퍼 사이클(commodity super cycle)'이라는 표현은 이 때문에 생겨났습니다. 원자재 가격은 본래에도 경기에 민감하게 변동하는 상품이지만, 특히 경제성장의 헤게모니가 서비스업보다 제조업 쪽에 무게가 실려 있는 경우에는 더욱 빛을 발하는 상품이 원자재라는 상품군이기 때문에 그렇습니다.

제조업은 기본적으로 원자재가 투입되어 가공과정을 거쳐 제품으로 산출됩니다. 이 때문에 제조업이 활황을 보일 때는, 원자재 가격이 상승함은 물론이고 원자재가 배송되기 위한 운송과 물류 산업도 함께 활황을 보이는 경향이 있습니다.

경제지표들 중에 발틱운임지수(BDI; Baltic Dry Index)라는 것이 있는데 이 지수는 석탄, 철광석, 시멘트, 곡물 등 원자재를 싣고 주요 해상운송경로를 지나는 선적량 1만 5,000t 이상 선박의 화물운임과 용선료 등을 종합해 산정하는 지수입니다.

원자재 배송에서는 선박 운송이 절대적입니다. 그렇기 때문에 2000년대 중반 원자재 슈퍼 사이클 기간에는 당연히 BDI지수가 함께 높아지는 패턴이 나타났습니다.

아울러 해상 운송을 위한 선박 수요가 늘어나면서 선박에 대한 발주량이 넘쳐나는 시기였습니다. 이에 거북선을 만들어낸 조선(造船) 민족의 후예답게 한국의 조선업은 세계 최고 수준으로, 이 당시 국내 조선사들은 향후 3년치 선박 수주량을 쌓아놓고 일한다는 이야기가

[도표 5-11] 발틱운임지수(BDI) 지수

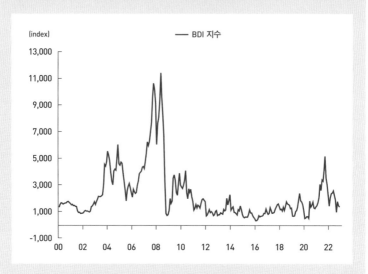

[도표 5-12] 한국의 선박 수주량과 수주잔량

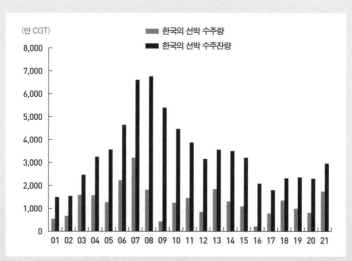

자료: Bloomberg, ClarksonsResearch 'World Shipyard Monitor'

2000년대 들어 2008년 서브프라임 금융위기 이전까지 중국의 교역량 증가와 함께 글로벌 경제는 활황을 보였습니다. 이 기간 동안 BDI지수와 한국의 선박 수주량이 빠르게 증가했지만 중국이 수출 중심의 전통적 제조업 성장 모델에서 벗어나려는 노력을 보인 2010년 이후 BDI지수와 한국의 선박 수주량은 아직까지도 2008년의 고점을 넘어서지 못하고 있습니다.

있을 정도로 큰 활황을 보였고, 한국의 수출 증가와 환율 안정에 큰 역할을 했습니다.

그런데 2008년 글로벌 금융위기 이후 미국을 비롯한 주요 선진국들의 디레버리징으로 총수요가 줄어들고, 중국은 전 세계의 공장 역할에서 벗어나 수출 중심의 경제구조에서 탈피하려는 정책적 노력이 이어지면서 글로벌 교역량은 더 이상 늘어나지 않게 되었습니다. 그 결과 오늘날 BDI지수는 [도표 5-11]에서 보듯 아직도 2008년의 고점을 뚫지 못하고 있는 상황입니다.

아울러 [도표 5-12]에서 보듯 한국의 선박 수주량은 아직 2008년 고점을 회복하지 못해 조선업계가 장기간 힘든 시간을 보내고 있는 배경이기도 합니다. [도표 5-13]을 보면 글로벌 생산량 대비 교역량이 2008년 글로벌 금융위기 이전까지는 빠르게 추세적인 상승을 보이다가 2011년 이후부터는 더 이상 늘지 않고 오늘날까지 장기간 횡보하고 있는 흐름을 확인할 수 있습니다. 전 세계 각국에서 생산되는 제품들이 국가 간 수출입을 통해 이동하는 무역 유발 효과가 하락한 것입니다.

국가 간 교역이라는 거래 형태는 서비스업보다는 제조업의 경기와 보다 밀접하게 연관되어 있습니다. 따라서 2008년 글로벌 금융위기 이후 글로벌 교역의 성장이 정체되었다는 것은, 중국이라는 거대한 공장과 함께 성장 가도를 달려온 신흥국들의 성장이 힘들어졌다는 이야기와 일맥상통하는 것이기도 합니다.

미래 성장성이 돋보이는 전도유망한 신흥국을 일컫는 용어인 브릭

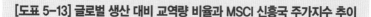

[도표 5-13] 글로벌 생산 대비 교역량 비율과 MSCI 신흥국 주가지수 추이

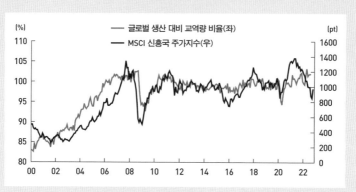

자료: Bloomberg, CPB

이 그림은 글로벌 생산량 대비 교역량의 비율과 MSCI 신흥국 주가를 함께 그린 차트입니다. 2010년대 들어 경제성장의 헤게모니가 제조업 중심에서 서비스업 중심으로 이동했고, 이는 글로벌 생산 대비 교역량 비율이 더 이상 늘지 않는 현상으로 나타났습니다. 전통 제조업을 중심으로 성장해온 신흥국의 주가지수가 장기간 박스권에 머무르고 있는 배경이기도 합니다.

스라는 단어는 2011년 이후 경제금융 상식백과에서나 볼 수 있는 단어가 되어버린 것 같습니다. 특히 [도표 5-13]에서처럼 신흥국들의 주가지수를 종합한 대표적인 지수인 MSCI EM(Morgan Stanley Capital Index for Emerging Market)은 2011년 이후 유의미한 상승세를 보이지 못하고 장기간 박스권에 갇혀 있습니다. 아울러 경제 규모와 1인당 GDP는 이미 선진국의 반열에 들어섰지만, 아직까지 선진국 주식시장으로 편입되지 못한 한국의 코스피 지수가 짜장면 한 그릇이 두 배에 조금 못 미치는 정도로 오르는 시간 동안, 제대로 힘을 쓰지 못하고 있는 큰 배경이기도 합니다.

포스트 차이나를 향한
인도의 도전 ————————————→

2010년대 들어 국제사회에서 중국이라는 거대한 재래식 공장이 서서히 문을 닫기 시작하면서 중국의 양적 성장은 정체기에 들어섰고, 이와 함께 국제사회는 성장 동력에 목말라했습니다. 중국이라는 공장이 활발하게 가동되면서 글로벌 자본흐름이 원활하게 진행되던 2000년대 시절에 대한 향수라고 볼 수 있습니다. 특히 스토리를 찾기 좋아하는 금융시장의 전문투자자들은 포스트 차이나(Post China)를 찾는 데 열을 올렸고, 중국의 빈자리를 대체할 수 있는 국가로 인도를 주목하기 시작했습니다.

인도는 사실 2000년대부터 이미 중국과 함께 브릭스의 일원이었지

모디 총리와 '메이크 인 인디아' 포스터

자료: The Economist, 2014년 5월 넷째 주 표지

만 중국의 그림자에 가려져 있던 국가였습니다. 그런데 중국이 국제 사회에서 더 이상 공장 역할을 하지 않겠다고 선언하면서부터 그 자리를 대신하겠다고 나선 국가가 바로 인도입니다. 인도는 2014년 '인도에서 만들라(Make in India)'고 전 세계를 향해 당차게 외치면서 등장했습니다. 그 외침의 중심에는 〈이코노미스트〉지의 표지에 등장하기도 했던 모디(Narendra Modi) 총리라는 인물을 빼놓을 수 없습니다.

모디 총리는 인도의 2014년 5월 이후 14, 15대 총리입니다. 그

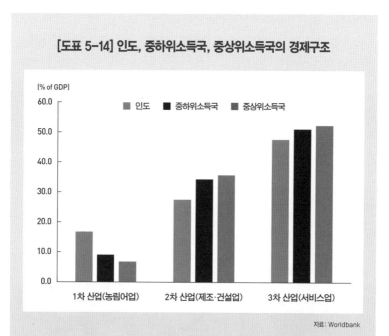

[도표 5-14] 인도, 중하위소득국, 중상위소득국의 경제구조

자료: Worldbank

인도는 1인당 GNI를 기준으로 중하위소득 그룹에 분류됩니다. 하지만 경제구조를 비교해보면 동일 소득 그룹 내 국가들에 비해 평균적으로 2,3차 산업의 비중이 낮고, 1차 산업의 비중이 높게 형성되어 있습니다.

이전(2001년~2014년 5월)에는 인도의 구자라트(Gujarat)주 총리였는데, 그가 재임하던 기간에 구자라트주의 지역내총생산(GRDP; Gross Regional Domestic Product)은 인도 전체의 GDP성장률을 상회하는 우수한 경제 성적표를 보여주었습니다. 모디가 구자라트주의 경제성장률을 끌어올릴 수 있었던 방법이 엄청 색다른 방법은 아니었습니다. 중국이 그랬던 것처럼, 그리고 그보다 앞서 한국이 걸어왔던 길과 같이 투자 중심의 제조업 발전을 통한 경제성장이었습니다.

모디 정권이 출범하던 2014년에 인도의 1인당 국민총소득(GNI; Gross National Income)은 중하위소득국으로서 1,560달러 수준(세계은행 기준: 1,046~4,095달러)으로 최하위소득국(세계은행 기준: 1,046달러 미만)보다 조금 나은 정도였습니다. 그런데 당시 인도의 경제는 제조업(건설업 포함)이 GDP에서 차지하는 비중은 27% 정도에 불과한 반면 서비스업의 비중은 48%에 육박하는 구조였습니다.

특히 인도가 속해 있는 중하위소득국들의 평균(제조업: 34%, 서비스업: 51%)과 비교했을 때 제조업과 서비스업의 비중이 낮고, 상대적으로 1차 산업인 농림어업의 비중이 높은 구조였습니다. 특히 동일 소득 그룹 내에서 서비스업은 평균적으로 3%p 정도 낮은 편이었지만, 제조업은 7%p 정도 크게 낮은 편으로 제조업 생산 기반 자체가 워낙 미약하다 보니 파생된 기형적 경제구조였습니다. 따라서 모디 정부에서는 제조업을 우선적으로 발전시키는 전략을 취했습니다.

모디 총리는 구자라트주지사 시절부터 해외 기업의 투자 유치에 열을 올렸고, 그것에 대한 성공적인 성적표를 이미 확인한 경험도 있었습니다. 그가 구자라트주지사 시절 주정부가 주도하는 토지공사를 설립해서 농민들로부터 토지를 수용하고, 이를 해외 기업에 매각이나 임대하는 방식을 통해 공장을 짓게 하고, 인프라를 건설하고, 구자라트주민들의 고용을 촉진했습니다. 경제성장 초기 단계에서 제조업과 투자의 성장이 강한 성장 동력으로 작용할 수 있음은 이미 많은 국가가 경험적으로 보여주었고, 결국 구자라트주도 그에 부응하는 경제 성적표를 거둘 수 있었던 것입니다.

인도인들은 모디 주총리가 이끄는 구자라트주의 성공 스토리에 열광하기 시작했습니다. 결국 이런 인기에 힘입어 주총리였던 모디는 인도 2014년 5월에 연방정부의 14대 총리로 올라서게 된 것입니다.

모디가 연방정부의 총리로 취임하면서 실행했던 정책들은 그가 구자라트주에서 성공을 거두었던 정책들과 크게 다르지 않았습니다. 구자라트주를 상대로 실험해본 정책이 성공을 거둔 경험이 있었기에 인도 전역에 이런 정책적 드라이브가 동원된다면, 중국 다음으로 인구가 많은 인도가 국제사회에서 제조업 공장 역할을 충실히 할 것이라는 기대가 형성되기 시작했습니다. 그러면서 2000년 초중반대의 글로벌 호황기가 다시 찾아올 것이라는 믿음이 글로벌 금융시장을 자극하기 시작했습니다.

모디 총리가 당선되던 2014년, '모디노믹스'라는 단어가 크게 유행될 만큼 모디 총리의 등장은 화려했습니다. 그리고 그해 인도의 센섹스 주가지수(BSE Sensex index)는 약 30% 오르는 놀라운 기록을 보여주었습니다. 2014년 한국의 코스피 지수가 금융위기 이전 수준으로 회복되지 못하고 2,000pt 내외에서 횡보하고 있었다는 점을 감안하면, 이때 인도의 주가지수가 금융위기 이전 고점을 뚫고 30% 상승했다는 것이 얼마나 큰 사건인지 알 수 있는 부분입니다.

하지만 연방정부 수장으로서 모디 총리의 실행력은 주총리 시절만큼 평탄하지는 않았습니다. 그의 미약한 정치적 기반이 정책을 펼치는 데 발목을 잡았기 때문입니다. 인도의 신분제도인 카스트제도가 역사 속으로 사라졌지만 아직도 인도인들의 의식 중에 희미하게 남아 있는 계급 분류에서 모디 총리는 상인 계급(Vaishya) 출신입니다. 게다가 인도의 정치 역사를 되짚어보면 1947년 독립 이후 전통적 집권당이었던 국민의회당(INC)이 역대 총리를 다수 배출했지만, 모디 총리가 속해 있는 인도국민당(BJP)은 상대적으로 정치적 기반이 미약했다고 볼 수 있습니다. 이런 환경에서 그가 속한 BJP 정당은 소수여당의 약점을 떨치기가 매우 힘들었습니다.

주총리 시절 그가 활약했던 구자라트가 정치적으로 BJP 정당의 텃밭이었다는 점을 감안하면, 인도라는 더 큰 무대는 정치적 난관이 산재해 있던 셈이었지요. 그렇다고 인도의 야당들이 무턱대고 모디 총리의 정책에 반기를 든 것은 아니었습니다.

국가의 면적이 넓으면 기후도 다양하고 그만큼 사람들이 먹고사는 방법도 지역마다 다릅니다. 땅의 크기로는 둘째가기 서러운 인도도 마찬가지입니다. 주마다 자연환경이 달라서 어느 주에서는 농사가 유망하고 어느 주에서는 차라리 공장을 짓는 게 나은 선택이 될 수 있는 것입니다. 농사를 지어서 먹고사는 것이 익숙한 사람들에게, 어느 날 국가가 토지를 수용하고 공장을 지어줄 테니 그곳에서 일을 하라고 하면, 당연히 반감이 생길 수밖에 없겠죠.

인도의 야당들은 이런 상황을 모디 총리의 제조업 투자 증대의 첫걸음이라고 할 수 있는 '토지수용법'을 반대하는 대표적인 이유로 삼았습니다. 특히 인도 헌법에서는 토지, 수자원, 소매유통업, 전력과 같은 핵심 인프라 부문의 정책 결정에 대해서는 의회 통과를 요건으로 두고 있어, 각 주의 지방정부를 포함한 상·하원의 정치적 응집이 모디 총리가 해결해야 할 선결 과제였습니다.

인도의 경제 도약에 있어서 중국과의 중요한 차이점은 정치 체제의 차이에서 기인한 부분이 큰 것 같습니다. 공산주의가 기본이었던 중국은 리더가 이끌어가는 위로부터의 정책 추진이 강했다고 볼 수 있습니다. 반면 인도는 기본적으로 영국식 의회주의와 그보다 더 강한 주별자치법규의 성격이 강하기 때문에 연방국가 단위에서 특정 법안 통과를 목표로 각 주들이 서로 이해관계를 조율하기에는 모디 총리의 정치적 힘이 미약했던 것입니다.

비전이라는 지향점은 정책으로 반영이 되고 정책은 법안의 형식으로 동반되어야 강력한 힘이 발휘됩니다. 모디 총리가 2019년에 연임한 것을 보면, 그의 비전에 많은 인도인들이 공감하는 것 같습니다. 하지만 모디 총리의 등장 이후 수년이 지난 2022년까지도 인도의 1인당 국민총소득이 2,170달러(세계은행 기준 중하위소득 그룹)에 머무르고 있는 것을 보면, 중국의 고속성장 바통을 인도가 이어받아 달리기에는 아직 가야 할 길이 많이 남아 있는 것으로 보입니다.

글로벌 금융위기 이후
통화정책 정상화를 향한 움직임 ⟶

　서브프라임 글로벌 금융위기 이후 국제사회는 성장 속도가 낮아지기는 했습니다만, 그래도 지속적으로 성장했습니다. 다만 성장의 헤게모니를 쥐고 글로벌 경제를 이끌어가는 주축이 2008년 글로벌 금융위기 이전에는 중국으로 대표되는 신흥국 중심이었다면, 위기 이후에는 미국으로 대표되는 선진국 쪽으로 무게의 추가 넘어간 것으로 보여집니다. 성장을 이끌어가는 경제주체가 신흥국에서 선진국으로 변화되면서 성장을 이끌어가는 산업이 제조업에서 서비스업으로 이동한 것입니다.

　서비스업의 발전은 산업의 특성상 무역으로 이어지는 효과가 제한적이고 성장의 과실이 국내에 상대적으로 집중된다는 특징이 있습니다. 그래서 선진국의 경제성장이 신흥국의 성장으로 이어지는 글로벌 낙수효과(Trickle-down Effect)가 나타나지 못하면서 글로벌 저성장 국면이 2011년 이후 고착화되는 모습이 나타나기도 했습니다. 아울러 저성장 국면에서 일반적으로 동반되는 저물가와 저금리도 2011년 이후부터 2020년 코로나19 위기 이전까지 지속되었습니다.

　하지만 저금리 시대라고 해서 주요 국가들의 기준금리가 계속적으로 낮았던 것은 아닙니다. 전 세계의 기준금리 결정에 큰 영향을 미치는 미국은 국제사회가 2008년 금융위기의 충격에서 완전히 벗어난 것으로 보이는 2015년 11월부터 기준금리를 인상하기 시작했습니다.

[도표 5-15] 미국의 기준금리와 PCE 물가상승률

자료: Bloomberg

회색 음영 구간은 2008년 서브프라임 금융위기 이후 첫 금리인상 구간입니다. 이 시기에 미국의 물가는 정책 목표(2%)를 하회하고 있었으나, 통화정책 정상화를 위한 기준금리인상을 단행했습니다.

다만 이 시기의 기준금리인상은 '경제가 너무 활황이기 때문에 경기과열을 방지하고 물가안정을 위해 금리를 올리는' 교과서적인 처방은 아니었습니다. 경기의 수준이 과열까지는 아니지만 충격에서 벗어나 회복이 되었으나, 반면에 물가와 금리는 여전히 비정상적으로 너무 낮아서 자산가격의 버블로 이어지는 등의 부작용을 고려한 처방이었던 것입니다.

그래서 미국의 물가가 연준의 정책 목표인 2%를 크게 상회하는 상황이 아니었음에도 불구하고 기준금리를 인상해야만 하는 상황을 두고, 이 시기의 중앙은행들은 '긴축'이라는 단어보다는 '통화정책 정상화'라는 표현을 많이 사용했습니다. 버냉키(Ben Bernanke) 의장 이후 후임으로 취임해서 2015년 11월부터 2018년 12월까지 미국의 금리인상 사이클을 이끌었던 옐런(Janet Yellen) 의장은 훗날 이 기간을 두고 "물가가 오르지 않는 게 미스터리와 같다"라고 언급하기도 했었습니다.

이 당시 미국의 기준금리인상을 앞두고 글로벌 금융시장의 반응은 매우 냉담했습니다. "과거의 고성장 시대로 돌아갈 수 없다"는 비관론과 함께 2008년 글로벌 금융위기의 충격이 영구적 경기충격으로 작용할 것이라는 '구조적 장기침체(Secular Stagnation)'가 힘을 얻어가는 상황이었기 때문입니다.

특히 미국 연준은 기준금리를 인상하기 앞서 2013년 5월 FOMC 회의에서 당시 연준 의장이었던 버냉키가 금리인상의 필요성과 가능성에 대해 언급을 하기도 했습니다. 그 결과 금융시장은 버냉키 의장의 한마디에 주요 국가들의 주가가 폭락하고, 국채금리가 급등하고, 환율이 상승하는 대혼란을 보이기도 했습니다. 이를 금융시장에서는 긴축발작(Tapering Tantrum)이라고 부르는데, 그만큼 경기에 대한 불안 심리가 금융시장 참여자들 사이에 강하게 깔려 있었다는 점을 짐작하게 해줍니다.

결국 연준은 2013년 5월 발생했던 긴축발작이 잠잠해진 약 1년 반 뒤(2015년 11월)부터 버냉키 의장에게 바통을 이어받은 옐런 의장의 지휘 아래 제로금리 수준이었던 기준금리를 조금씩 인상하기 시작해서 2018년 12월에는 2.5%까지 인상했습니다.

하지만 이 당시 미국에서는 기준금리인상에도 불구하고 실업률이 함께 낮아지는 현상(2015년 11월에 5.1% → 2018년 12월에 3.9%)이 나타났습니다. 그리고 미국 주식시장도 2015~2018년 금리인상 사이클의 초반부를 제외하고는 전반적으로 기준금리가 높아지는 과정에서도 안정적인 상승세를 유지했습니다. 결과적으로 그 당시 경기에 대한 금융시장의 비관론이 과도했음을 보여주었습니다.

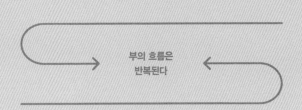

부의 흐름은
반복된다

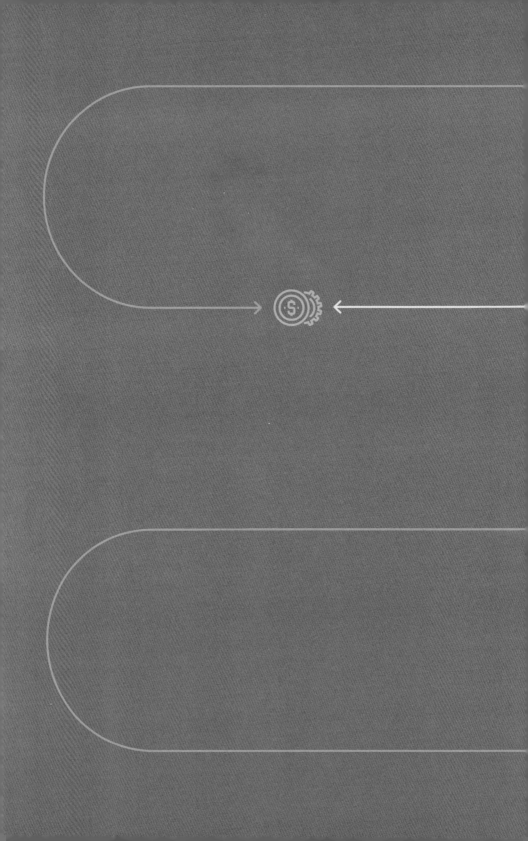

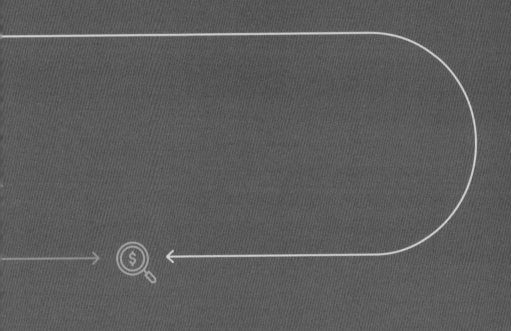

6장

코로나19와 러-우 전쟁이
경제와 금융시장에 끼친 영향

2020~2022년 진행된 코로나19로 인한 경기변동은 매우 특이합니다. 경기변동에서 관찰되는 성장과 물가의 조합이 상대적으로 짧은 2년이라는 시간 동안 압축적으로 나타났기 때문입니다. 2020~2021년 상반기까지는 코로나19 위기가 초래한 수요충격을 정책당국이 잘 방어했습니다. 하지만 2021년 하반기부터 발생한 공급충격은 경제당국의 정책으로 방어할 수 있는 성격이 아니었습니다. 그 결과 경기는 위축되고 물가는 상승하는 매우 부자연스러운 조합이 나타났습니다. 특히 인플레이션 파이터로서의 역할에 충실한 연준과, 러시아-우크라이나 전쟁은 2022년 슈퍼달러를 탄생시키는 데 큰 공을 세웠습니다. 달러 강세를 견제해주는 유로화는 자존심을 지키지 못했고, 원/달러 환율도 1,430원까지 올랐습니다. 하지만 원자재를 수출하는 일부 신흥국 통화의 환율은 유럽의 선진국들보다, 그리고 한국보다 더 안정적인 흐름을 유지할 수 있었습니다.

장단기금리차 역전이
코로나19 위기를 알려주었을까?

기준금리가 인상되는 과정에서는 일반적으로 채권시장의 금리도 함께 상승합니다. 하지만 기준금리가 25bp 인상되었다고 해서 모든 채권금리가 일괄적으로 25bp씩 오르지는 않습니다.

채권에는 만기 구분에 따른 장기 채권과 단기 채권이 있고, 발행자의 신용도에 따라 다양한 신용등급의 채권이 존재하는데, 채권의 만기와 신용등급에 따라 금리가 변하는 정도가 모두 다르기 때문입니다. 앞서 4장에서 설명한 바와 같이 일반적으로 단기 채권금리는 기준금리의 방향성에 큰 영향을 받고, 장기 채권금리는 경제성장률과 같은 미래 기대에 더 큰 영향을 받습니다.

중앙은행에서 기준금리를 인상하더라도 현재 경제의 체력 (fundamental)이 이를 감내할 정도로 건전하다고 금융시장이 판단하면, 단기와 장기 채권금리가 함께 상승하는 모습을 보입니다. 하지만

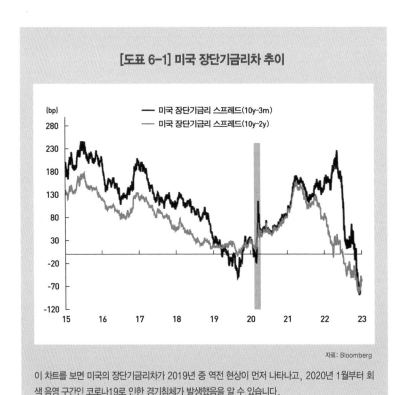

[도표 6-1] 미국 장단기금리차 추이

(bp)

— 미국 장단기금리 스프레드(10y-3m)
— 미국 장단기금리 스프레드(10y-2y)

자료: Bloomberg

이 차트를 보면 미국의 장단기금리차가 2019년 중 역전 현상이 먼저 나타나고, 2020년 1월부터 회색 음영 구간인 코로나19로 인한 경기침체가 발생했음을 알 수 있습니다.

기준금리 수준이 높아지면 경기에 부담이 되는 것은 부인하기 힘들기 때문에, 보통은 장기금리가 단기금리보다 더디게 상승합니다. 그래서 일반적으로 기준금리인상 사이클이 진행되는 동안에는 채권시장의 수익률 곡선이 평탄화되는 모습이 관찰됩니다.

특히 어느 순간에 들어서면 경제 체력이 더 이상 중앙은행의 기준금리인상을 받아들이지 못할 것이라는 전망이 팽배해지거나, 혹은 중앙은행이 이제 금리인상을 마무리하고 동결로 나아가겠다는 시그

널을 발산하는데, 이때는 그동안에 높아진 기준금리의 수준만큼 경기 전망이 더 부정적으로 변화되어 있을 가능성이 정황상 매우 높고, 향후 도래할 기준금리인하를 노린 채권 투자자들이 주로 장기채권을 매수하면서 장기금리가 단기금리보다 더 빠르게 하락합니다. 이런 현상이 과도하게 진행되는 것이 바로 장단기금리차 역전이고, 주로 기준금리인상 사이클의 후반부 혹은 마무리 단계에서 관찰되는 패턴입니다.

장단기금리차가 역전되었다는 것은 채권시장이 기대하는 미래 경기 전망이 매우 부정적이라는 것을 의미합니다. 실제로 장단기금리차 역전이 발생한 이후에는, 일정 시차(6개월~1년 6개월 내외)를 두고 높은 확률로 실제 경기침체가 발생하기도 했습니다.

2015~2018년에 진행된 미국의 금리인상 사이클에 있어서도 예외는 아니었는데, 2018년 12월 2.5%를 끝으로 미국의 기준금리인상 사이클이 마무리되었고, 2019년 8월에는 미국 국채 10년물과 2년물의 금리 역전이 발생했습니다. 그리고 약 4개월 뒤인 2020년 1월부터 글로벌 경제는 실제로 큰 침체를 맞이했습니다. 이것이 바로 비교적 최근의 경기침체인 코로나19 위기입니다.

결과만 놓고 보면 장단기금리차 역전은 이번에도 역시 경기침체에 선행했기 때문에 경기침체를 알려주는 뛰어난 지표임을 부인할 수 없습니다. 하지만 코로나19 위기가 경기변동 사이클상에서 발생한 침체인지 아닌지에 대해서는 아직 논란의 여지가 있습니다. 만약 2020년에 코로나19가 발생하지 않아서 사람들의 이동과 소비에 제약이 없었다면, 과연 실제로도 경기침체가 발생했을지 그렇지 않았을지에 대해서는 아무도 알 수가 없기 때문입니다. 하지만 확실한 점은 코로나19 위기가 촉발한 경기침체는 그동안 역사적으로 경험했던 일반적 경기침체의 유형과는 다른 형태라는 것입니다.

어울리지 않는 조합, 경기침체와 인플레이션의 동반 출현 ⟶

앞서 2장에서 경기변동에 대해 설명하는 과정에서 물가 수준은 거시적 차원에서 총저축과 총투자의 관계에 따라 결정됨을 말한 바 있습니다. 그리고 3장에서는 미시적으로는 임금상승률, 노동생산성, 원자재 가격, 기술발전 등이 영향을 미친다고도 설명을 드렸습니다. 여기서 물가에 영향을 미치는 미시적 요인들은 결국 총저축과 총투자에 영향을 미쳐서 총수요와 총공급의 변화로 이어지는 메커니즘이 작동합니다. 따라서 물가는 총수요가 총공급보다 더 많을 때 오른다고 볼 수 있습니다.

특히 수요가 강한 환경이라는 것은, 정황상 고용시장이 활황을 보여서 실업률이 낮고 경기가 확장국면일 가능성이 매우 높다고 볼 수 있습니다. 그래서 일반적으로는 단기간에 있어서 실업률과 물가가 반비례하는 패턴을 보입니다. 이런 현상을 실증적으로 입증한 경제학자가 윌리엄 필립스(William Phillips, 1914~1975년)라는 사람입니다.

그의 이름을 따서 오늘날 실업률과 물가상승률이 반비례하는 곡선을 필립스 곡선(Phillips Curve)이라고 부릅니다.

필립스 곡선이 알려주는 것은 단기적으로 실업률 상승(경기침체)과 물가상승(인플레이션)은 동시에 나타나기 힘들다는 것입니다. 특히 케인스(John Maynard Keynes)는 이런 현상이 절대 나타날 수 없다고 보았습니다. 실제로 우리가 최근 20~30년 내에 경험했던 대부분의 경기침체는 디플레이션이 동반되었던 것이 사실입니다. 경기침체로 실업률이 상승하는 현상이 나타났지만 물가도 그만큼 함께 낮아진 것이지요.

가까운 2020년에는 코로나19로 사람들의 경제활동이 제약을 받으면서 수요가 급격하게 줄어들었습니다. 2008년 서브프라임 금융위기도 부동산 가격 하락으로 인한 급격한 수요 위축이 나타났었습니다. 이때 나타난 경기침체기에는 경제 내에서 잉여되는 총공급의 양이 훨씬 크기 때문에 물가의 전반적 하락, 즉 디플레이션이 동반되었다는 것이 특징입니다. 이런 국면에서는 중앙은행이 금리를 낮추어서 총수요를 다시 이끌어내는 정책이 효과적이라는 것이, 이론적으로나 실증적으로 어느 정도 입증이 되었다고 볼 수 있습니다. 하지만 우리가 가까운 시계에서 경험했던 경기침체는 대부분 수요측면의 충격에 의해 발생했던 사례이기 때문에 이를 일반화하기에는 무리가 있습니다.

실제 경제에서는 역사가 보여주듯 경기침체와 물가상승이 동시에 나타나는 일이 흔하지는 않지만, 분명히 존재했던 것도 사실입니다.

시계를 좀 더 앞으로 돌려보면 대표적인 예가 바로 1970~1980년대 미국에서 발생한 경기침체입니다. 미국경제는 1973년 말~1975년 초와 1980년에 석유파동을 겪는 과정에서 경제가 역성장(마이너스 성장률)하고 소비자물가상승률도 10% 이상 수준까지 급등하기도 했습니다. 이처럼 경기침체와 인플레이션이 동시에 발생하는 현상을 스태그플레이션(Stagflation; 불경기(stagnation)와 인플레이션(inflation)의 합성어)이라고 부릅니다. 이때 미국에서 발생한 스태그플레이션으로 인해 케인스의 이론은 크게 힘을 잃기도 했었습니다.

케인스는 기본적으로 경제에서 소비와 저축을 담당하는 가계는 물가와 금리에 민감하게 반응하지만 공급을 담당하는 기업가들의 투자는 물가나 금리에 의해 결정되는 함수라고 보지 않았습니다. 따라서 경제 내에서 금리나 물가가 변할 때 가계의 소비나 저축은 탄력적으로 변하지만 기업은 탄력적으로 변화하지 않는다고 보았습니다. 이런 차이 때문에 그는 경기변동의 원인이 주로 총수요에 기인한다고 보았고, 정부가 경제에 개입해서 총수요를 관리해야 하는 필요성에 대해 역설했던 것입니다.

스태그플레이션 상황은 경제의 공급측면에서 충격이 먼저 발생했다는 특징이 있습니다. 1970~1980년대 미국의 스태그플레이션은 중동의 오일쇼크로 인해 생산가격 전반이 올라가면서 총공급이 줄어들게 되었고, 이는 결국 총수요를 충족시키지 못하면서 경기는 침체되고 물가는 오르는 현상으로 이어졌습니다.

좀 더 가까운 예로는 2022년 포스트 코로나19 과정도 공급충격으로 볼 수 있습니다. 좀 더 정확한 표현으로는 수요급증과 공급충격이 동반돼서 나타난, 복합적 스태그플레이션의 유형으로도 볼 수 있습니다.

앞에서는 코로나19 위기가 수요충격이라고 언급했는데 왜 갑자기 공급충격으로 바꿔서 이야기하는지에 대해서 반문하시는 분들도 계실 것 같은데, 그것에 대해서는 코로나19 위기를 시기별로 구분 지어 좀 자세하게 설명할 필요가 있을 것 같습니다.

경기충격이 어디서 발생했는지가
경기와 물가의 조합을 결정한다 ───────────→

먼저 코로나19 위기는 그것이 발생했던 초반 2년(2020~2021년 상반기)과 경기가 코로나19로부터 회복되어가는, 백신의 공급이 막 본격화되었던 2021년 하반기 이후 포스트 코로나19 단계로 구분해볼 수 있습니다.

코로나19가 처음 발발한 것은 2019년 12월입니다. 이때만 하더라도 중국 우한에서 발생한 원인 모를 폐렴이 전 세계경제와 금융시장을 이렇게 흔들 것이라고 생각하는 사람은 아무도 없었던 것 같습니다. 하지만 2020년 초반부터 코로나19가 점점 위험요인으로 부각되고 우리의 실생활과 금융시장에 큰 타격을 입히기 시작했습니다.

사람들의 이동과 경제활동이 제약되면서 소비가 줄어들고 경기가 침체되자 미국을 중심으로 전 세계 모든 국가들은 금리를 앞다투어 낮추고, 무제한 양적완화와 같이 재정을 풀어서 총수요 회복에 힘을 쏟았습니다. 수요 위축을 방어하기 위한 전형적인 통화완화 정책이자, 여기에 추가적으로 발권력을 빌리는 매우 강력한 재정정책까지 동원된 것입니다.

특히 이때의 재정정책은 2008년 서브프라임 금융위기 당시의 재정정책보다 더 강한 정책이었습니다. 2008년 금융위기에는 정책당국이 금융기관에 유동성을 제공해주는 형태의 재정정책이었다면, 2020

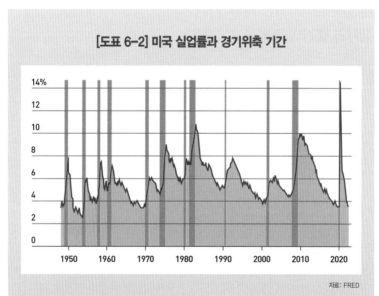

[도표 6-2] 미국 실업률과 경기위축 기간

자료: FRED

이 차트는 미국의 실업률을 보여주고 있습니다. 그리고 회색 음영은 경기위축 기간을 의미하는데, 2020년 2월부터 같은 해 4월까지 진행되었던 경기위축은 1950년대 이후 미국경제사를 통틀어 가장 짧은 경기위축기로 기록되었습니다.

년 코로나19 위기 때의 재정정책은 각종 보조금과 지원금을 가계의 지갑에 직접 넣어주는 형식이었기 때문입니다.

그 결과 코로나19로 인한 경기침체는 1950년대 이후 미국경제사를 통틀어 가장 짧은 경기위축기(contraction)로 기록되며 불과 2개월 만(2020년 2월 정점 → 2020년 4월 저점)에 경기위축을 마무리하는 데 성공했습니다. 바로 여기까지가 수요충격으로 발생한 경기침체를 강력한 총수요 관리 정책으로 방어한 것입니다.

하지만 수요측면의 빠른 회복에도 불구하고 코로나19가 현재 진행 중이던 2020~2021년간 경기 전망을 장밋빛으로 제시하는 곳은 많지 않았습니다. 경제성장률 자체는 높은 수준으로 제시되었지만 그것은 기저효과(base effect)가 작용한 것이지, 경제가 다시 예전처럼 자생적인 힘을 갖고 성장 궤도를 그려갈 것이라고 보는 견해는 극히 드물었던 것 같습니다. 백신의 보급으로 집단면역이 달성되면 다시 코로나19가 없던 시절로 돌아갈 것이라는 희망적인 전망도 있었지만, 계속해서 변이 바이러스가 출현하면서 긍정적 전망을 경계하는 시각도 늘 상존하고 있었습니다.

이런 상황에서 과연 투자를 늘리고 생산을 늘릴 만한 용감한 기업가나 자영업자들이 과연 얼마나 있었을까요? 저는 이 당시 국내 금융지주사 소속의 민간 연구소에서 근무하고 있었는데, 높은 경제성장률을 전망함에도 불구하고 함께 높아지는 각종 리스크를 경영진들에게 설명하기 위한 보고서를 작성하느라 꽤나 힘들었던 기억이 있습니다. 이런 경험은 이 당시 경제활동을 하고 계셨던 분들이라면 대부분 공통적으로 경험했던 현상이 아닐까 싶습니다. 대부분의 기업은 2021~2022년 경영계획 등을 수립하면서 도전적이고 확장적인 목표를 제시하기보다 보수적으로 리스크를 관리하는 데 힘을 쏟았습니다.

포스트 코로나19 시대의 출발은 여기서부터 삐걱대기 시작했습니다. 민간의 수요는 초저금리 정책과 확장적 재정정책으로 빠르게 회복되었고, 심지어 '보복소비'라는 표현이 유행했을 정도로 수요가 급증했는데, 여전히 보수적인 공급측면은 그 순간에도 늘어난 수요를 따라가지 못하고 있었습니다.

경제 내에서 수요측면과 공급측면은 충격에 대해 반응하는 속도가 매우 다릅니다. 수요를 대변하는 가계의 입장에서는 돈을 덜 쓰거나 더 쓰는 식으로 빠르게 반응할 수가 있습니다. 만약 경기가 안 좋다면 가전제품이나 자동차를 바꾸려던 것을 안 바꾼 채 좀 더 고쳐서 쓰고, 외식할 돈을 아껴서 집에서 요리해 먹고 하는 식이지요. 그래서 수요 위축은 가계가 지갑을 닫아버리는 형식으로 비교적 빠른 시일 내에 반응합니다. 반대로 금리가 낮아지고 각종 지원금으로 이른바 공돈이 생기게 되면 가계는 지갑을 더 여는 식으로 소비가 빠르게 반응합니다.

하지만 공급측면을 담당하는 기업들의 입장에서는 생산을 빠르게 늘리거나 줄이는 것이 쉽지 않습니다. 버튼 한 개 눌러서 공장 가동을 갑자기 늘리거나 중지한다면 매우 편하겠지만, 공장을 가동하는 데 필요한 원자재 재고와 고용과 관련된 사항 등 기업 운영과 연관된

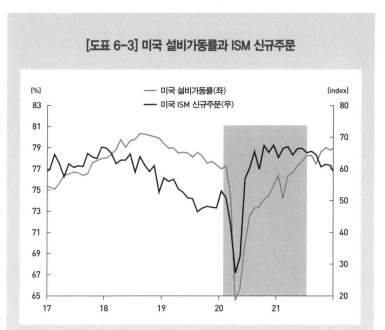

[도표 6-3] 미국 설비가동률과 ISM 신규주문

미국 설비가동률(좌)
미국 ISM 신규주문(우)

자료: Bloomberg

이 그림은 미국의 제조업 기업들의 신규주문을 나타내주는 지수와 설비가동률을 함께 표현한 차트입니다. 2020년 코로나19 발생 직후 수요(신규주문)는 빠르게 위축되었다가 빠르게 회복되는 모습을 보이고 있으나 상대적으로 설비가동률은 후행해서 천천히 회복되어 코로나19 이전 수준까지 회복되는 데 상대적으로 오래 걸리는 모습을 확인할 수 있습니다.

수많은 문제가 얽혀 있기 때문입니다. 각종 세제 혜택이 주어지더라도 그것은 생산과 판매활동 이후에 이익 단계에서 반영될 일이기 때문에 세금 혜택 때문에 생산을 늘리고 줄이고 하기는 쉽지가 않습니다. 서비스업이라고 하더라도 노동시장이 웬만큼 탄력적이지 않고서는 제조업과 마찬가지의 이유로 경기 전망에 맞추어 공급을 늘리고 줄이는 일이 순식간에 나타나기가 힘듭니다.

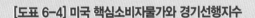

[도표 6-4] 미국 핵심소비자물가와 경기선행지수

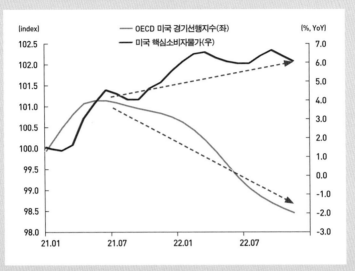

자료: Bloomberg

이 그림은 미국의 경기선행지수와 핵심소비자물가를 함께 그린 차트입니다. 코로나19 회복 과정에서 발생한 공급충격으로 2021년 하반기부터 물가는 상승하고 경기는 위축되는 현상이 나타났습니다.

이런 특성 때문에 2020~2021년 코로나19를 거치며 수요측면은 크게 위축이 되었다가 (금리인하와 지원금 정책에 힘입어) 비교적 빠르게 회복되었는데, 그 기간 동안 공급측면은 비탄력적인 모습으로 반응하고 있었던 것입니다. 특히 전 세계 생산망에서 절대적인 영향을 미치는 중국이 제로코로나 정책을 고수하면서 중국의 경제활동 회복은 다른 국가들에 비해 상대적으로 매우 늦게까지 지연되었습니다. 당시 중국 반도체 공장들의 폐쇄는 전 세계 공급망 교란의 주범이나 마찬가지였습니다. 아마도 2021년 하반기부터는 뉴스나 언론에서 '생산의 병목현상(Bottleneck of Global Supply Chain)'이라는 단어가 등장하기 시작한 것을 기억하실 것 같습니다.

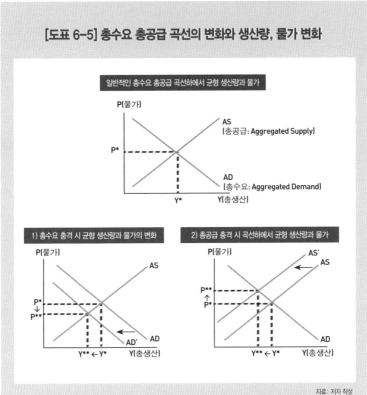

[도표 6-5] 총수요 총공급 곡선의 변화와 생산량, 물가 변화

이 그림과 같이 경제는 총수요와 총공급이 균형을 이루는 지점에서 물가와 총생산량이 결정됩니다. 경기충격이 수요측면에서 발생하는 경우에는 아래 왼쪽 그림과 같이 총생산량이 줄어들고(경기가 위축되고) 물가가 하락(디플레이션)하는 현상이 나타납니다. 하지만 경기충격이 공급측면에서 발생하는 경우에는 총생산량이 줄어들지만(경기가 위축되지만) 물가가 상승(인플레이션)하는 현상이 나타날 수 있습니다.

저의 지인은 이 당시에 신차를 구매하려고 했는데, 차량 인도까지 1년 6개월 이상 걸릴 것이라는 이야기를 듣고 차라리 신차 같은(주행 거리가 매우 짧은) 중고차를 사는 것으로 마음을 바꾸었다는 이야기를 하기도 했지요. 결과적으로 공급충격으로 인해 총공급이 줄어버리면 경기는 다시 침체를 향해 갈 가능성이 높아집니다.

그런데 문제는 총공급이 총수요를 충족시켜주지 못하면서 물가가 올라가버리는 부작용이 함께 발생했고, 여기에 재정정책으로 풀려버린 막대한 유동성과 2022년 3월에 발발한 러시아-우크라이나 전쟁으로 유가가 폭등하는 현상까지 이어졌다는 것입니다. 이런 복합적인 요인이 결과적으로는 공급측면에 엄청난 충격을 가하면서 2022년에는 경기둔화와 인플레이션이라는 어울리지 않는(일반적이지 않은) 조합이 동시에 나타난 것으로 볼 수 있습니다.

공급충격에 의한 경기침체가 흔한 현상은 아닙니다. 2022년 포스트 코로나19 위기, 1970년대 오일쇼크, 그리고 제2차 세계대전 직후 전쟁으로 생산시설이 파괴되었을 때 정도가 유사한 사례라고 볼 수 있습니다. 모두 총공급이 총수요를 충족시키지 못해서 나타나는 현상입니다. 따라서 경기와 물가는 일반적으로 동행하는 관계이며 경기침체에는 디플레이션이 나타나는 것이 보편적이지만, 경기충격이 어디에서 발생했느냐를 놓고 보면 2022년 포스트 코로나19 위기와 같이 경기침체와 인플레이션이 동반되는 경우도 발생할 수가 있는 것입니다.

가끔은 잔인해질 수밖에 없는
중앙은행의 선택 ——————————————→

경기침체와 인플레이션이 공존하는 스태그플레이션 상황에서는 중앙은행의 통화정책이 제대로 작동하기가 매우 힘듭니다. 앞서 설명한 바와 같이 소비와 저축을 담당하는 가계는 금리라는 변수에 지갑을 열고 닫는 것이 비교적 쉬운 반면에, 공급과 생산을 담당하는 기업들은 금리가 변하더라도 생산량을 늘리거나 줄이는 데 비교적 긴 시간이 걸리기 때문입니다.

중앙은행의 통화정책이 총수요를 관리하는 성격의 정책이라는 점을 감안하면, 극단적으로 생각했을 때 통화정책으로 공급충격에 대해서는 직접 방어할 수 있는 효과가 제한적일 수밖에 없습니다. 특히나 2022년 러시아-우크라이나 전쟁처럼 경제 논리로 설명되지 못하는 지정학적 위험(geopolitical risk)까지 더해진 상황에서는 중앙은행이 할 수 있는 일은 매우 잔인해질 수밖에 없습니다. 금리인상을 통해 유동성을 흡수하는 식으로 줄어든 총공급 수준에 맞추어서 총수요를 인위적으로 줄이는 것이지요.

수요측면은 금리에 민감하기 때문에 기준금리를 인상해서 경제주체들이 돈을 덜 쓰도록 유도하는 것입니다. 여기에 총공급 확대가 동반된다면 스태그플레이션 유형의 경제위기를 탈출하는 해법이 될 수 있습니다. 하지만 경제 내에서 공급을 담당하는 기업들이 수요 감소가 불 보듯 뻔한 상황에서, 국가 경제안정에 헌신한다는 선의를 갖고 앞다투어 생산을 늘리기란 쉽지 않은 선택입니다. 공급이 쉽게 늘지 않는 상황에서 수요까지 줄어드는 과정이 진행된다면 경기가 좋을 수가 없습니다.

따라서 이런 과정에서 나타나는 경기침체는 가계·기업·정부가 어쩔 수 없이 감내해야 하는 고통이 수반될 수밖에 없습니다. 가계는 실질 소득 감소, 기업은 매출과 성장 둔화, 정부는 세입 감소와 정치적 지지율 하락 등을 겪게 됩니다. 아울러 대부분의 자산가치 하락도 동반되기 때문에 전 국민이 고통을 받는다고 해도 과언이 아닙니다.

그럼에도 불구하고 스태그플레이션 상황에서 중앙은행은 금리를 인상할 수밖에 없습니다. 기준금리인상이 공급측면을 직접 컨트롤하는 효과가 매우 제한적임에도 불구하고, 총수요 관리를 통해 경제 내에서 총수요와 총공급이 균형점을 최대한 빨리 찾아가도록 유도하는 것입니다.

즉 스태그플레이션 상황에서 통화정책은 최선책이 아니라는 것을 알고 있지만, 최선책이 사실상 없기 때문에 시행할 수밖에 없는 차선책인 것입니다. 만약 중앙은행이 이를 묵과하고 총공급이 자연적으로 늘어나는 그 시기까지 기다린다면, 그동안 경제주체가 예상하는 기대인플레이션이 높아져버립니다.

기대인플레이션이라는 것은 쉽게 이야기해서 경제주체들이 생각하는 물가상승률의 전망치라고 볼 수 있는데, 이것이 높아져버리면 기업의 조달비용, 노동자들의 임금상승률 산정 기준 등이 일제히 높아지면서 경제성장에 더욱 큰 악영향을 미치기 때문입니다. 특히 기대인플레이션의 상승은 실질금리를 낮춤으로서 다시 인플레이션을 자극하는 악순환의 고리로 이어질 가능성이 높습니다.

예를 들어 명목금리가 5%인 상황에서 기대인플레이션이 8% 정도로 너무 높아져버리면, 2장에서 설명한 피셔방정식에 의해 실질금리는 −3%(=명목금리(5%)-기대인플레이션(8%))로 낮아지게 됩니다. 이런 경우에 각 경제주체는 저축에 대한 유인이 없어지기 때문에, 시중 유동성이 증가하면서 다시 인플레이션으로 이어지는 악순환이 반복될 가능성이 높아지는 것입니다. 이런 점 때문에 중앙은행은 '인플레이션 파이터'로 불리며, 그 과정에서 나타날 수 있는 경기둔화는 어쩔 수 없이 감내해야 한다는 입장을 고수할 수밖에 없는 것입니다.

미국 연준이 주도하는
글로벌 중앙은행의 긴축 레이스 ⟶

2022년 포스트 코로나19 위기는 경기침체와 인플레이션이 동시에 나타나고 있다는 점에서 특이하지만, 경기측면에서만 본다면 경기침체에도 불구하고 노동시장이 매우 강력하다는 특이한 현상도 나타났습니다. 미국이 대표적이라고 할 수 있는데, 2022년 9월 미국의 실업률은 50년 내 최저 수준에 해당하는 3.5%까지 낮아졌음에도 불구하고 구인율은 6%대의 높은 수준을 기록했습니다. 이것은 미국에서 사실상 취업을 희망하는 거의 모든 사람이 취업 상태에 있다는 것을 의미하는데, 그럼에도 불구하고 다른 쪽에서는 아직도 사람을 구하지 못하는 현상이 공존하고 있음을 의미합니다. 자본주의 사회에서 비어 있는 일자리를 채우기 위한 가장 확실한 방법은 임금을 높여주는 것입니다. 그래서 구인율이 높다는 것은 임금상승률이 높아지는 현상으로 이어질 가능성이 있습니다. 높은 임금상승률은 물가 결정요인에서 설명한 바와 같이 인플레이션을 자극하는 요인으로 작용할 수 있습니다. 아무래도 이런 환경에서는 중앙은행이 기준금리를 올리는 긴축 정책의 효과가 제대로 나타나기 힘듭니다. 그래서 2022

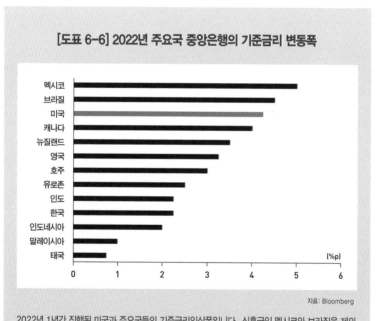

[도표 6-6] 2022년 주요국 중앙은행의 기준금리 변동폭

자료: Bloomberg

2022년 1년간 진행된 미국과 주요국들의 기준금리인상폭입니다. 신흥국인 멕시코와 브라질을 제외하고는 미국의 금리인상 속도가 압도적이었습니다.

년 미국 연준에서는 공격적인 금리인상을 시행해야만 했습니다.

전 세계 각국의 통화정책에 큰 영향을 미치는 미국 연준이 공격적인 금리인상을 지속하면서 다른 국가들의 중앙은행들도 발등에 불이 떨어졌습니다. 미국의 기준금리가 자국 기준금리에 비해 높아지는 현상은 자국 금융시장에서 외국인의 자금 이탈로 이어질 수 있기 때문입니다. 아울러 외국인 자금 이탈은 결국 해당 국가의 (달러 대비) 환율을 상승시켜서 수입물가상승과 인플레이션 상승으로 연결될 소지가 있습니다. 미국의 중앙은행이 자국의 인플레이션을 안정시키기 위해 시작한 금리인상이 다른 국가들의 인플레이션 상승으로 이어지는 결과가 초래되는 셈입니다.

중앙은행이 환율의 특정 수준을 놓고 관리하지는 않습니다만, 환율변동에서 파생되는 문제가 중요한 정책 결정요인 중 한 가지임은 앞서 3장에서 설명했습니다. 이 때문에 다른 국가들의 중앙은행은 미국 연준의 독보적인 금리인상을 두 손 놓고 편안하게 바라볼 수가 없는 것입니다. 선진국 중앙은행들은 내외금리차 확대로 인한 자본유출 우려 때문에, 그리고 신흥국 중앙은행들은 내외금리차가 가져오는 인플레이션 우려 때문에, 2022년부터 미국 연준의 주도로 각국 중앙은행들의 기준금리인상 레이스가 펼쳐졌습니다. 다행스럽게도 한국은행은 미국보다 앞선 2021년부터 기준금리를 조금씩 인상하기 시작했지만 한국은행이 미국 연준의 금리인상 보폭을 따라가기에는 한국의 경기 펀더멘털이 역부족인 상황이었습니다. 그리고 이는 전 세계 주요국들이 대부분 안고 있는 고민이었습니다.

제 역할을 하지 못한 대항마의 추락으로
탄생한 슈퍼달러 ────────────────→

　2022년 포스트 코로나19 위기 자체가 공급측면에서 발생한 경기 충격이었는데, 2022년 3월부터 시작된 러시아-우크라이나 전쟁은 1970년대 오일쇼크와 비슷한 효과를 내면서 불난 곳에 기름을 붓는 것이나 마찬가지였습니다. 세계 최대 산유국 중에 한 곳인 러시아에서 생산하는 원유 수출이 줄어들었고, 전쟁으로 유럽 최대 곡창지대인 우크라이나 일대가 황폐화되면서 곡물과 원유 가격이 천정부지로 치솟은 것입니다. 국제사회는 러시아의 우크라이나 침공을 비난하면서 러시아에 대한 금융과 경제 고립을 주도했지만, 결과적으로 정작 피해를 입은 건 다른 국가들의 금융시장이었습니다.

　높아진 원유 가격과 곡물 가격은 생산자물가지수(PPI)의 급등을 초래했고, 이것은 2022년까지도 해결되지 못한 생산의 병목현상과 맞물리면서, 글로벌 경제가 전방위적 인플레이션과 맞닥뜨리는 현상으로 이어졌습니다. 특히 러시아-우크라이나 전쟁이 장기화되면서 러시아는 경제 보복조치의 일환으로 천연가스와 같은 에너지 수출 제한을 무기로 사용했는데, 산유국인 미국에 비해 러시아산 에너지에 대한 의존도가 훨씬 높은 유럽 지역은 그 충격을 그대로 받을 수밖에 없었습니다. 공급충격을 더 강하게 받은 만큼 유럽 지역의 인플레이션은 미국보다도 더 높은 수준으로까지 치솟았고, 동시에 경기 침체는 더 심해졌습니다.

앞서 설명한 바와 같이, 이런 공급충격에서 발생한 스태그플레이션 유형의 경기충격에서 중앙은행은 잔인하게 행동할 수밖에 없습니다. 그래서 유럽 중앙은행(ECB)도 미국 연준과 마찬가지로 공격적인 기준금리인상을 실시하면서 경기침체를 감내하기로 결정할 수밖에 없었습니다. 결국 2016년 3월 이후 제로금리를, 심지어 마이너스 금리를 유지하던 유럽 중앙은행도 2022년 7월을 시작으로 6년 4개월 만에 금리인상을 시작하게 되었습니다. 미국이 주도하던 긴축의 레이스에 유럽이라고 하는 가장 큰 대항마가 함께 참여한 것입니다.

글로벌 금융시장에서 기축통화는 모두 아시다시피 미국 달러입니다. 그리고 미국 달러 다음으로 중요한 통화는 유로화입니다. 전 세계 외환시장의 전체 거래량에서 달러와 유로화의 거래비중은 절반을 넘는 수준이기 때문입니다. 그래서 유로화의 가치가 올라가고 내려감에 따라서 반사적으로 달러의 가치가 내려가고 올라가는 현상이 매우 강하게 나타나기 때문에 유로화를 달러의 대항마로 비유하기도 합니다.

달러의 대항마가 유로화만 있는 것은 아닙니다. 달러의 가치는 일반적으로 달러와 거래비중이 높은 주요 6개 통화의 가치로 구성된 '달러지수'라는 것으로 측정을 합니다. 이 달러지수의 구성에서 가장 높은 비중을 차지하는 통화가 유로화이기 때문에 가장 중요한 대항마로 보는 것입니다. 달러지수를 구성하고 있는 모든 통화들이 그 비중에 따라 크고 작은 대항마 역할을 한다고 이해하면 됩니다.

달러가 강한 국면이라는 것은 미국이 기준금리를 인상하거나 미국

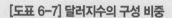

[도표 6-7] 달러지수의 구성 비중

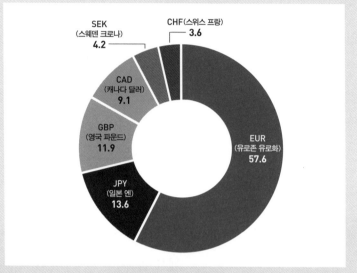

SEK
(스웨덴 크로나)
4.2

CHF(스위스 프랑)
3.6

CAD
(캐나다 달러)
9.1

GBP
(영국 파운드)
11.9

EUR
(유로존 유로화)
57.6

JPY
(일본 엔)
13.6

자료: Bloomberg

달러지수를 구성하는 통화들의 구성비율을 보여주는 그림입니다. 유로화가 절반 이상으로 가장 큰 비중을 차지하며, 유로화와 엔화를 합산할 경우 달러지수의 약 70%에 해당함을 알 수 있습니다.

경제가 매우 활황을 보이는 국면이라는 말과 일맥상통하는 표현입니다. 미국 내 금리가 높아진다는 현상이나 미국경제가 활황을 보이는 국면에서는 실물경제와 금융시장에서 달러에 대한 수요가 늘어나기 때문입니다. 유로화가 강한 국면이라는 표현도 같은 상황으로 이해하면 됩니다.

유럽 중앙은행이 기준금리를 인상하거나 유럽경제가 매우 활황을 보이면서 유로화에 대한 수요가 늘어난다는 의미입니다. 그런데 앞서 3장에서 설명한 바와 같이 기준금리인상이라는 것은 정황상 경기 과열을 방지하는 과정에서 진행될 가능성이 높기 때문에 2가지 상황은 동시에 나타나는 경우가 많습니다. 2022년 포스트 코로나19 위기와 같은 경우를 제외하고 말입니다.

인위적인 총수요 위축을 유도하기 위해 2022년 3월부터 시작된 미국 연준의 기준금리인상으로 달러는 점점 강세를 보이기 시작했습니다. 연준이 기준금리를 인상한다고 해서 달러가 무조건 강세를 보이는 것은 아닙니다. 달러의 대항마인 유로화가 함께 강세를 보여준다면 달러의 가치는 안정적으로 유지될 수가 있는데, 러시아-우크라이나 전쟁이 장기화되면서 에너지에 취약한 유로존의 경기침체 우려가 더 심해졌고, 인플레이션 통제를 위한 유럽 중앙은행의 공격적인 금리인상에도 불구하고 유로화 가치가 하락하는 현상이 나타났습니다. 그래서 유로화의 약세는 반사적으로 달러의 강세로 이어지면서 2022년 슈퍼달러 혹은 킹달러라는 단어를 만들어내는 데 큰 일조를 했다고 볼 수 있겠습니다.

미국의 강력한 노동시장과 높은 인플레이션에서 시작된 공격적 금리인상으로 달러가 자체적으로 강해질 수밖에 없는 상황에서, 달러의 대항마로 불리는 유로화까지 약해지자 달러의 독주를 막을 방법이 사실상 없어진 결과입니다.

역사적으로 글로벌 금융시장에서 달러가 강했을 때 금융시장에서 분위기가 좋았던 적이 없었습니다. 2022년 글로벌 금융시장에서도 경기침체와 인플레이션이라는 부조화가 지배적인 가운데서 주식, 채

[도표 6-8] 2022년 주요 자산군별 대표 자산의 가치 변동률

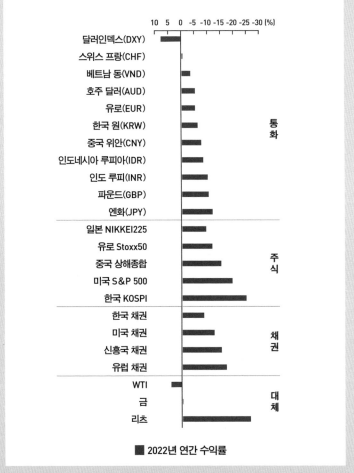

자료: Bloomberg

주식, 채권, 통화, 대체 자산군들에서 대표적 자산들의 2022년 1년간 투자수익률을 보여주는 그림입니다. 2022년은 주식과 채권 가격이 동반 하락한 가운데, 유가가 4.3% 수익률을 거두었고, 유일하게 달러만이 약 8%의 우수한 수익률을 거두었음을 알 수 있습니다.

권, 부동산 등 대부분의 자산가치가 모두 동시에 하락했지만 유일하게 달러만 웃을 수 있는 환경이었습니다.

불안정한 통합체의 탄생에서 시작된
유로화의 예견된 추락 ──────────────→

2022년 유로존이 미국에 비해 상대적으로 금리인상에 더 취약했던 원인은 에너지 자립도가 낮다는 점 이외에도 중요한 다른 이유가 한 가지 더 있습니다. 유로존 회원 국가들은 서로 다른 경제구조와 펀더멘털을 가지고 있음에도 불구하고 유로화라고 하는 단일 통화를 사용하고 있다는 점 때문입니다.

유로존이 정식으로 출범해서 유로화가 11개국이 우선 참여하는 공용 통화로 채택된 시점은 1999년 1월입니다. 하지만 시간을 거슬러 올라가보면 오늘날 우리가 알고 있는 유럽연합(EU)의 전신인 유럽공동체(EC)의 기원은 1957년 로마조약으로 설립된 유럽경제공동체(EEC)로부터 시작된다고 볼 수 있습니다. 이후 1960년대 후반부터 EC회원국들은 공동 통화에 대한 필요성에 대해 공감하기 시작했고, 1970년 10월에 발표된 베르너(Werner) 보고서에는 단일 통화와 유럽 통합은행의 필요성을 주장하는 내용이 실리기도 했습니다. 하지만 이 당시 브레튼우즈 체제 붕괴와 유럽 국가 간의 정치적 의지 부족 등으로 실현되지는 못했습니다.

이후 시간이 흘러 1990년 유럽위원회(EC)에서는 '하나의 시장, 하나의 통화(One Market, One Money)'라는 보고서를 발간했습니다. 이 보고서는 유럽 지역의 국가들이 경제를 통합하고 단일 통화를 사용하는 경우에 발생할 수 있는 여러 가지 이점을 주장하는 것이 주 내용입니다. EC가 이런 주장을 펼칠 수 있었던 데에는 먼델(Robert Mundell)이라는 경제학자의 논문('A Theory of Optimum Currency Areas', The American Economic Review, Vol. 51, No. 4 〔Sep., 1961〕)에서 제시된 '최적통화지역(OCA ; Optimum Currency Area)'이라는 개념이 이론적 배경으로 작용했습니다. 잠깐 이 내용을 살펴보도록 하겠습니다.

먼델이 제시한 '최적통화지역'의 개념은 여러 경제권이 단일한 통화를 사용할 경우, 상품과 서비스에 대한 교역이 자유로워지기 때문에 무역의 긍정적 효과가 더 커진다는 것을 주 내용으로 하고 있습니다. 다만 서로 다른 국가가 단일 통화를 사용하면서 이점을 얻을 수 있는 전제 조건 몇 가지를 함께 제시했는데, 여기서는 핵심 내용을 최대한 쉽게 설명하기 위해 대표적인 것만 설명하자면, 경제구조가 비슷해서 생산하는 물품과 서비스의 성격이 유사해야 하고 국가 간 생산품의 이동뿐만 아니라 노동자들이 국경을 이동함에 있어서도 제약이 없어야 한다는 것입니다.

국제사회에서 소규모 개방경제국가인 A와 B라는 나라가 있다고 가정을 해봅시다. 여기에 A라는 국가는 경상수지가 적자를, 그리고 B라는 국가는 경상수지가 흑자를 보이고 있는 상황이라고 가정을 추가해보지요. 이런 경우 앞서 2장의 경상수지에 대해 설명한 논리를 적용해보면 A국가에서는 고물가와 고금리가, 그리고 B국가에서는 저물가와 저금리가 나타날 가능성이 높습니다. 이 상황에서 A국의 중앙은행은 기준금리를 인상하고 B국의 중앙은행은 기준금리를 인하할 가능성이 높습니다. 그렇게 되면 A국에서 높아진 금리는 총수요 위축과 함께 실업률이 높아질 것이며, B국에서는 낮아진 금리로 총공급이 증가하면서 구인율이 높아질 것입니다.

양국 고용시장에서 나타나는 이런 현상은 결국 A국에서는 임금이 낮아지고 물가를 낮추는 요인으로 작용할 것이며, B국에서는 임금이 높아지면서 물가를 높이는 요인으로 작용할 것입니다. A국에서는 실업률 상승이라는 현상이, 그리고 B국에서는 인플레이션이라는 현상이 각국의 거시경제적 비용(Macro Cost)으로 발생하는 것입니다. 경제학자들은 이런 거시경제적 비용을 '고통스러운 조정과정(painful adjustment)'이라고 표현하는데, 이런 비용만 견뎌내면 결국에는 A국의 고물가 고금리 현상과 B국의 저물가 저금리 현상이 해결되는 방향으로 전개될 수 있기 때문입니다.

이때 양국은 서로 다른 통화를 사용하고 있기 때문에 경상수지 적자국인 A국은 통화가치 절하를 통해 수출 금액이 늘어나고 이는 경상수지 적자 축소로 이어지면서 고물가와 고금리 문제가 해결되는 방향으로 움직일 수가 있습니다. 그리고 경상수지 흑자국인 B국가의 통화는 절상되기 때문에 수입 금액이 늘어나면서 경상수지 흑자가 축소되고 저물가와 저금리 현상이 해결되는 방향으로 움직일 수 있습니다. A국과 B국의 경제적 불균형이 통화정책과 환율변동이라는 메커니즘을 통해 해결되는 방향으로 움직이는 것이지요.

하지만 A와 B라는 국가가 동일한 통화를 사용하고 있다면, 환율변동이라는 메커니즘이 작동할 수 없기 때문에 통화정책의 효과 말고는 환율 효과를 기대할 수가 없습니다. 따라서 여기까지만 보면 A와 B라는 국가가 단일 통화를 사용하는 경우가 각자 통화를 사용하는 경우에 비해 경제적 후생 손실이 더 크다고 볼 수 있습니다. 그러나 먼델이 제시한 최적통화지역의 전제 조건과 개념이 적용되는 경우에는 이야기가 달라질 수 있습니다. A와 B국가는 동일한 통화를 사용함과 동시에 경제와 산업 구조가 유사하며 소비하고 생산하는 물품이 비슷하므로 A국가의 경상수지 적자는 B국가의 경상수지 흑자로 치환될 수 있기 때문입니다.

이 과정에서는 환율의 변동이 물가와 금리에 영향을 미치는 것이 아니라 A국(경상수지 적자=총순저축〈0)에서 모자란 총공급량만큼 B국(경상수지 흑자=총순저축〉0)의 총공급량이 늘어나게 됩니다. 따라서 B국에서 증가하는 총공급량만큼 노동의 수요가 발생(구인율이 상승)하게 되는데, 이는 A와 B국 간에 노동자의 이동도 자유롭기 때문에 A국에서 발생한 실업자들이 B국으로 이동함으로써 해결될 수 있습니다. 즉 A국에서는 실업이라는 고통이, B국에서는 인플레이션이라는 비용이 발생하지 않는 것입니다. 양국이 서로 다른 통화를 사용하는 경우에는 경제적 불균형이 균형으로 변화되는 과정에서 고통스러운 조정과정이 발생하는 반면에, (최적통화지역의 전제 조건이 부합하는 경우에) 단일 통화를 사용하게 되면 고통스럽지 않을 수 있다는 것입니다.

그럼 다시 현실로 돌아와서 유로존과 단일 통화인 유로화가 20년이 조금 넘는 시간 동안 걸어온 결과를 한번 살펴보도록 하겠습니다. 오늘날 영국은 일찌감치 유럽연합에서 탈퇴할 것을 투표로 결정(2016년 6월)해서 현재 유럽연합에서 탈퇴한 상황이고, 오늘날 유로화의 가치는 달러의 대항마로서 활약하던 자존심에 큰 상처를 입었습니다. 아직도 유럽연합 회원국들 가운데서는 선거철만 되면 유로존에서 탈퇴하자는 주장을 하는 정치인들이 등장하며 민심을 동요시키고 있습니다.

이런 면에서 보면 유로존과 유로화가 성공적으로 자리 잡았다고 보기 힘든 상황입니다. 이것은 오늘날 유로존의 회원국들은 서로 비슷한 경제와 산업 구조를 가지고 있지도 않고, 지리적으로 가까운 국가들이긴 하지만 노동자들이 국가 간 장벽 없이 이동하기에는 여전히 힘든 환경이기 때문입니다.

이것들은 유로존이 출범하기 이전부터 지적되어왔던 것이고, 단일 통화를 사용하기 위한 이론적 배경의 전제 조건부터 충족되지 못하는 것인데, 이렇게 불안정한 조건에서부터 출발한 유로존과 유로화가 기대에 미치지 못하는 것은 당연한 수순일 수 있습니다. 그렇다고 1990년대 경제학자들이 무지했기 때문에 유로존과 유로화가 출범한 것은 아닙니다. 일단 유럽 지역의 통합이 진행되면 최적통화정책 지역의 전제 조건들은 회원국 간의 정치적 노력을 통해 어느 정도 충족해 나갈 수 있다고 보았기 때문입니다. 하지만 유로화 탄생 이후 20년이 넘는 시간 동안 회원국들의 정치적 노력이 없었는지 아니면 부족했는지 알 수는 없으나, 결과적으로는 오늘날까지도 유로존은 최적통화지역의 조건에 부합하지 못하고 있는 것이 현실입니다.

가지 많은 나무에
바람 잘 날 없는 유로존 ——————————————→

유로존 출범 당시 통화정책은 유럽 중앙은행(ECB)이 기준금리를 결정하는 시스템을 갖추었으나, 각 회원국들은 재정통합이 이루어지지 않았기 때문에 각각의 채권시장에서 각자의 채권과 금리가 존재했습니다. 이 채권금리의 차이는 각 국가의 경제 펀더멘털과 신용도가 반영된 신용 스프레드로 볼 수 있습니다.

그런데 유로화가 공용 통화로 통용되면서 나타난 대표적인 현상은 서로 다른 경제 펀더멘털을 보유한 국가들의 국채금리가 독일 수준으로 수렴해가는 현상이 2000년대 중반에 나타났다는 점입니다. 외환시장에서 유로화가 통용되면서부터 국제사회는 유로존 회원국들을 (재정통합이 되어 있지 않음에도 불구하고) 하나의 단일화된 국가로 인식하기 시작했기 때문입니다. 이때 기준이 되는 국가는 유로존 경제를 이끌어가는 대표 주자인 제조업 강국 독일이었습니다.

앞서 4장에서 달러/유로 환율은 미국과 유럽과의 금리차이가 결정적인 영향을 미친다고 말했는데, 여기서 유럽 금리라는 것은 유럽 채권시장에서 벤치마크 역할을 하는 독일의 국채금리로 해석되는 것이 일반적입니다. 따라서 독일의 경우에는 자국의 물가 수준과 금리 그리고 유로화의 환율 변화가 일반적인 메커니즘에 의해 작동한다고 볼 수 있습니다. 그런데 문제는 독일을 제외한 국가들 중 특히 2011년 유럽의 재정위기를 초래했던 PIGS 국가들은 독일과는 다른 경제와 산업 구조임에도 불구하고 유로화라고 하는, 어떻게 보면 독일의 경제 펀더멘털이 상당 부분 반영된 통화를 사용하기 때문에 유럽 중앙은행의 통화정책과 유로화의 환율변동 효과가 제대로 작동 할 수 없다는 구조적 한계를 가질 수밖에 없었다는 점입니다.

PIGS라는 단어는 국제 금융시장에서 포르투갈(Portugal), 이탈리아(Italy), 그리스(Greece), 스페인(Spain)의 4개 국가를 일컫는 표현입니다. 이들 국가는 사계절 기후가 온난한 남유럽에 위치하고 있으며 역사적 유물을 많이 보유하고 있어 오늘날 관광산업이 발달했다는 공통점을 가지고 있습니다. 자동차와 기계산업 등 전통 제조업을 중심으로 발달해온 독일과는 대조되면서, PIGS 국가들은 상대적으로 제조업 경쟁력이 떨어지기 때문에 단기간에 수출 증가를 도모하기가 힘든 산업 구조인 셈입니다.

이런 상황에서 PIGS 국가들은 자국의 펀더멘털보다 체력적으로 우위에 있는 독일의 펀더멘털이 반영된 강한 유로화를 사용함으로써 수입이 증가하고 경상수지 적자가 점점 확대되었습니다. 또한 이들 국가의 채권금리가 독일 수준으로 수렴하면서 조달금리도 낮은 비용으로 차입이 가능해졌기 때문에 부채도 상당히 빠른 속도로 늘어갔습니다. 반면 PIGS 국가의 경상수지 적자는 유로화 약세 압력으로 반

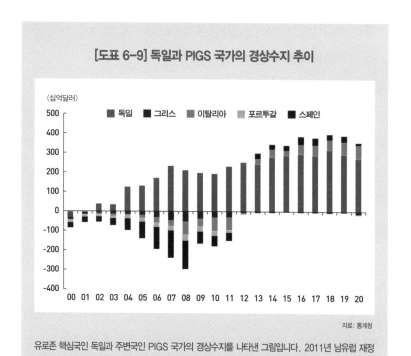

[도표 6-9] 독일과 PIGS 국가의 경상수지 추이

(십억달러)

■ 독일 ■ 그리스 ■ 이탈리아 ■ 포르투갈 ■ 스페인

자료: 통계청

유로존 핵심국인 독일과 주변국인 PIGS 국가의 경상수지를 나타낸 그림입니다. 2011년 남유럽 재정
위기가 불거지기 이전까지 독일과 PIGS 국가 간의 경상수지 불균형이 심했음을 확인할 수 있습니다.

영되었기 때문에 독일의 입장에서는 자국의 펀더멘털보다 약한 유로
화를 사용하는 효과가 있었습니다. 이는 독일의 수출 증가로 이어지
면서 독일의 경상수지 흑자가 점점 확대되는 결과로 이어졌습니다.

결국 유로존 내에서 핵심 국가인 독일과 주변국인 PIGS 국가 간에
대외수지 불균형이 발생한 것입니다. 단일 통화를 사용하는 국가 간
에 불균형이 발생하면 최적통화지역 이론에 따라 '고통스럽지 않은'
조정과정이 나타날 수 있지만, 유로존은 최적통화지역의 전제 조건
에 부합하지 않는 상황이라는 점은 앞서 설명했습니다. 결국 유로존

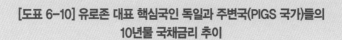

[도표 6-10] 유로존 대표 핵심국인 독일과 주변국(PIGS 국가)들의
10년물 국채금리 추이

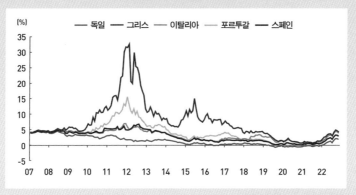

자료: Bloomberg

이 차트는 유로존 대표 핵심국인 독일과 주변국(PIGS 국가) 10년물 국채금리 추이입니다. 2000년 중반 이들 국가의 국채금리는 독일 수준으로 수렴해 있었으나 2008년 서브프라임 금융위기와 2011년 남유럽 재정위기를 거치며 금리의 수준이 차별화되었고, 오늘날에는 국가별 경제 펀더멘털의 수준에 맞게 금리 수준이 차등화되었습니다.

은 각자의 통화를 사용하는 경우보다 더 고통스러운 조정을 맞이할 수밖에 없었고, PIGS 국가들이 늘어난 경상수지 적자를 메우기 위해 과도하게 차입했던 부채가 경제위기로 연결된 것이 바로 2011년에 발생한 남유럽(PIGS 국가) 재정위기인 것입니다.

위기 이후 얻는 교훈은 늘 값진 법입니다. 2008년 서브프라임 경제위기 이후 미국의 경제구조에 변화가 생겼듯이, 2011년 남유럽 경제위기 이후에 유로존과 글로벌 채권시장은 유로존의 통합이 아직 완전한 통합체로 나아가지 못한, 다시 말하면 최적통화지역의 개념이 적용되지 못하는 여건이라는 것을 다시 한번 깨닫곤 유로존의 핵심국과 주변국 간에 차별화를 두기 시작했습니다.

그 결과 오늘날 유로존의 핵심국인 독일과 주변국인 PIGS 국가 간의 국채금리 스프레드가 다시 확대되며 유로존 내 신용 스프레드 구조(Credit Spread Structure)가 형성되었습니다. 그리고 오늘날 글로벌 채권시장에서 독일 국채금리 대비 PIGS 국가의 국채금리 스프레드는 유로존의 신용위기를 포착하는 지표로 통용되고 있습니다.

러시아가 일깨워준
평범하고 중요한 교훈 ⎯⎯⎯⎯⎯⎯⎯⎯⎯→

2022년 글로벌 경제에 경기둔화와 인플레이션이라는 조합을 탄생시킨 공신은 러시아와 우크라이나 전쟁도 크게 한몫했습니다. 러시아-우크라이나 전쟁으로 촉발된 에너지 충격은 위기를 넘어서 안보를 위협하는 수준이라고까지 보는 시각도 있을 정도였으니까요. 서구 경제권이 러시아를 경제적으로 고립시키려는 정책이 지속되자 러시아는 나름대로 에너지를 이용한 보복 정책을 종종 펼쳤는데, 러시아가 유럽으로 수출하는 가스관에 문제가 생겼다며 보수공사를 한다는 빌미로 가스관 가동을 수시로 멈추는 일이 2022년 하반기부터 종종 발생한 것입니다. 그때마다 유럽의 경기침체 우려가 높아지면서 유로화의 가치를 깎아내리는 데 큰 일조를 했습니다.

유럽의 경제 대국인 독일을 비롯한 주요 국가들이 러시아에 대한 비난을 퍼부을 때마다, 서구 선진국들의 글로벌 투자자들은 러시아가 유럽으로 향하는 가스관을 영영 잠가버릴 것 같은 공포감을 떨치기가 힘들었던 모양입니다. 산유국으로서 에너지 자립도가 높은 미국은 러시아의 에너지 위협으로부터 체면을 지킬 수 있었습니다. 하지만 러시아산 에너지에 대한 의존도가 높은 유로존 국가들은 유로화의 체면이 깎여버리는 것이 어쩔 수 없는 일이었고, 그것은 반사적으로 달러를 더 강하게 만드는 결과로 이어졌습니다.

그래서 2022년 외환시장에서 거의 모든 국가의 달러 대비 환율은 큰 폭으로 상승했습니다. 달러와 유로화의 줄다리기에서 유로화가 맥없이 끌려가는 가운데, 강달러의 기조적인 분위기가 여타 통화들의 환율을 일괄적으로 모두 올려버린 결과입니다.

한국의 원/달러 환율도 과거 IMF 사태나, 서브프라임 금융위기와 같이 극단적 상황에서만 볼 수 있었던 1,450원에 육박하는 수준까지 올라가기도 했습니다. 이때 에너지 수입 증가로 한국의 수입이 크게 늘면서 한국의 무역수지가 2008년 금융위기 이후 적자로 반전된 영향도 있었지만, 어쨌든 선진국 수준의 건전한 펀더멘털을 가지고 있는 한국의 환율이 맥을 못 추고 상승한다는 것은 큰 충격이었습니다.

하지만 이러한 대외 풍파가 몰아치는 상황에서도 의외로(?) 금융시장이 안정적으로 유지되었던 국가들이 있었는데, 대표적인 국가가 중남미의 브라질과 동남아시아의 인도네시아였습니다. 2022년 브라질 헤알/달러 환율은 7.8% 상승하는 데 그쳤고, 인도네시아의 루

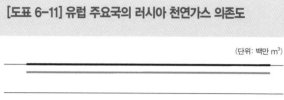

[도표 6-11] 유럽 주요국의 러시아 천연가스 의존도

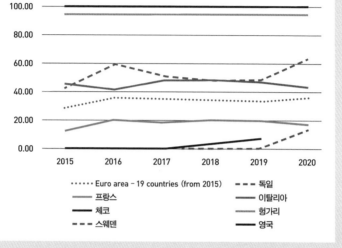

(단위: 백만 m³)

범례:
•••••• Euro area - 19 countries (from 2015)   ╌╌ 독일
——— 프랑스   ——— 이탈리아
━━━ 체코   ——— 헝가리
╌╌ 스웨덴   ━━━ 영국

자료: Eurostat, 국회입법조사처

이 그림은 유럽 주요 국가들이 수입하는 천연가스 중 러시아산의 비중을 보여주는 차트입니다. 유럽 주요 국가들과 유로존은 전반적으로 러시아산 천연가스에 대한 의존도가 상당히 높은 수준입니다.

피아/달러 환율도 8.4% 상승하는 데 그쳤습니다. 그리고 이들 국가의 주식시장도 상대적으로 괜찮은 성적표를 보였는데, 2022년 브라질 보베스파 주가지수는 4.7% 상승했고 인도네시아 자카르타지수는 4.1% 상승했습니다. 같은 해 한국의 코스피 주가가 24.9% 하락했던 것과 비교되는 현상입니다.

이들 국가들은 경제 기초 여건만 놓고 보면, 일반적으로 한국보다 취약한 국가로 분류되는 게 사실입니다. 그런데 2022년에 이 두 국가의 금융시장이 한국보다 안정적일 수 있었던 원인은 원자재를 수출하는 국가라는 점이 러시아가 촉발한 원자재와 에너지 위기 상황에서 빛을 발휘했기 때문입니다.

2022년 한국과 같은 원자재 수입국들은 무역수지가 적자로 반전되었지만, 반대로 원자재 수출국들은 무역수지가 흑자를 기록하면서 달러를 안정적으로 벌어온 결과입니다. 글로벌 경제가 평화롭고 경제적 활동이 일반적으로 잘 작동될 때는 큰 문제가 없지만, 전쟁과 같은 극단적인 상황에서 에너지와 식량 등 자국의 생존을 위한 기초 품목의 자급률이 얼마나 중요한지를 일깨워준 사례로 볼 수 있습니다.

물론 한국은 아무리 깊게 땅을 파도 원유 한 방울 나지 않는 땅덩어리에 있기 때문에 억울한 측면도 없지는 않습니다. 하지만 2022년 러시아-우크라이나 전쟁이 일깨워준 것들, 그중에서도 해외 유전 및 광산 개발과 매입 정책 등 부족한 천연자원을 확보하기 위한 노력이 왜 꾸준하게 지속되어야 하는지 알려준 교훈까지 간과해서는 안 될 것입니다.

7장

한국경제가 변해가는
큰 그림을 인식하자

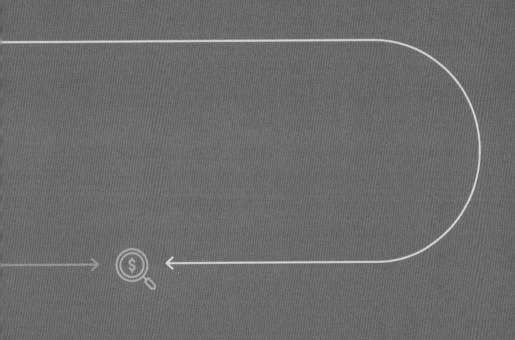

장기적으로 국가경제가 성장하는 과정에서 1인당 소득은 늘어나지만 성장의 속도는 둔화되는 것이 일반적인 현상입니다. 그래서 저소득국가는 1인당 소득이 점점 늘어나다가도 고소득 그룹에는 진입하지 못하고 중간소득 그룹에 장기간 머무르는 이른바 '중진국 함정'에 빠지는 경우가 많습니다. 한국은 중진국 함정을 단기간 내에 뛰어넘은 몇 안 되는 국가 중에 하나입니다. 하지만 압축적인 성장을 일궈낸 화려한 성적표 안에는 그만큼 부작용도 함께 쌓여온 것 같습니다. 한국경제는 국민 1인당 소득이 오늘날 고소득 그룹에 편입되어 있으나, 경제·산업 구조는 고소득 그룹과 차이를 보이고 있습니다. 한국경제는 다른 선진국들과는 다르게 아직 변화될 여지가 많다는 의미입니다. 경제와 산업 구조가 변화되는 과정에서는 사회적 분위기도 함께 변화됩니다. 앞으로 어떤 변화가 있을지 예상하기 쉽지 않습니다만, 미래를 준비하는 혜안(慧眼)을 키우도록 해야 할 것입니다.

제조업의 발전과 경제성장,
그리고 중진국 함정

경기변동을 다루는 데 있어서 일반적으로는 서비스업과 관련된 지표들보다는 제조업과 관련된 지표들이 더 중요하게 다뤄지는 경향이 있습니다. 학계의 연구결과들에 따르면 제조업과 서비스업이 경기에 반응하는 정도에 있어서 서비스업보다는 제조업이 경기변동에 더 민감하다는 결과를 볼 수 있습니다. 직관적으로 생각해보면 우리가 일상생활에서 소비하는 서비스업이 경기변동에 상대적으로 덜 민감한 품목들이 많기 때문입니다.

대표적인 것들이 회사에 가거나 학교를 가기 위해 지출하는 대중교통비용, 아플 때 병원에 가서 지출하는 의료비용, 만약의 상황을 위해 매달 지출하는 보험료, 거주와 관련된 전월세(이자를 포함하는)비용, 수도·가스·전기 요금 등과 같은 것들입니다. 이 비용들은 경기가 안 좋아서 내 수입이 줄었다고 갑자기 자의적으로 줄이거나, 반대로 경기가 좋다고 갑자기 지출을 늘리는 등의 변화를 주는 게 힘들다는 특징을 가지고 있습니다.

반면 제조업과 관련된 품목들, 그중에서도 한번 구매하면 보통 5년 이상 오랫동안 사용하는 품목들을 내구재(durable goods)라고 하는데, 가정에서 사용하는 백색가전, 자동차와 같은 품목들이 해당됩니다. 내구재와 관련된 지출은 경기에 더 민감하게 반응하는 편입니다. 보통 가계의 주머니가 두둑해지는 상황에서 이런 품목들을 신규로 구매하거나 교체하는 경향이 강해집니다.

그래서 경험적으로 제조업의 발전은 국가의 소득 수준과 비례하는 경향이 있습니다. 소득 수준이 늘어날수록 각종 편의 기능을 갖춘 내구재에 대한 수요가 늘어날 것이고, 기업들은 그에 맞추어 끊임없이 제품을 발전시키기 때문입니다.

선진국들 중에 제조업 강국이 많은 이유도 같은 맥락의 연장선에 있는 부분입니다. 다만 '소득 수준이 제조업의 발전을 견인하느냐, 아니면 제조업의 발전이 소득 증가로 이어지느냐'에 대한 논란은 있을 것 같습니다.

소득 수준과 제조업, 둘의 관계는 닭이 먼저냐, 달걀이 먼저냐와 같은 문제이기 때문에 인과관계를 판별하기는 쉽지 않아 보입니다. 하지만 현상적으로는 국가경제에서 국민들의 소득 수준을 의미하는 1인당 GNI가 올라갈수록 제조업도 함께 발전하는 상관관계가 관찰됩니다.

〔도표 7-1〕은 전 세계 국가들의 1인당 GNI를 기준으로 4단계 그룹

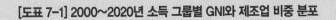

[도표 7-1] 2000~2020년 소득 그룹별 GNI와 제조업 비중 분포

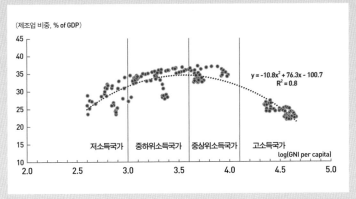

자료: Worldbank

2000~2020년 기간 동안 각 소득 그룹 국가들의 1인당 GNI(로그값)와 제조업이 GDP에서 차지하는 비중을 분포로 표현한 그림입니다. 각 소득 그룹은 동일한 개체가 아니지만 저소득국가가 중상위소득국가로 도약하기까지는 제조업의 양적 성장이 동반되는 패턴이 관찰되고 있습니다.

으로 분류했을 때, 약 20년이라는 시간 동안 1인당 GNI와 제조업의 발전이 어떤 관계를 보이면서 변화되는지 나타낸 자료입니다. 그래서 [도표 7-1]에서 보이는 저소득 그룹의 개체와 중상위소득 그룹의 개체는 서로 다른 개체이지만, 저소득 그룹이 중상위소득국으로 발전해나가는 과정에서 제조업이 전체 경제에서 차지하는 비중이 어떻게 변화될지를 추정해볼 수 있는 그림입니다.

이렇게 동시대에 존재하는 서로 다른 개체의 시간적 변화를 통해 어떤 특징적 변화를 추정해보는 분석 방법을 코호트패널 분석(Cohort Panel Analysis) 방법이라고 부르는데, 실제 데이터로 표현한 직관적인 그림이 쉽게 시사점을 알려줄 것 같아 표현해본 차트입니다. 〔도표 7-1〕을 보면 저소득국가에서 중상위소득국까지 나아가는 단계에서 제조업이 GDP에서 차지하는 비중이 함께 늘어나는 패턴을 관찰할 수 있습니다. 이 자료를 통해 우리가 쉽게 알아차릴 수 있는 것은 1인당 GNI와 제조업의 발전 단계는 어느 정도 선형적인(linear) 관계라는 것입니다.

여기서 주목할 만한 부분은 일반적으로 선진국 그룹이라고 볼 수 있는 고소득국가로 진입하는 단계에서는 오히려 제조업이 경제에서 차지하는 비중이 다시 낮아지는 패턴이 관찰된다는 것입니다. 고소득국가들은 일반적으로 서비스업이 경제에서 차지하는 비중이 가장 높기 때문에 나타나는 당연한 현상인데, 이를 전체적으로 종합해보면 소득 수준이 낮은 개발도상국들은 제조업의 양적 성장과 함께 소득 수준의 발전이 '어느 정도'까지는 가능하다는 결론이 나옵니다.

여기서 '어느 정도'라는 장벽은 중상위소득국에서 선진국이라고 볼 수 있는 고소득국가로 진입하는 단계를 의미합니다. 고소득국가로의 진입은 제조업의 양적 성장만으로는 한계가 있기 때문에 고부가가치를 생산하는 서비스업의 고도화와 성장이 필수적으로 뒷받침되어야 한다는 것입니다.

〔도표 7-1〕에서 저소득국에서 중상위소득국까지 그룹별 분포를 보면 X축의 간극(gap)이 매우 촘촘합니다. 그런데 중상위소득 그룹과 고소득 그룹 간의 X축의 간극은 상대적으로 넓은 것을 보실 수가 있는데, 국가경제가 발전해나가는 과정에서 저소득국가가 중상위소득

국가로까지 성장을 잘 해나가다가 선진국인 고소득국가로 도약하지 못하고 성장 동력이 한계에 부딪히는 현상이라고 보면 되겠습니다.

이러한 현상을 두고 경제학에서는 '중진국 함정(Middle Income Trap)'이라고 표현합니다. 이것은 세계은행이 발간한 보고서(East Asia since the crisis of the 1990s)에서 처음 제시된 개념인데, 저소득국가인 개발도상국들이 중간소득 그룹(Middle Income Group)까지는 잘 성장해오다가 성장 동력이 약해지면서 고소득 그룹(High Income Group)에는 안착하지 못하는 현상을 설명하는 용어입니다.

경제가 발전하는 과정에서 경제 규모가 커지면서 성장 동력이 약해지는 이유는 여러 가지가 있습니다. 경제성장론에서 가장 대표적인 이론은 1987년 노벨경제학상을 수상한 로버트 솔로(Robert Merton Solow)가 주장한 솔로 성장 모형(Solow Growth Model)입니다. 솔로는 이 모델을 통해 지속적인 경제발전의 첫 번째 조건으로 자본축적을 들면서, 그 수단으로 투자(Investment)와 저축(Saving)을 강조하고 있습니다. 보통 경제학에서 생산모형은 자본(K)과 인구 혹은 노동력(L)의 함수로 표현됩니다. 자본축적 증가율이 인구 증가율보다 높은 경제성장의 초기 단계에서는 1인당 자본량이 빠르게 증가되어 총생산량 역시 빠르게 증가합니다. 하지만 자본의 총량이 일정 규모를 넘어서게 되면 자본 투입의 한계생산체감 효과가 진행되기 때문에 총생산량의 증가율(경제성장률)은 점점 느려지는 것입니다. 이것을 이해하기 쉽게 현실적인 예를 들어 설명하자면, 짧은 시간 동안 압축적인 성장을 보여온 중국의 예를 들 수 있습니다.

중국의 도약과
아직 꺼지지 않은 미·중 갈등의 불씨 ——————→

   5장에서 설명한 바와 같이 중국은 2000년대 초반 국제 교역이라는 무대에 본격적으로 등장했고, 전 세계의 공장 역할을 해내면서 고성장세를 보여왔습니다. 제조업의 양적 성장과 함께 경제성장을 일궈온 전형적인 경우인데, 아무래도 제조업은 생산시설(factory line)이라는 물리적 기반이 중요할 수밖에 없기 때문에 인프라 건설을 위한 자본과 토지가 필요하고 생산시설을 가동하기 위한 노동이라는 전통 경제학에서 강조하는 생산요소가 핵심적입니다. 이런 과정에서 자본·토지·노동의 수요 증가는 모두 경제의 성장을 촉진하는 요인입니다. 자본과 토지에 대한 수요 증가는 투자 확대로 이어집니다만, 노동의 수요 증가는 비용 상승으로 연결될 수 있습니다. 그래도 결국에는 노동의 비용(임금) 역시 소비의 원천으로 작용한다는 점을 감안하면, 이들의 증가는 경제의 선순환적 발전 구조를 만드는 데 핵심적 요인입니다.

   투자가 증가하더라도 만약 노동 비용이 그 이상의 속도로 빠르게 늘어간다면 경제성장의 속도는 당연히 둔화될 수밖에 없을 텐데, 2000년대 초반의 중국은 14억 명이라는 인구를 바탕으로 풍부한 노동 공급이 가능했기 때문에 임금이 낮게 유지될 수 있었고, 이것이 물가상승률을 안정적으로 유지하는 요인으로 작용하면서 경제가 고성장 궤도를 달려갈 수 있었습니다.

낮은 생산단가로 가격 경쟁력을 확보한 중국산 제조업 상품이 국제시장에서 잘 팔렸던 것은 당연한 현상입니다. 그에 힘입어 달러도 안정적으로 벌어오면서 경상수지 흑자도 빠르게 늘어갔습니다. 앞서 2장에서 경상수지에 따라 선진국과 신흥국이 보이는 특징적 패턴을 설명하면서 중국은 예외인 경우라고 간략하게 언급 드렸었는데, 중국이 고성장에도 불구하고 상대적 저물가와 저금리를 유지할 수 있었던 데는 경상수지 흑자가 큰 요인이자 다른 신흥국과 차별화되는 부분입니다.

하지만 이렇게 투자와 생산을 중심으로 발전하는 경제성장의 패턴이 지속 가능할 수는 없습니다. 굳이 한계생산이나 한계효용과 같은 미시적 개념을 거시성장 모형에 대입해서 풀어내려는 설명을 하지 않더라도, 사람들의 소득이 늘어감에 따라 선호하는 소비의 기호가 달라지고 기술이 발전되면서 생산품의 단가가 낮아지고 전체적인 품질이 상향평준화되는 것은 자연스러운 수순이기 때문입니다. 결국 2000년대 후반에 들어서는 중국이 주력으로 수출하던 저가·저기술 중심의 제조업 상품의 인기가 점점 시들해지면서, 중국 내부적으로는 투자의 증가가 경제의 성장으로 이어지는 연계고리가 약화되는 현상이 나타났습니다.

경제학적 표현으로는 투자의 증가분 대비 성장의 증가분인 성장유발계수가 하락했다는 것을 의미하는데, 이런 현상이 가시적으로 표출된 시점이 앞서 4장에서 설명한 2010년대부터 중국이 경제구조의 선진화를 외치면서 하이테크 산업과 서비스업 중심의 내수산업 중심구조로 변화를 꾀하게 된 배경이기도 합니다. 그런 면에서 본다면 2017년 미국 트럼프 행정부에서 벌어졌던 미·중 무역분쟁은, 어떻게 보면 중국이 경제 영역을 하이테크 산업으로까지 확장을 해나가는 과정에서 첨단산업 분야의 선두주

[도표 7-2] 소득 그룹 분류 기준

그룹 분류	1인당 GNI($)
저소득	< 1,046
중하위	1,046~4,095
중상위	4,096~12,695
고소득	> 12,695

자료: Worldbank

세계은행에서는 이런 기준으로 각 국가의 소득 그룹을 분류하고 있습니다.

자인 미국과 마찰이 불거졌던, 기술패권을 둘러싼 국가 간의 치열한 전쟁이기도 한 것이죠.

2001년 1인당 GNI가 약 1,040달러(세계은행 명목 달러 기준) 정도였던 중국이 약 20년 동안 빠르게 발전하면서 2021년에는 1인당 GNI가 11,890달러(세계은행 명목 달러 기준)에 해당하는 중상위소득국으로 성장했다는 점은 놀라운 사실입니다. 하지만 소득 그룹별 분류에서는 고소득 그룹인 선진국 대열에 합류하지 못하면서 중진국 함정을 아직까지는 뛰어넘지 못하고 있습니다.

고소득 그룹의 1인당 GNI 기준이 12,695달러라는 점을 감안하면, 중국도 곧 선진국인 고소득 그룹으로 편입될 날이 머지않은 것 같습니다. 하지만 그 과정에서 중국은 하이테크 산업에 대한 발전을 더 꾀할 수밖에 없을 것이며, 그럴수록 미국과의 마찰은 언제든 불거질 수 있을 것입니다.

한국경제의 발전과
외환시장의 변화 ───────────────→

중국의 경제발전이 놀라운 속도를 보인 것은 사실이지만, 경제발전사에서 획을 그을 만큼 획기적인 사건은 아닙니다. 투자와 수출 중심의 경제성장이 낯설지 않게 느껴지시는 분들도 있을 것 같은데, 바로 1960년대 이후 한국이 걸어온 길이기 때문입니다.

1953년 한국전쟁이 휴전에 들어간 이후 황폐화된 생산시설을 재건하고, 빈곤에서 탈출하기 위한 몸부림이 한참이었던 1962년 한국의 GNI는 120달러밖에 되지 않는 전 세계에서도 극빈국이었습니다. 하지만 한국은 그로부터 불과 16년 후인 1978년에 1인당 GNI가 1,280달러까지 늘어나면서 중진국의 대열에 합류할 수 있었습니다. 이에 머무르지 않고 한국은 24년 후인 2002년에는 1인당 GNI가 12,850달러를 달성하며 고소득 그룹에 합류했습니다. 한국은 중진국 함정을 뛰어넘었던 대표적인 국가이자 불과 50년도 채 걸리지 않는 시간 동안 극빈국에서 선진국으로 도약한 전 세계적으로 몇 안 되는 국가입니다.

한국도 경제발전 초기에 가속도를 내는 단계에서 투자와 수출을 중심으로 도약을 해왔는데, 경제발전을 막 시작해야 하는 저소득국가들은 투자의 재원이라고 볼 수 있는 저축 자체가 부족한 경우가 대부분입니다. 1960~1980년의 한국도 마찬가지였습니다. 이 당시 한국의 경상수지는 1980년에 GDP 대비 −10%를 보이고 있었는데, 앞

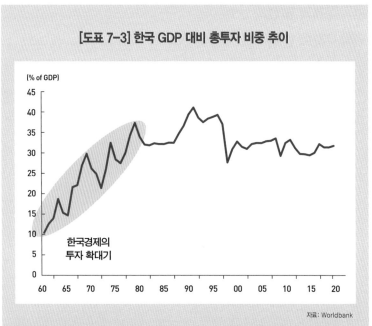

[도표 7-3] 한국 GDP 대비 총투자 비중 추이

(% of GDP)

한국경제의
투자 확대기

자료: Worldbank

한국이 저소득국 그룹과 중하위소득 그룹이었던 1960~1980년 기간 동안 총투자가 GDP에서 차지하는 비중이 빠르게 늘었습니다. 이 당시 국제사회의 무상원조와 해외근로자들이 벌어오는 외화는 투자의 중요한 재원으로 활용되었습니다.

서 2장에서 설명한 바와 같이 경상수지가 적자라는 것은 총투자가 총저축보다 많다는 것을 의미합니다. 한국이 총투자를 늘려가는 과정에서 경상수지 적자가 나타난 것입니다.

특히 이 당시 외국 차관을 통해 국내 생산시설 확충과 같은 고정투자의 재원으로 활용했습니다. 이 시절 한국 정부가 국제사회에서 받아온 무상원조, 독일로 파견 나간 광부와 간호사들이 벌어들인 돈, 베트남전에 참전한 군인들이 벌어들인 돈이 경제발전의 씨앗으로 활용되며 1960~1980년대 한국경제에서 총투자가 차지하는 비중은 10%에서 35%까지 빠르게 증가하며 경제성장을 견인했다고 볼 수 있습니다.

하지만 한국도 투자가 GDP에서 차지하는 비중이 40%에 달하는 시점부터는 더 이상 양적으로 늘어나지 않았습니다. 특히 한국경제가 중상위소득국에 진입한 1988년(1인당 GNI는 4,520달러)부터는 국제사회로부터 무상원조를 받기가 힘들어졌습니다. 그래서 이 시절부터는 그동안 성장해온 한국의 경제력을 담보로 자금을 차입하는 형태가 많이 발생했는데, 한국경제의 대외부채에서 단기차입금이 차지하는 비중이 가장 높았던 시기가 1990년대 초중반 시기였습니다. 1995~1996년 한국의 대외채무 금액 중 단기차입금이 차지하는 비중은 거의 절반에 육박하는 45% 정도였습니다. 1990년대 중반 한국은(앞서 4장에서 설명한) 신흥국 원죄론에서 자유로울 수 없었기 때문에 달러를 단기로 빌릴 수밖에 없었고, 1990년대 후반 미국의 금리인상과 함께 한국경제를 강타했던 것이 IMF 사태입니다. 다행스럽게도 2020년대에 한국의 대외채무에서 단기차입금의 비중은 10%대로 낮아지며 건전성이 개선된 모습을 보이고는 있습니다.

경제가 큰 충격을 받고 나면 구조적인 변화가 나타나게 됩니다. 한국이 1997년 겪었던 IMF 이전과 이후를 비교했을 때 구조적으로 변화된 가장 큰 특징은 한국의 외환시장이 변동환율제도로 변화되었다는 점입니다.

IMF 이전까지만 하더라도 한국의 외환제도는 고정환율제도를 통

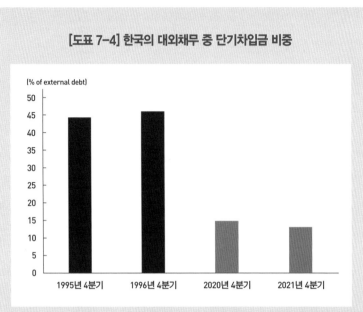

[도표 7-4] 한국의 대외채무 중 단기차입금 비중

(% of external debt)

1995년 4분기 1996년 4분기 2020년 4분기 2021년 4분기

자료: 한국은행

한국이 해외차입을 본격적으로 늘린 1990년대 중반에는 대외채무 중 단기차입금의 비중이 높아 외부 충격에 매우 취약한 구조였습니다. 하지만 2020년대에는 그 비중이 낮아지면서 대외채무의 질이 크게 개선되었습니다.

해 정책당국이 환율을 일정한 수준이 유지되도록 하는 시스템이었습니다. 경제발전에 수출이 핵심적일 수밖에 없는 상황에서, 정부가 기업들에게 환율변동이라는 리스크를 최소화해주면서 수출을 장려하기 위한 조치였습니다. 하지만 자본유출에 취약하다는 치명적인 단점이 IMF 사태를 통해 입증되었고, 이후 한국은 변동환율제도를 운용하게 된 것입니다.

변동환율제도는 고정환율제도에 비해 환율변동에 의한 외부 충격을 어느 정도 막아주는 효과가 있습니다. 하지만 환율변동이 물가와 금리에 영향을 미치기 때문에 외부 충격이 국내로 전혀 전달되지 않는 것은 아닙니다.

따라서 변동환율제도를 도입한 이후에도 외환당국은 어느 정도의 시장개입을 하고 있는 것이 현실입니다. 이것은 환율변동을 100% 시장에만 맡겨두지 않는다는 의미이고, 오늘날 대부분 다른 국가들도 마찬가지입니다. 고정환율제도와 같이 특정 환율 레벨을 목표로 개입을 하는 것은 아니지만, 정책당국이 외화의 매수·매도를 통해 환율의 속도조절(smoothing operation)을 유도함으로써 당국이 의도하는 바를 외환시장에게 알려주는 것입니다.

이런 의미에서 오늘날 한국이 운용하고 있는 외환제도는 기본적으로 시장에서 환율이 결정되는 구조이지만 어느 정도 정책당국의 개입이 동반되는(즉 관리가 동반되는) 관리변동환율제도라고 볼 수 있습니다.

변동환율제도를 운용하는 외환시장에서 환율이 결정되는 기본적인 메커니즘은 자국통화와 외국통화의 수요와 공급이 주요 요인입니다. 그리고 이들에 영향을 미치는 요인은 대표적으로 수출입 변동과 거주자 또는 비거주자(외국인)의 자금 흐름이라고 볼 수 있습니다. 이 2가지의 요인이 외환시장에 영향을 미치는 정도는 국가경제의 산업구조와 특징에 따라 달라지는 경향이 있습니다.

원/달러 환율을 바라보는
구조적 변화의 서막 ⟶

학교 다닐 때 경제학 교과서를 한 번쯤 보신 분들이라면 '환율이 상승(하락)하는 경우 수출이 늘어(감소)나고 수입은 감소(증가)한다'와 같은 표현을 보셨을 겁니다. 경제 관련된 뉴스에서도 워낙 많이 나오는 이야기들이라, 이제는 상식처럼 통용되는 이야기이기도 합니다.

수출 총액이라는 것은 수출 가격(P)과 물량(Q)의 곱셈으로 표현할 수 있습니다. 환율이 상승하면 달러로 표기되는 P가 국제시장에서 그만큼 낮아지는 효과를 보이고, 가격이 낮아지면 해당 상품의 대한 수요가 늘어나면서 Q의 증가로 인해 수출 총액(P×Q)이 늘어난다는 설명입니다. 하지만 이것에는 모든 경제학 교과서에서 당연하게 전제하고 있지만 우리가 간과하기 쉬운 부분, 즉 '다른 조건이 모두 동일하다면(Ceteris Paribus)'이라는 표현이 문장의 앞부분에 생략되어 있음을 상기하실 필요가 있습니다.

'다른 조건들이 동일할 수 없는' 대표적인 경우는 가격의 물량 탄력성이라는 개념을 들 수 있습니다. 환율이 상승하면 달러로 표기되는 P는 낮아집니다. 하지만 수출품목이 국제시장에서 다른 대체재들이 별로 없기 때문에 가격변화에 둔감한, 그러니까 가격탄력성이 적은 상품이라면 P의 하락에도 불구하고 Q가 별로 늘지 않을 수 있습니다. 이 경우에 수출 총액(P×Q)이 늘어나는 효과가 적을 것입니다. 반대로 수출품목 대체상품이 많아서 가격탄력성이 큰 상품이라면,

가격이 낮아질 때 물량이 크게 증가하면서 수출 총액(P×Q)이 크게 늘어납니다.

따라서 '환율이 상승(하락)하면 수출(수입)이 증가한다'와 같은 표현은 수출입 품목의 탄력성에 따라 그 결과가 달라질 수 있는 것입니다. 하지만 경제 분야를 전문적으로 연구하는 사람이 아닌 대부분은, 실제 경제현상에서 환율변동과 그로 인해 발생하는 물량효과가 탄력성의 크기만큼 반영된(aggregated) 현상만 총수출입금액이라는 경제지표로 관찰할 수 있는 것입니다.

다시 현실 경제로 돌아오면, 1990년대에서 2000년대 초반까지 한국의 주력 수출품목은 하이테크 산업이 아니었습니다. 기술력보다는 가격 대비 성능을 무기로 생산되는 상품으로 경쟁 공업국가에서도 어렵지 않게 생산할 수 있는 품목들이고, 이는 대체재가 많은 상품인 가격탄력성이 높은 품목이라는 것을 의미합니다.

수출품의 가격탄력성이 높은 상황에서는 앞서 설명한 바와 같이 환율변동이 수출입에 큰 영향을 미치고, 변화된 무역수지가 다시 환율에 영향을 미치는 경로도 잘 작동된다고 볼 수 있습니다. 그런데 2020년대 오늘날 한국의 주력 수출품목들은 반도체와 IT제품처럼 기술력이 핵심적인 제품이다 보니 대체상품이 적어졌고, 그만큼 가격탄력성이 과거에 비해 낮아졌습니다. 가격탄력성이 낮아지면서 환율변동이 경상수지에 영향을 미치는 정도도 상대적으로 줄어들었습니다.

이러한 현상은 원/달러 환율의 단기적 방향성을 바라보는 데 있어서 중요한 점을 시사합니다. 앞서 2장에서 국가의 경상수지가 환율의 중장기적인 큰 방향성을 정하는 데 핵심적임을 설명했습니다. 그런데 산업 부문에서 미시적인 구조 변화로 인해서 환율과 경상수지가 영향을 주고받는 정도가 약해지게 되면서 상대적으로 자본흐름에 영향을 많이 받게 된 것입니다. 자본흐름이라는 것은 국제수지표에서 '자본수지'라는 항목으로 표현됩니다. 직접투자 혹은 증권투자와 같은 자금이 대표적인 예라고 생각하면 될 것 같습니다. 쉽게 이야기해서 한국에 거주하는 사람이 해외 주식이나 채권에 투자하기 위해 달러를 매수(원화를 매도)하는 경우, 혹은 외국인이 한국 주식이나 채권에 투자하기 위해 달러를 매도(원화를 매수)하는 경우라고 보면 될 것 같습니다.

국가별로는 이런 산업 구조적인 특징과 자본시장의 개방도가 서로 모두 다릅니다. 그래서 일반적으로 하이테크 기술을 바탕으로 수출을 하고 자본시장의 개방도가 높은 선진국들은 자본유출입이 환율에 영향을 미치는 정도가 큰 경향이 있습니다. 앞서 4장에서 설명한 선진국들의 환율은 금리차이에 의한 영향이 크다는 것과 같은 맥락입니다. 반면에 저기술 중심의 제조업 상품을 주로 수출하고 자본시장 개방도가 낮은 신흥국들은 수출입 증가율이 환율에 더 큰 영향을 미치는 경향이 강합니다.

한국은 수출입 증가율이 원/달러에 미치는 영향이 여전히 중요합니다만, IMF 이후 변동환율제도를 운용해온 이후, 그리고 하이테크 상품이 주력 수출품으로 자리매김해온 최근 들어서는 자본흐름

(capital flow)이 원/달러 환율에 미치는 영향력이 증가했다고 볼 수 있습니다. 2020년대 들어 주식시장에서 유행하기 시작한 서학개미운동과 같은 현상, 그리고 아직 규모는 작지만 해외 직구와 같은 현상이 외환시장에서 상대적으로 중요해지기 시작한 것입니다.

〈미생〉과 〈TV손자병법〉이 보여주는
한국 고용시장의 구조적 변화 ────────────→

한국경제가 1997년 IMF를 경험한 이후 기업들의 과감한 투자는 더 이상 빠르게 늘지 않았습니다. IMF 사태 이후 2000년대 들어 한국 GDP에서 고정투자가 차지하는 비중은 오늘날까지도 30% 내외에서 큰 변동 없이 유지되고 있습니다. 이렇게 생산 설비를 늘리기 위한 물리적인 투자가 늘어나지 않으면서 나타난 가장 큰 변화는 고용시장이 아닐까 싶습니다.

고용시장을 관찰하는 지표들 가운데 구인배율이라는 지표가 있습니다. 이 지표는 구직률(취업을 희망하는 정도) 대비 구인율(인력을 채용하려는 정도)을 비교하는 지표로서, 1 이상이면 취업을 희망하는 사람보다 비어 있는 일자리가 더 많다는 것을 의미한다고 이해하면 됩니다.

그런데 이 구인배율(구인·구직 비율)이 1997년 IMF 사태 이전까지는 한국에서 늘 1을 넘어가는 수준이었습니다. 즉 취업을 희망하는 사람

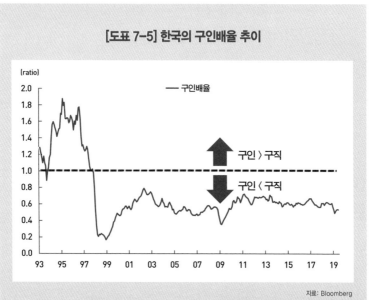

[도표 7-5] 한국의 구인배율 추이

(ratio)

구인배율

구인 〉 구직

구인 〈 구직

자료: Bloomberg

이 그림은 한국 고용시장의 구인배율을 보여줍니다. 1997년 IMF 사태 이전까지는 일자리가 취업하려
는 사람보다 늘 많은 시기였으나, IMF 이후에는 일자리가 취업하려는 사람보다 늘 모자란 현상이 지속
되고 있습니다.

들보다 인력을 채용하려는 숫자가 더 많았습니다.

저는 개인적으로 사회생활을 하며 접한 회사의 선배님들 가운데
1997년 IMF 사태가 닥치기 이전에 대학을 졸업하고 사회생활을 시
작한 분들의 취업준비생 시절 이야기를 가끔 듣곤 했는데, 이 나이대
분들이 대학을 졸업하던 시기에, 학과 사무실에는 늘 기업들의 채용
추천서가 넘쳐났다고 합니다. 본인은 대학시절 공부를 너무 안 해
서 좋은 기업의 추천서는 우등생 친구들이 가져가고 본인은 지금 이
런 곳(?)밖에 취업할 데가 없었다는 농담 섞인 이야기를 하시는 분들

이 많았었죠. 물론 그분들이 말씀하신 이런 곳(?)조차 20여 년 후에는 상경계열을 전공한 취업준비생이라면 한 번쯤 취업하고 싶어하는 회사가 되었음은 말할 것도 없습니다.

IMF라는 시련의 시간을 버텨낸 이후 구조조정에 성공한 한국경제는 구인배율(구인·구직 비율)이 늘 1을 하회하기 시작했습니다. 이것은 IMF 이후 취업하려는 사람의 숫자보다 채용하려는 일자리의 수가 구조적으로 늘 모자란 시대가 도래했다는 것을 의미하고, 오늘날까지 크게 변화되지 않고 있습니다.

IMF 이후 과잉투자에 대한 기업들의 경계감이 높아지면서, 물리적인 투자를 중심으로 성장해온 발전 모델이 한국경제에서 역사 속으로 사라진 결과입니다. IMF 사태 이후 고용시장이 초과 수요로 고착화(일자리 수〈취업희망자 수)되면서 취업을 준비하는, 특히 젊은 초년생들의 고통이 늘었다고도 볼 수 있습니다.

약 10여 년 전 웹툰에서 크게 유행하고 TV드라마로까지 만들어졌던 〈미생(未生)〉이라는 드라마가 있습니다. 드라마 속 주인공인 '장그래'라는 인물이 무역상사인 대기업에 비정규직 인턴으로 입사하면서 겪어나가는 샐러리맨들의 현실을 잘 그려낸 작품이었던 것 같습니다. 개인적으로는 〈미생〉에 나왔던 여러 대사들에 크게 공감하면서 시청했을 정도로 재밌게 봤던 기억이 있습니다.

2010년대 한국 사회의 초년생이었던 장그래는 오직 한 가지 목표, '정규직'이라는 세 글자를 놓고 사활을 걸었습니다. 장그래의 입사 동기들, 그리고 그 직장 상사들의 목표도 크게 다르지 않아 보였습니

〈미생〉   〈TV손자병법〉

다. '생존'이라는 두 글자를 놓고 치열한 삶을 살아가는 모습이 역력
했지요. 장그래와 주변 인물들이 얻고자 그토록 노력했던 것은 부귀
영화가 아닌, 하다못해 조기승진과 같은 샐러리맨이 꿈꿔볼 만한 그
런 인센티브도 아닌 오직 생존 그 자체였던 것 같습니다.

　그런데 제 기억 속에 〈미생〉만큼이나 강렬했던 샐러리맨들의 드
라마가 하나 더 있는데 바로 1987년 KBS에서 방영되었던 〈TV손자
병법〉이라는 드라마입니다. 이 당시에 저는 국민학생(이때는 초등학교
를 국민학교라고 불렀습니다)이었기 때문에 부모님께서 보시는 드라마
를 옆에 앉아서 같이 시청하는 정도였지, 샐러리맨의 애환 같은 것들
을 공감하면서 드라마를 봤던 정도는 아니었던 것 같습니다.

　그럼에도 불구하고 저의 어린 시절 기억 속에 남아 있는 〈TV손자
병법〉 드라마의 내용이나 분위기는 〈미생〉과는 확연히 다른 느낌이
었습니다. 당시 탑 가수였던 전영록이 부른 〈TV손자병법〉의 주제가
가 활기차고 도전적인 느낌으로 저의 기억 속에 각인되어 있는 반
면, 〈미생〉에서 이승열이 부른 차분한 R&B리듬의 엔딩송은 그 느낌

부터가 많이 다르듯이 말이죠.

　〈미생〉 속의 주인공들이 그저 생존을 위해 고군분투하는 모습이었다면, 〈TV손자병법〉 속의 주인공들은 도전과 성취 속에서 겪는 성장통이 녹아 있는 모습입니다. 마치 벼랑 끝에 몰린 사람들이 낭떠러지로 떨어지지 않기 위해 애쓰는 사투가 〈미생〉 속의 모습이었다면, 〈TV손자병법〉 속의 사람들이 벌이는 사투는 정상의 고지정복을 앞두고 겪는 모습 같아 보였습니다. 한국경제가 1980~1990년대 7~10%대에 육박하는 고성장 시대를 달려가면서 구인배율이 1 이상이었던 시대에 만들어진 드라마와, 2010년대 경제성장률이 2~3%에 불과하고 구인배율이 1에 미치지 못하는 저성장 시대에 만들어진 드라마는, 각 사회시대의 분위기를 반영하며 이렇게 완연하게 다를 수밖에 없었습니다.

고도화에 성공한 한국경제, 그리고 민첩해진 원/달러 환율 ─────────→

　한국경제가 고성장 시대에서 저성장 시대로 변화되면서 그늘만 늘어난 것은 아닙니다. 한국의 고용시장이 IMF 이후 혹독한 구조조정을 치른 대가로, 한국경제는 양적 성장에서 벗어나 경제구조의 고도화를 향해 도약할 수 있었습니다. 그 대표적인 현상이 [도표 7-6]에서 보듯 고정투자에서 R&D(Research and Development)에 대한 투자

[도표 7-6] 한국의 고정투자 비중과 R&D투자 비중

(% of GDP)
— 고정투자가 GDP에서 차지하는 비중(좌)
— R&D투자가 고정투자에 차지하는 비중(우)

자료: 한국은행

이 그림은 한국 GDP에서 고정투자가 차지하는 비중과 고정투자 안에서 R&D투자가 차지하는 비중을 함께 그린 차트입니다. IMF 이후 고정투자 자체는 그 비중이 늘지 않았으나 고정투자 안에서 R&D투자가 차지하는 비중은 지속적으로 증가하고 있는 것을 알 수 있습니다.

가 차지하는 비중이 점차 높아졌다는 점입니다.

한국은 예전이나 지금이나 손꼽히는 제조업 강국입니다. 다만 과거 1990년대에서 2000년대 초반까지 한국이 만들어내는 제조업 상품은 저기술 상품이 주력 생산품이자 수출품이었다면, 2000년대 들어서는 그 자리를 중국이 대체하면서 한국은 고기술 고부가가치의 제조업 상품에 주력하기 시작했습니다. 그 결과 오늘날 한국에는 세계적인 기술력을 확보한 산업과 대표 기업들이 다수 있습니다.

오늘날 한국경제는 세계적인 기술력을 자랑하는 반도체와 IT산업에서 손꼽히는 강국이자, 원유 한 방울 나지 않는 나라에서 기술력을 바탕으로 석유류 상품을 수출하는 석유·화학 산업 강국입니다. 또한 전 세계 조선사들 가운데 안정적인 LNG 운반선 건조 능력을 보유한 회사가 4개밖에 되지 않는데 그중 3개 업체가 국내 조선사입니다. 한국의 자동차 역시 과거의 저가 이미지를 벗고 오늘날 세계 5대 생산 능력을 보유한 산업군으로 올라섰습니다.

오늘날 한국의 주력 수출품목으로 자리 잡은 이들 산업의 경기 업황에 따라 한국의 수출입 증가율이 영향을 받고, 환율과 금리 등 거시경제 전반에 영향을 끼치는 정도도 무시할 수 없는 수준입니다. 그런데 이들 산업군이 가지는 특징은 한국의 주력 수출품목이라는 점이면서도 대외 경기에 민감한 산업군이라는 특징이 있습니다.

앞서 제조업이라는 산업군 자체가 경기에 민감하다고 설명했는데 산업 측면에서 보았을 때 한국의 주력 수출품목은 경기가 좋을 때 수요가 빠르게 늘어나는 경향이 있습니다. 오늘날 반도체가 거의 모든 전자제품과 기계제품에 투입되는 것은 두말할 필요가 없을 것 같고, 자동차는 대표적인 내구재 상품이며, 선박과 석유·화학 관련 상품 역시 글로벌 생산 경기나 운송 경기에 직접 연관되어 있기 때문입니다. 특히 한국의 조선업이 매우 활황이었던 2000년대 중후반에 글로벌 경제적 배경이 어떤 상황이었는지 앞서 4장에서 설명했던 것을 생각해보면 쉽게 이해될 것 같습니다.

그래서 한국의 수출은 글로벌 경기가 좋을 때 더 많이 좋고 대외 경기가 안 좋을 때는 더 많이 안 좋은 경향이 있습니다. 이를 계량경제학 용어로 설명하면, 글로벌 경제상황에 대한 한국 수출의 민감도를 추정하는 방정식에서 글로벌 경제성장률에 대한 반응 추정계수(parameter)인 베타(β)가 1 이상으로 큰 수치를 기록한다는 것을 의미합니다. 한국 수출이 늘어나는 국면에서는 서울 외환시장에서 달러의 공급이 원활하기 때문에 원/달러 환율이 함께 하락하는 경향도 강합니다. 그래서 한국 원화는 글로벌 외환시장에서 대표적인 경기민감 통화인 베타 통화(β-currency)로 분류되며, 일부 투자자들은 글로벌 경기에 선행하는 지표들 중 한 가지로서 원/달러 환율을 모니터링하기도 합니다.

제조업 수출 강국인 한국경제가
앞으로 풀어가야 할 숙제들 ────────→

한국의 주력 수출산업군들의 또 다른 공통점은 대규모 자본이 필요한 장치산업(equipment industry)이라는 점입니다. 대부분의 제조업이 그렇지만, 특히 이런 산업을 유지하기 위해서는 일정 규모의 자본을 들여서 그 산업에서만 필요한 특수한 생산 설비를 구축하는 것이 필수적입니다. 생산 설비가 갖추어지게 되면 기계의 공정에 의해 생산되기 때문에 운영비를 절감할 수 있으며, 노동력보다는 기술력이 더 중요한 생산요소로 작용한다는 특징이 있습니다.

[도표 7-7] 한국의 산업별 고용계수

상품 분류	고용계수 (명/10억 원)	상품 분류	고용계수 (명/10억 원)
농림수산품	1.6	수도, 폐기물처리 및 재활용 서비스	5.3
광산품	3.3	건설	5.1
음식료품	1.9	도소매 및 상품중개 서비스	7.1
섬유 및 가죽 제품	2.6	운송 서비스	5.3
목재 및 종이, 인쇄	2.8	음식점 및 숙박 서비스	6.3
석탄 및 석유 제품	0.1	정보통신 및 방송 서비스	4.1
화학 제품	1.4	금융 및 보험 서비스	3.4
비금속광물 제품	2.1	부동산 서비스	1.6
1차 금속 제품	0.8	전문, 과학 및 기술 서비스	5.8
금속가공 제품	2.8	사업지원 서비스	10.8
컴퓨터, 전자 및 광학기기	1.2	공공행정, 국방 및 사회보장	7.2
전기장비	2.0	교육 서비스	9.3
기계 및 장비	2.5	보건 및 사회복지 서비스	10.2
운송장비	1.8	예술, 스포츠 및 여가 관련 서비스	5.9
기타 제조업 제품	4.2	기타 서비스	11.5
제조업가공 및 산업용 장비 수리	7.3	전력, 가스 및 증기	0.6
		전체	4.1

자료: 한국은행 산업연관표(2015)

각 산업군에서 산출액 10억 단위당 필요한 고용 인원이 평균적으로 몇 명인지를 보여주는 표입니다. 평균적으로 서비스업의 고용 인원이 높고, 한국경제를 대표하는 석유·화학 제품, 컴퓨터, 전자, 전기 품목 등 산업군들의 고용계수는 낮은 경향이 있습니다.

    기술력이 중요한 산업이라는 것은 공급자 중심의 시장을 형성할 수 있게 하는 요인이기 때문에, 기업의 이윤 극대화라는 측면에서 유리한 측면이 있습니다. 하지만 거시경제 전체적으로는 반드시 좋다고 볼 수만은 없습니다. 이들 산업이 필요로 하는 노동의 수요가 상

대적으로 적기 때문에 고용으로 이어지는 효과가 제한적이라는 단점
이 있기 때문입니다.

한국은행에서 작성해서 발표하는 산업연관표(Input-Output Table)
라는 자료 중에는 고용계수라는 지표가 있습니다. 각 산업품의 산출
액 10억 원당 필요한 고용 인원이 어느 정도인지를 평균적으로 알려
주는 개념으로 이해하면 됩니다.

[도표 7-7]에서 보듯 오늘날 한국의 전 산업품목 기준고용계수는
약 4.1명입니다. 이 고용계수를 세부 산업별로 살펴보면 몇 가지 특
징적인 점을 발견할 수 있는데, 제조업보다는 서비스업의 고용계수
가 높은 경향이 있다는 것입니다. 특히 제조업 중에서도 석유·화학
제품, 컴퓨터, 전자, 전기품목 등은 고용계수가 제조업 중에서도 낮
은 경향을 보입니다. 이들 산업은 한국경제를 대표하는 산업군이자
효자 수출품목들입니다.

한국의 수출 경기가 활황일 때, 이들 산업군이 수출을 이끌고 있을
가능성이 정황상 매우 높습니다. 그런데 이들 산업군이 벌어오는 자
본이 고용으로 연결되는 효과가 크지 못하면 그만큼 소비로 이어지
는 파급 효과가 제한적일 것이고, 이는 고용과 소비가 증가하면 다시
투자와 고용을 통해 생산 증가로 이어지는 경제의 선순환 효과가 제
대로 발휘되기가 어려울 것입니다.

이들 산업군이 한국경제의 대표 주자로 자리매김한 2010년대 이
후 2022년 포스트 코로나19 위기와 같은 특별한 시기를 제외하고는,
한국의 경상수지 흑자는 빠르게 늘어남과 동시에 거의 항상 흑자를

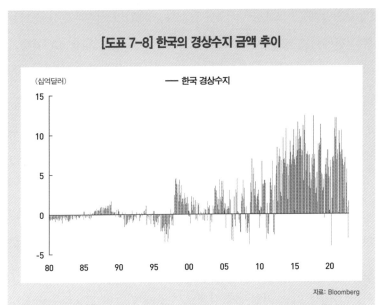

[도표 7-8] 한국의 경상수지 금액 추이

(십억달러)   — 한국 경상수지

자료: Bloomberg

한국경제는 2000년대 이후 기조적인 경상수지 흑자를 보이고 있습니다. 특히 2010년 이후 흑자 규모가 더 빠르게 커졌는데, 이 같은 배경에는 '불황형 흑자' 혹은 '저축의 역설'과 같은 현상이 작용했을 가능성을 배제할 수 없습니다.

기록해왔습니다. 경상수지라는 것은 총순저축과 같은 의미라고 수차례 설명했습니다. 하지만 거시경제의 관점에서는 흑자가 많다고 무조건 좋은 것이 아니고, 적자라고 해서 무조건 나쁜 것도 아닙니다.

거시경제 현상에서 나타나는 총저축과 개인의 저축은 그 개념이 서로 다르다는 것을 앞서 2장에서 설명했습니다. 경기변동의 관점에서 경상수지의 각 상황에서 나타나는 현상에는 원인과 결과가 있기 때문에 적정 수준을 유지하는 것이 중요합니다.

한국은 수출이 크게 늘어날 때 수입은 그보다 적게 늘어나고, 수출이 감소할 때는 그보다 더 크게 감소하는 패턴이 지속되면서 경기불황 국면에서도 경상수지가 흑자를 기록하는 불황형 흑자, 즉 '저축의 역설'이 한국경제의 문제점 중 한 가지라는 점을 상기할 필요가 있습니다. 생산과 수출 증가라는 현상 뒤에 적정 수준의 투자 증가가 동반되지 않으면 이것은 결국 저축이라는 형태로 자본이 축적되고, 결국 국가경제 전체의 생산요소가 효율적으로 배분되지 못함을 의미하기 때문입니다.

이러한 현상은 오늘날 한국경제가 해외에서 벌어오는 자본이 국내 경기 활성화의 동력으로 사용되는 연결고리가 구조적으로 미약하다는 것을 반증하는 현상이 아닌가 생각됩니다. 그렇다고 자유민주주의 국가에서 이들 기업에게 강제로 수출에 연동된 고용의무를 할당한다거나 특정 세금을 합당한 조세 논리 없이 부과할 수는 없는 노릇입니다. 하지만 이런 한국의 산업 구조를 개선하고 저축의 역설 문제를 방지하려는 정책적인 노력은 지속되어야 할 것 같습니다.

대표적인 정책적 노력 중 한 가지는 한국이 가지고 있는 제조업의 강점과 시너지를 낼 수 있는 서비스업 산업의 고도화가 아닐까 생각됩니다. 현재 최상위소득 그룹으로 볼 수 있는 OECD 국가들은 평균적으로 서비스업의 비중이 GDP 대비 70%(2020년 세계은행 데이터 기준)를 차지하고 있습니다. OECD 회원국인 한국은 이들 평균보다는 다소 모자란 57%라는 점에서 아직 풀어야 할 숙제를 안고 있는 것입니다.

2020년대 한국에서 살아가는 직장인의 한 명으로서, 그리고 직업적으로 경제지표와 금융시장을 조금 더 많이 관찰하는 한 사람으로서 느끼는 것은 드라마 속 〈미생〉의 시대는 지금도 이어지고 있다는 것입니다. 경제학적으로 보면 국가경제가 성장하고 그 규모가 커지는 과정에서, 성장률이 구조적으로 낮아지는 현상은 이론적으로 밝혀진 어쩔 수 없는 부분입니다.

1인당 소득은 과거에 비해 분명히 늘었지만, 저성장 시대를 살아가는 사람들은 성장이 구조적으로 정체되고 사회 구조가 분절화되어가는 분위기 속에서 느끼는 상대적 박탈감이 클 수밖에 없습니다. 그렇다고 고성장 시대를 살아왔던 우리 부모님 세대의 고통이 또 없었던 것은 아니기 때문에, 오늘날 세대 간의 갈등은 한국경제가 압축적인 성장과정을 거쳐오면서 나타난 사회현상 중에 한 가지인 것 같다는 생각이 듭니다.

한국경제가 고성장 시대를 달려가던 1980~1990년대 이전에 65세 이상 인구비율은 5%가 채 되지 않았으며 출산율은 2명 이상이었습니다. 국가경제라는 파이 자체가 커져가는 과정에서 우리 사회 곳곳에서는 경제적으로나 인구학적으로 '성장'이라는 단어가 어울리는 시대였습니다. 반면 그 당시는 상대적으로 경험과 연륜이라는 수식어는 부족한 시대였습니다. 경험과 연륜이 희소적이던 시대에 기성세대의 조언은 어디서나 존경받는 사회적 가격이 높은 편이었습니다.

하지만 저성장 시대에 돌입한 2020년대 한국에서 65세 이상 인구비율은 15%까지 늘어났고, 출산율은 0.8명까지 하락했습니다. 이제는 경험과 연륜보다는 상대적으로 성장이 희소해진 시대인 것입니

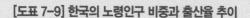

[도표 7-9] 한국의 노령인구 비중과 출산율 추이

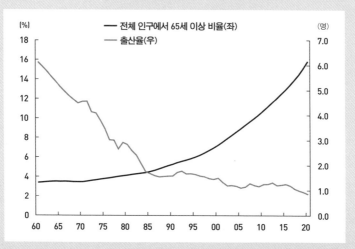

자료: Worldbank, 통계청

1960년대 이후 한국의 출산율과 65세 이상 인구 비중을 함께 그린 차트입니다. 1960년 6명에 달하던 출산율은 2021년 0.8명까지 낮아졌지만, 같은 기간 65세 이상 고령인구는 5%에서 15%까지 늘어났습니다. 과거에는 경험과 연륜이라는 가치가 희소했다면, 2020년대에는 성장이라는 가치가 희소한 시대가 된 것입니다.

다. 시장경제체제에서 희소성이라는 것은 항상 가격으로 반영이 됩니다. 오늘날 기성세대의 조언은 '라떼의 추억'으로 사회적 가격이 절하되었지만, MZ세대가 제공하는 '신선한 아이디어'는 기업들이 앞다투어 노릴 정도로 값비싸진 배경이기도 합니다. 주식시장에서는 전통 산업의 가치주보다 성장주의 '성'자만 붙어 있어도 주가가 날아가는 현상도 잠깐 있었습니다. 시대가 변함에 따라 사회적 분위기가 변화되는 것이 당연한 현상이지만, 그 이면에는 이런 경제적 구조 변화가 자리 잡고 있었던 것입니다.

　최상위소득국가의 선례를 보면 이제 한국경제도 장기적으로는 서비스업의 고도화가 진행되는 방향으로 전개될 가능성이 높아 보입니다만, 앞으로 진행될 변화 속에서 한국경제에 어떤 현상이 나타날지, 그리고 그로 인해 파생되는 사회적 현상에는 또 어떤 점들이 있을지를 예상하기는 쉽지 않습니다.

　하지만 경제가 변해가는 큰 그림을 인식하고 그 안에서 인사이트를 찾으려는 사람(기업)과 그렇지 못한 사람(기업) 간에는 분명 차이가 있을 것 같습니다. 저는 이 책의 서두에서 경기변동을 공부한다는 것은 자본주의 시대의 달력을 보는 법을 배우는 것과 같다고 설명했습니다. 바로 이 점이 우리가 경제의 흐름과 시대적 변화를 읽을 수 있는 시계(視界)를 키워야 하는 중요한 이유입니다.

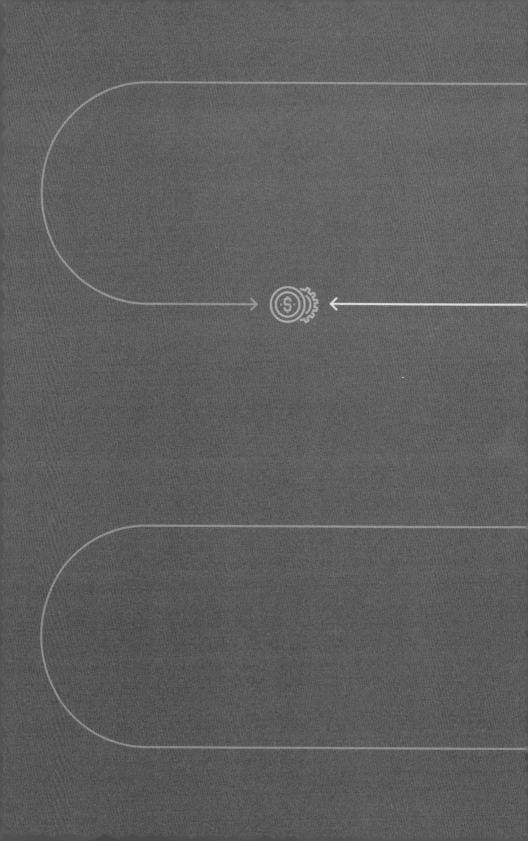

8장

경제학,
금융시장으로 나아가다

역사를 되돌아봤을 때 경제나 금융시장에서 나타나는 현상들은 대부분 경제 이론과 부합해서 흘러갔습니다. 그럼 그에 대해 연구하는 경제학자들의 투자 성적표는 어땠을까요? 저명한 경제학자들 중 투자로 큰 부를 거머쥔 분들은 많지 않은 것으로 알려져 있습니다. 오히려 제가 개인적으로 접해본 타고난 투자자들은 금융시장에서 이론과 현실이 배치되는 국면을 잘 포착하고 크게 베팅하는 배짱을 가진 분들이었습니다. 그렇다면 마켓 타이밍을 포착하는 데도 서툴고 투자자금도 여유롭지 않은 분들은 어떻게 시장에 접근해야 할까요? 투자에 나서는 초심자들은 이번 8장을 통해 '오늘날 금융시장은 효율적일까? 효율적이라는 것은 어떤 의미일까?' 라는 질문에 대한 답변을 생각해보면 좋을 것 같습니다. 금융시장이 효율적이라고 보는 사람과 그렇지 않은 사람은 투자의 접근 방식과 스타일에서 차이가 있기 때문입니다.

금융시장은
살아 있는 동적 기제이다

일반적으로 금융시장(financial market)이라고 함은 자금의 거래가 이루어지는 시장을 포괄적으로 일컫는 말입니다. 자금의 거래가 발생하게 되면 필수적으로 채권과 채무관계가 발생하는데, 이런 관계를 포함하는 모든 증서를 금융증서라고 부르고, 금융증서가 거래되는 시장을 금융시장이라고 합니다.

금융시장은 거래되는 증서의 기초자산의 종류에 따라 크게 4가지의 카테고리로 구분할 수 있습니다. 기업의 주권이 거래되는 주식시장, 국가나 기업에게 돈을 빌려주고 받을 수 있는 권리인 채권이 거래되는 채권시장, 국가별 통화가 교환되는 외환시장, 원자재가 거래되는 상품시장입니다.

이 4가지 시장은 금융시장을 분류할 때 가장 전통적으로 나뉘는 분류이고, 그 밖에 이에 해당되지 않는 부동산이나 부동산 관련 PF

증권 혹은 선박, 항공기 등 특수 자산을 매개로 유동화된 증권을 대체투자자산(Alternative Investment)이라고 부릅니다. 이런 대체자산이 유통되는 시장도 있습니다. 하지만 대체투자라는 그 명칭에서 느끼실 수 있듯이 거래의 규모나 시장의 접근성 측면에서 일반인들에게는 위의 4대 시장보다 상대적으로 멀게 느껴지는 시장입니다.

위에서 말한 각각의 시장은 서로 거미줄처럼 얽혀 있습니다. 주식, 채권, 외환, 원자재 중 한 곳에서 충격이 발생하면 그 충격은 서로 유기적으로 연결된 노드(node)를 따라 점증(increasing)되기도 하고 점감(decreasing)되기도 하면서 각 시장에 영향을 미칩니다. 10년이 조금 넘는 기간 동안 금융시장에서 리서치 업무를 해온 제 개인적인 경험으로는 시장은 마치 살아 있는 유기체와 같다고 느껴질 때가 많았습니다. 그만큼 금융자산가격이라는 것은 역동적이면서 서로 긴밀하게 연관되어 움직인다고 느낀 적이 많았다는 것이죠.

특정 시장에서 발생한 개별 충격이 각각의 시장으로 파급되는 경로와 파급의 크기를 수치화하고 정형화해서 시장의 가격변수들을 어느 정도 정확하게 예상할 수 있다면, 그런 능력을 갖춘 사람이나 기관은 노벨상을 받거나 아니면 우리가 상상할 수 없는 큰돈을 벌 수 있을 것입니다. 하지만 오늘날 금융시장의 각 부분에서 나타나는 특정 현상을 설명하고 증명하는 이론은 있어도 각 시장 간 유기적 연관관계를 통째로 설명하는 이론은 아직 없습니다.

그리고 금융시장에 종사하는 수많은 전문가들이 자신의 전문 분야를 바탕으로 특정 주식, 채권, 외환과 같은 특정 자산군의 무대에서 활약한다는 점을 보면 아직까지 금융시장이라는 곳은 우리가 끊임없이 탐색해야 하는 곳이라는 생각이 듭니다. 인류에게 알려진 해양 동식물의 90%는 지구 바다의 10%에 해당하는 공간에 분포한다고 합니다. 나머지 90%는 태양빛이 도달하지 못하는 심해인데, 그렇게 본다면 아직도 인류가 탐구해야 할 바닷속이 무궁무진하게 있는 셈입니다. 어쩌면 금융시장을 100% 이해한다는 것은 미지의 심해를 탐험하는 것보다 더 힘든 여정일 수 있습니다. 바닷속에 있는 심해는 변화하지 않는 정적 목표(static target)이지만, 금융시장은 그 자체가 동적 기제(dynamic mechanism)이기 때문에 목표에 다가가기 위한 영원한 솔루션이란 존재하지 않을 수도 있기 때문입니다.

금융시장으로 건너간
경제학 ──────────────────────→

제가 생각할 때 경제학이라는 학문은 인간의 선택에 대해 탐구하는 학문입니다. 합리적 선택을 하기 위해 비용과 효용이라는 가치가 중첩되는 수준에서 의사결정을 하고, 이것이 시장에 가격이라는 신호로 나타나기 때문입니다. 소비와 투자, 저축에 대한 의사결정도 마찬가지입니다.

이런 과정에서 사람들이 어느 분야에 지갑을 얼마나 여는지, 그리고 어느 곳에 저축(투자)을 하는지 등에 따라 실물시장에서 결정되는 요소나 화폐시장에서 결정되는 요소들이 변화합니다. 사람들이 지갑을 여는 곳에 기업은 더 많은 상품을 공급하려고 할 것이고, 사람들이 저축을 하려는 자산군에 더 많은 돈이 몰릴 것이기 때문입니다. 이런 특성 때문에 사람들의 최적의 선택이라는 행위에 대해서 연구해온 경제학이라는 학문도 오늘날은 그 범위가 금융시장으로까지 확장되었습니다.

하지만 경제학이 금융시장에 진출한 역사는 사실 그리 길지 않습니다. 물론 전통 경제학에서는 화폐시장이라는 개념이 존재했지만, 그것은 오늘날 투자라는 행위를 통해 자본 소득을 추구하려는 현대 투자이론의 개념과는 다른 것입니다. 자본투자를 통해 수익률을 극대화하는 방법은 초기의 전통 경제학에서는 탐구의 영역 자체가 아니었다는 표현이 더 어울릴 것 같습니다.

이런 이유 때문인지 우리가 알고 있는 저명한 경제학자들 가운데 투자로 큰돈을 거머쥔 경우는 그리 많지 않습니다. 주식 중개인의 아버지 밑에서 자라난 리카도(David Ricardo), 그리고 현대 거시경제학의 아버지로 불리는 케인스(John Maynard Keynes) 정도만이 성공적인 투자 성적표를 거둔 경제학자로 알려져 있습니다. 심지어 리카도나 케인스가 주식 투자로 돈을 많이 벌었던 시기는 그들이 경제학자로 유명해지기 이전이었습니다. 실전투자에서 큰돈을 벌어들인 경제학자들이 없어서 그랬는지는 모르겠으나, 어쨌든 경제학자들이 만들어낸 금융시장의 투자이론은 '이론은 이론이고 현실은 현실이다'와 같은 표현으로 평가 절하하는 사람들도 많은 것 같습니다.

주식 투자로 큰돈을 벌었던 경제학자

데이비드 리카도(1772~1823)　　　　　존 메이너드 케인스(1883~1946)

　　정통 경제학자들이 금융시장을 바라보는 시각은 기본적으로 보수
적입니다. 예를 들면 주식시장은 합리적으로 예측할 수 없다는 것입
니다. 1973년에 버턴 말킬(Burton Malkiel)이란 경제학자가 과거의 주
가와 현재의 주가, 그리고 미래의 주가는 연관성이 전혀 없다고 주
장한 임의보행(Random Walk) 이론이 대표적입니다. 하지만 이런 시
각을 감안하더라도 각 자산의 상관계수와 기대수익률에 따라 분산
투자를 행함으로써 위험을 감소시키는 포트폴리오 투자이론은 효과
가 입증되었고, 그 업적을 인정받아 1990년에 해리 마코위츠(Harry
Markowitz), 윌리엄 샤프(William Sharpe), 머튼 밀러(Merton Miller)는 노
벨경제학상을 공동 수상했습니다.

특히 마코위츠는 오늘날 '현대 포트폴리오 이론(MPT; Modern Portfolio Theory)의 아버지'로 불립니다. 마코위츠가 포트폴리오 이론에 대해 처음 주장한 것이 1952년이었는데, 그가 1990년 노벨상을 수상하기까지 약 40여 년이 걸렸습니다. 과거의 정통 경제학계가 투자론을 바라보는 시각이 얼마나 보수적인지를 짐작하게 하는 부분입니다. 경제학자로서 투자론을 전공하는 사람이 노벨상을 받으려면 첫 번째 조건이, 일단 오래 살아야 된다는 농담이 있을 정도입니다. 또한 마코위츠가 자신의 박사학위 논문을 심사받을 때 심사위원이었던 밀턴 프리드만(Milton Friedman)이 마코위츠의 완벽한 논리성과 수학적인 정합성에 대해 극찬하면서도, 과연 그의 논문을 경제학 논문으로 인정할 것인지를 고민했다는 일화도 있습니다.

하지만 마코위츠의 포트폴리오 이론도 기존의 전통적인 경제학이 바라보는 금융시장의 속성을 뛰어넘은 것은 아닌 것 같습니다. 포트폴리오 투자라는 것이 금융시장의 움직임을 합리적으로 설명하는 방법론이라기보다는 자산 간의 전략적·합리적 선택이라는 경제학 본연의 가치 탐구에서 벗어나지 않는다고 보기 때문입니다.

어쨌든 마코위츠가 1990년에 노벨경제학상을 수상한 이후로 경제학자들이 금융시장에서 활동하는 것이 크게 어색하지 않게 되었습니다. 특히 1990년대는 금융시장으로 뛰어든 경제학자들의 전성기였다고 봐도 무방할 정도입니다. 대표적인 학자는 로버트 머튼(Robert Merton)과 마이런 숄즈(Myron Scholes)입니다. 이들은 오늘날 파생금융시장에서 옵션 가치를 평가하는 대표적 모형인 블랙-숄즈 옵션 모형

(Black-Scholes model, 혹은 블랙-숄즈-머튼 모형[Black-Scholes-Merton model]으로 부르기도 합니다)의 주인공들입니다.

이들은 1994년부터 롱텀캐피탈매니지먼트(LTCM)라는 헤지펀드 회사에서 이사로 근무했습니다. 이들이 운용하는 헤지펀드는 연평균 40%라는 어마어마한 수익률을 올리면서 리카도와 케인스 이후 경제학자도 실전투자에서 성공할 수 있다는 것을 보여주는 듯했으나, 그 말로는 성공적이지 못했습니다. 1997년에 발생한 동아시아 금융위기로 LTCM은 천문학적인 손실을 기록하며 파산했기 때문입니다.

그래도 그들의 파생금융에 대한 이론적 연구에 대한 공로는 인정받아 1997년에 노벨경제학상을 수상하기는 했지만, 명예와 부라는 두 마리 토끼를 잡는 데는 실패한 셈입니다. 노벨상까지 수상했던 이론가들이 결국 실전투자에서는 성공을 거두지 못했기 때문일까요? 경제학이 금융시장에 진출한 뒤 오늘날까지도 금융시장의 실전가인 펀드매니저, 애널리스트, 트레이더들과 정통 학자들 간에는 여전히 시장을 바라보는 시각 차이가 존재하는 것 같습니다.

금융시장은 효율적인가?
패시브 전략과 액티브 전략에 대한 논쟁 ⟶

실전투자가들과 경제학자들이 금융시장을 바라보는 시각의 차이는 효율적 시장 가설이라는 데서부터 출발한다고 볼 수 있습니다. 일반적으로 가설이라 함은 학계에서 통용되는 이론으로 인정받기 이전 단계로, 상황에 따라 맞을 때도 있고 틀릴 때도 있다는 것을 의미합니다. 따라서 효율적 시장 가설이라는 표현 자체가 현재까지도 금융시장이 효율적이다 또는 비효율적이다라는 논쟁이 지속되고 있다는 증거입니다.

여기서 시장이 효율적이다, 그렇지 않다는 '현재 존재하는 모든 정보가 금융시장에 반영되었기 때문에 시장 수익률을 상회하는 초과수익률을 얻을 수 있는가 그렇지 않은가'를 기준으로 구분 짓습니다.

먼저 시장이 효율적이라고 보는 관점에서는, '시장에는 현재까지 활용 가능한 모든 정보는 이미 시장에 반영되어 있기 때문에 시장 수익률을 웃도는 수익률을 달성하기가 어렵다'라고 주장합니다. 쉽게 풀어서 설명하자면 내가 알고 있는 어떤 투자와 관련된 정보는 나뿐만 아니라 이미 모두에게 알려져 있는 정보이고, 지금 그 금융자산의 가격에 이미 반영이 되어 있기 때문에 가격이 싼 데는 싼 이유가 있고 비싼 데는 비싼 이유가 있다는 것입니다. '그 자산이 싸거나 비싼 이유를 내가 알고 있느냐 모르느냐'와는 별개의 문제입니다.

따라서 '효율적 시장이 성립한다'고 보는 입장에서는 시장을 초과하는 수익률을 거둘 수가 없기 때문에 어떤 금융자산 혹은 주식 종목에 투자를 할 것인지를 고민할 필요가 없습니다. 투자자는 얼마를 언제 투자할지만 결정하면 됩니다. 그리고 내가 투자한 금융자산들이 시장을 얼마나 잘 추종하고 있는지만 관리하면 됩니다.

이 투자 방법은 시장의 흐름을 잘 따라간다는 데 목적이 있기 때문에 수동적 투자라는 의미에서 '패시브(passive) 투자전략'이라고 부르기도 합니다. 따라서 패시브 투자에서는 개별 금융자산, 주가 종목의 이슈나 분석보다는 시장 전체의 큰 방향성을 가름 짓는 경제성장률, 물가, 실업률, 금리, 환율 등 거시경제변수가 더 중요하게 다뤄지는 경향이 있습니다. 전통적인 경제학의 탐구 영역이자 경제학자들이 가장 자신 있게 설명할 수 있는 변수들입니다.

패시브 전략에서 시장을 추종하는 가장 효율적인 방법은 시장을 축소해서 시장과 똑같은 포트폴리오를 구성해 투자하는 것입니다. 쉽게 이야기해서 한국 주식시장에 투자한다고 가정하면 코스피 주가지수를 구성하고 있는 구성 종목 모두를 대상으로 코스피 주가지수 구성비와 동일하게 투자하는 것입니다. 그렇게 투자하면 투자자의 포트폴리오는 매일 뉴스에서 거론되는 하루하루의 코스피 등락률과 동일한 수익률을 유지하게 됩니다.

하지만 현실적으로 이런 방법에는 한계점이 있습니다. 투자자금을 충분히 보유하고 투자 전문지식이 있는 전문투자자라고 할지라도 주식시장에서의 유통 물량이 제한되어 있습니다. 그러므로 모든 종목을 대상으로 코스피 지수의 구성비와 동일하게 투자할 수가 없고, 실시간으로 변화하는 가격을 시차 없이 추종하기가 물리적으로 불가능하기 때문입니다.

그래서 패시브 투자 포트폴리오의 수익률에는 시장 수익률과 오차가 존재할 수밖에 없는데, 이를 추적오차(tracking error)라고 부릅니다. 이 추적오차를 최소화하는 포트폴리오를 구성하는 것이 패시브 투자의 성과를 가름 짓는데, 그러기 위해서는 수리적이고 계량적인 방법론이 필수적입니다. 추적오차가 작을수록 시장 수익률과 유사한 수익률을 거둘 수 있기 때문입니다.

한편 금융시장에는 아직 반영되지 않은 정보들이 존재하기 때문에 시장 수익률 이상의 수익을 거둘 수 있다고 보는 입장에서는 시장을 비효율적이라고 부릅니다. 여기서 시장 수익률을 초과하는 수익을 알파 수익률이라고 부릅니다. 이는 현대 재무이론 중 자산가격결정모형(CAPM)에서 추정하는 방정식에서 차용해온 명칭입니다. 알파라는 명칭은 투자이론뿐만 아니라 각 분야에서 특출난 성과나 이점이 있는 현상에 덧붙이는 수식어처럼 쓰이기도 하는 것 같습니다. 금융시장에서 알파 수익률을 추구하는, 즉 비효율적 시장을 지지하는 입장에서는 시장 수익률 이상의 수익인 알파를 얻는 것을 목표로 합니다. 이 때문에 적극적 투자를 한다는 의미에서 '액티브(active) 투자전략'이라고 부릅니다.

액티브 투자전략에서는 패시브 전략과는 다르게 거시경제변수보다는 개별 금융자산이나 종목과 관련된 개별 이슈 혹은 각 산업에 대한 분석이 더 중요하게 다뤄지는 경향이 있습니다. 예를 들어 국내 굴지의 대기업인 S전자에서 신제품을 출시할 것으로 알려졌다면, 실제 그 제품이 판매됨으로 인해 변화될 것으로 예상되는 S전자의 기업 이익 변화와 산업 간의 파급 효과에 대한 분석 등이 그 대상이 될 수 있습니다. 금융시장에서 산업분석을 전문으로 하는 애널리스트나 펀드매니저와 같은 사람들이 강점을 보이는 분야입니다.

사람의 욕망은 끝이 없습니다. 금융투자에서도 마찬가지로 '난 시장 수익률만 잘 따라가면 충분해'라고 생각하는 분들은 거의 없을 겁니다. 코스피 지수가 하락할 때는 나의 포트폴리오 수익률이 덜 하락했으면 좋겠고, 반대로 코스피 지수가 상승할 때는 더 상승하기를 바라는 것이 지극히 일반적이겠죠. 즉 시장의 수익률을 초과하는 알파를 바라게 되는데, 이처럼 시장 수익률을 초과하는 수익을 얻기 위해서는 나름대로의 전략이 필요합니다.

지금 어떤 회사의 주가가 하락하고 있지만 여기에는 아직 반영되지 않은 정보들, 예를 들면 나만의 특별한 분석과 전망이 있고 그것들이 나중에 주가에 반영되면서 가격이 올라갈 것으로 예상된다면 시장 수익률을 초과하는 수익을 거둘 것이기 때문입니다. 반대로 나만의 특별한 분석과 전망이 결과적으로 틀렸다면 오히려 시장 수익률보다도 못한 결과를 얻을 수도 있습니다. 그래서 알파 수익률을 추구하는 전략은 금융시장 불변의 법칙인 고위험-고수익(High-risk High-return)에 기반한 것이라고 볼 수 있습니다.

지금까지 설명한 패시브 투자와 액티브 투자 중에 어떤 전략이 더 우수하다고 결론지을 근거는 아직 어디에도 없습니다. 경제학이나 경영학의 재무 분야에서 효율적 시장 가설을 연구하는 많은 학술논문에서도 아직 그 논쟁이 지속되고 있는 상황입니다. 많은 실증 논문들에서 알파에 대한 통계적 유의성이 시대에 따라, 그리고 설명변수들에 따라 달라지기 때문입니다.

이 책을 읽고 계신 독자분이 학계에 몸담고 있으면서 효율적 시장

가설에 대해 연구하는 분이 아니라면, 결론적으로 효율적 시장 가설은 시대에 따라 그리고 상황에 따라 가설이 성립하는 경우도 있고 그렇지 않은 경우도 있다는 정도로 정리하셔도 괜찮습니다. 하지만 오늘날 금융시장의 대표적인 2가지 투자전략은 시장이 효율적이라고 보는 입장과 그렇지 않다고 보는 시각의 차이에서부터 출발한다는 점을 이해하면 금융시장을 바라보고 이해하는 데 더 큰 재미를 느낄수 있을 겁니다.

아직도 풀리지 않은 '마코위츠의 저주' ⟶

'뭉치면 살고 흩어지면 죽는다'라는 표어가 있습니다. 하지만 금융시장에서는 '흩어지면 살고 뭉치면 죽는다'는 표현이 더 적절하다고 볼 수 있습니다. 마코위츠가 말했던 '계란을 한 바구니에 담지 말라'와 같은 의미로 받아들이면 직관적으로 좀 더 와닿을 겁니다.

앞서 설명한 것처럼 액티브 투자와 패시브 투자에는 각각의 전략마다 장단점이 존재합니다. 하지만 단점은 보완하고 장점만 취하고싶은 것이 인간의 당연한 본성이고 발전하게 하는 원동력이겠지요. 그래서 금융투자 분야에서도 이런 장단점을 보완한 투자 방법이 태동하기 시작했고, 앞서 설명한 패시브 투자와 액티브 투자의 장점은 살리고 단점은 보완하는 투자 방법이 '자산배분전략(Asset Allocation)'

이라는 이름으로 발전하게 됩니다.

1950년 마코위츠 이후로 블랙리터만 모형(Black-Litterman Model, 1992), 리스크 패리티 모형(Risk Parity Model, 2005) 등 자산배분전략은 비약적으로 발전하고, 오늘날 자산배분이론이라는 이름으로 자리를 잡게 되었습니다. 그래서 마코위츠를 현대 포트폴리오 이론(MPT)의 아버지로 부르기도 합니다.

자산배분이론은 쉽게 말해 다양한 자산군을 대상으로 분산투자를 하게 되면 각 자산군의 상관관계 분석을 통해 변동성은 줄이고 기대 수익률은 높일 수 있다는 것을 의미합니다. 이렇게 다양한 자산군에 걸쳐 분산투자를 한다는 것은 각 자산군의 큰 흐름을 따라간다는 측면에서 패시브 투자의 연장선상에 있다고 볼 수 있습니다. 그 과정에서 좀 더 유망한 자산군, 그리고 유망한 개별 자산에 대한 투자 비중은 늘리거나 비관적인 자산군은 비중을 줄인다는 것은 액티브 투자의 성격을 띤다고 볼 수 있습니다.

여기서 전자, 즉 다양한 자산군에 대한 분산투자를 하는 과정은 장기적인 시계에 입각해 이루어지기 때문에 '전략적 자산배분(SAA; Strategic Asset Allocation)'이라고 부릅니다. 그리고 후자인 시장 상황에 부합하는 개별 자산에 대한 비중을 조절하는 과정은 '전술적 자산배분(TAA; Tactical Asset Allocation)'이라고 부릅니다.

오늘날 자산배분은 가설이 아닌 이론으로 불리기 때문에 그만큼 논리적인 정합성이 이미 학계에서 인정을 받았다고도 볼 수 있습니다. 나아가 1990년대에 들어서는 금융투자의 장기 수익률을 결정하는 요인의 90%가 자산배분에 기인한다는 실증분석논문(Gary P. Brinson, L. Randolph Hood&Gilbert L. Beebower, 'Determinants of Portfolio Performance', Financial Analysts Journal(1995), Volume 51)도 등장하기 시작했습니다. 그만큼 실무에서도 자산배분이 금융투자의 중요한 축으로 자리를 잡게 된 것입니다.

특히 SAA에서는 장기적인 시각에서 거시경제변수가 조금 더 중요하게 다뤄지는 경향이 있기 때문에 오늘날 금융시장에서 거시경제변수 분석에 강한 이코노미스트, 주식 스트래티지스트, 채권 전략 애널리스트들의 역할이 강조되는 편입니다. TAA에서는 각 산업군과 종목별 분석이 더 중요하기 때문에 개별 산업과 종목 분석에 강점이 있는 산업분석 애널리스트나 크레딧 채권 애널리스트의 역할이 강조되는 경향이 있습니다. 그리고 이들의 분석을 계량화해서 수리 모형으로 반영시키는 퀀트 담당 애널리스트의 수리·기술적(Quantitative Technique) 역량도 매우 중요합니다. 그래서 오늘날 자산배분전략은 한 금융기관의 종합적인 리서치 역량이 집대성된 종합 성적표로 다뤄지는 경향도 있습니다.

자산배분투자전략은 일반적으로 크게 3가지 단계로 진행이 됩니다. 첫 번째 단계는 내가 투자하려는 금융자산을 대상으로 각각의 과거 수익률과 변동성을 측정하고 자산 간의 상관관계를 분석해서 데이터베이스를 만드는 것입니다. 두 번째 단계는 내가 기대하는 또는 목표하는 수익률을 달성하기 위한 자산별 비중을 결정하는 것입니다. 이 과정에서는 첫 번째 단계에서 만든 상관관계 분석을 통해 변동성 단위당 최대의 수익률을 얻을 수 있는 수리적 계산이 필요합니다. 이렇게 만들어진 포트폴리오는 다양한 기대수익률과 변동성에 따라 일정한 분포를 보이게 되는데, 이 분포를 연결한 선을 '효율적 투자선(efficient frontier curve)'이라고 부릅니다. 마지막으로 세 번째 단계는 이 효율적 투자선상에 위치하는 다양한 포트폴리오들 가운데 본인의 투자 성향과 손실 정도(risk profile)를 감안해 최종 투자 포트폴리오를 선택하고, 세부 자산별 비중을 전술적(tactical)으로 조정(tilting)하는 것입니다.

이는 자산배분 투자전략을 실행하는 과정을 독자분들이 최대한 간단하고 쉽게 이해할 수 있도록 대략적으로 설명한 것입니다. 실제로 각 단계에서는 변동성 측정 및 기대수익률 산출에 필요한 데이터 분석 과정, 그리고 그것을 계량분석모델에 투입해서 결과를 계산하는 과정 등에서 전문지식이 필수적입니다. 그래서 금융투자업계에서 자산배분투자를 전문으로 하는 분들 중에서는 경제학이나 재무론을 공부한 분들 이외에도 통계학, 수학, 공학 분야를 전공한 분들이 상당히 많습니다. 또한 최근에는 AI기술이 금융에 도입되면서 인공지능(AI), 기계학습(ML), 딥러닝(DL) 알고리즘(AL) 등을 전문으로 하는 분들도 자산배분 분야에 많이 진출해 있는 상황입니다.

그럼 이쯤에서 독자분들 중에는 이런 생각이 드는 분이 있을 수 있습니다. '액티브 전략과 패시브 전략의 장단점은 이제 알겠고, 그 장단점을 서로 보완한 것이 자산배분전략이니까 자산배분이 제일 우수한 투자 방법이겠구나!'

하지만 자산배분전략이 항상 좋은 수익률을 보장하는 것은 아닙니다. 자산배분이론을 조금 더 공부하면 알 수 있는 내용이지만 현대 자산배분이론은 모형 운용에 필요한 데이터를 설정하고 그로부터 파생되는 이슈들을 처리하는 데 있어서 각 단계를 주관하는 담당자들과 모형을 관장하는 모델러의 주관이 일정 부분 개입될 수밖에 없는 과정들이 존재합니다.

예를 들면 '자산의 변동성을 측정하는 수리적 측정도구(measure)로서 무엇을 사용할 것인가? 각 자산의 기대수익률은 어떻게 설정하는가? 자산별 전망치에 대한 불확실성의 크기는 수치적으로 어떻게 적용하는가?' 등의 선택의 문제가 존재하고, 이들의 값을 모델에 어떻게 투입하느냐에 따라 그 결과값도 크게 달라집니다. 특히 자산별 변동성과 수익률을 설정하는 방법론에 따라 자산배분의 결과가 특정 자산군으로 쏠리는 현상도 흔하게 나타나기도 합니다.

이런 문제에 있어서는 아직까지 학술적으로나 실무적으로 명쾌한 해법이 없고, 그때그때의 시장 상황에 맞추어 탄력적인 운용을 하기 때문에 자산배분모델을 운용하는 전문가들의 판단과 역량에 따라 성과의 편차가 크다고 볼 수 있습니다. 하물며 전문지식을 공부하지 않은 일반인들이 정교한 자산배분전략을 구사하기는 더욱 어려울 수밖에 없음은 두말할 필요가 없겠지요. 자산배분투자가 비교적 훌륭한 전략으로 불리는 이론임에도 이런 한계점이 있기 때문에 현대 포트폴리오 이론을 개척한 학자의 이름을 따서 '마코위츠의 저주(Markowits's curse)'라고 부르기도 합니다.

사람의 주관을 배제하고 접근하는
퀀트 투자전략 ────────────────→

최근 금융시장을 통한 재테크에 대한 관심도가 높아지면서 대중의 투자 기법도 나날이 발전되고 있는 것 같습니다. 개인적으로 주변에서 금융시장에 대해 물어오는 지인들의 질문 수준이 수년 전에 비해 점점 높아지고 있다는 느낌을 많이 받습니다.

이렇게 대중의 눈높이가 올라가고 투자자들이 요구하는 투자 기법에 대한 니즈가 다양해지면서, 과거에는 전문 기관투자자들이 주로 사용하던 투자 기법을 소개하는 책이나 유튜브 동영상들도 많이 생겨났습니다. 그런 기법들 중 대표적인 투자 방법이 퀀트(Quant) 투자가 아닐까 싶습니다.

퀀트 투자라고 하는 것은 '계량적 투자(Quantitative Investment)'의 줄임말인데, 넓은 의미로 봤을 때는 수치 분석을 위한 계량분석모형 (Quantitative Analytics Model)이 사용된 모든 투자 방법을 지칭하는 것으로 볼 수 있습니다. 좁은 의미로는 계량분석모형을 사용하되 투자자의 개인적 주관이 개입되지 않는, 오직 측정가능한 혹은 통계적으로 추정가능한 수치와 규칙에 의해서만 실행되는 투자 기법을 의미합니다. 최근에 일반 대중을 상대로 재테크 측면에서 소개되는 퀀트투자의 대부분은 전자의 정의에 부합한다고 보면 될 것 같습니다.

간단한 예를 들어, 저평가된 주식을 추려내어 투자하는 방법을 생각해볼 수 있습니다. 여기서 저평가된 주식이라 함은 계량적으로 '최근 10년간의 PER 평균을 −2 표준편차 이상 하회하는 것들' 정도로 정의하고 그것들을 매수한 후 3개월을 보유하면 평균적으로 얼마의 수익률을 확보할 수 있고 그것을 달성할 확률은 통계적으로 95%수준에서 유의하다는 결론을 얻었다면, 그 방법에 따라 매수와 매도를 진행하는 것입니다.

하지만 여기서도 투자자 개인의 주관이 완전히 배제되었다고 볼 수는 없습니다. 위의 예를 들자면 저평가를 정의하는 과정에서 10년 간의 PER 평균을 기준으로 할지, 아니면 5년간 평균으로 할지 그것도 아니면 20년간의 평균으로 할 것인지는 정해진 답이 없기 때문입니다. 그리고 다른 수많은 퀀트 방법론을 적용하고 분석하는 과정에는 이런 정의(definition)의 문제에 봉착하는 일이 종종 발생합니다.

물론 그 기준을 정하는 계량적인 방법이 아예 없는 것은 아닙니다. 위의 예를 다시 들어보자면, 특정 시점마다 다양한 기간(예를 들어 최근 1년 전부터 30년 전까지의 월간 데이터를 1개월 단위로 순차 이동〔Window-rolling〕하는 방식 등)을 설정해서 반복 계산하는 루프(loop) 프로그램을 만들고 각각의 결과가 어떤 수익률로 이어지는지를 방정식으로 추정하고 평균적으로 가장 높은 수익률을 기록합니다. 그러면서 통계적으로 유의성이 가장 높게 나타난 기간을 수익률 추정 모형에 투입변수로 다시 대입하는 방법을 생각해볼 수 있습니다. 이렇게 하면 저평가라는 정의에 부합하는 최적 기간을 설정하는 방식이 투자자의 자의적 설정이 아닌 추정 모형의 내생적인 규칙에 의해 결정된다는 장점이 있습니다.

이런 방법은 현재 전문기관투자자들이 자금을 운용하는 투자전략 중 한 가지로 퀀트 애널리스트들이 일반적으로 많이 사용하는 분석 방법들 중 한 가지입니다. 그리고 최근에는 AI나 알고리즘 이론 등이 적용된 수많은 퀀트 투자 방법이 존재하고 있고, 지금 이 순간에도 금융시장에서 가장 빠르게 발전하고 있는 분야이기도 합니다. 따라서 현재 퀀트 투자라는 콘셉트는 일반 대중들이 활용하기가 매우 힘든 것이 사실인데, 그런 측면에서 현재 일반인들을 대상으로 소개되는 퀀트 투자라는 방법의 대부분은 앞서 설명한 넓은 의미에서 퀀트 투자라고 이해하면 됩니다. 첨언하자면 좁은 의미에서 사용되는 퀀트 투자가 퀀트가 지양하는 본래의 목적, 즉 사람의 주관적 개입이 가급적 배제된다는 점에서 좀 더 목적에 부합한다고 볼 수 있습니다.

퀀트 투자에 대한 개념적 정의를 차치하더라도, 투자를 전문으로 하지 않은 일반인들이 퀀트 전략을 구사하기는 쉽지 않은 것이 현실입니다. 또한 금융기관에 방문해서 퀀트 전략을 구사하는 투자상품으로 접근하려고 해도 앞서 설명한 다양한 전략을 구사하는 금융상품들에 비해 그 선택권이 매우 제한적일 것입니다. 그것은 현실적으로 일반 투자자들을 대상으로 하기에는 마케팅이 제한적이라는 이유가 있습니다.

앞서 말한 액티브 전략이나 패시브 전략을 사용하는 투자상품들은 대부분 우리가 소통하는 방식으로 설명될 수가 있습니다. 지금 한국과 미국의 경제상황이 어떻고 금리와 환율이 어느 정도이니, 주가의 적정가격 면에서 보면 이런 시점에서는 코스피보다 S&P지수를 추종하는 인덱스펀드가 낫다라든지, 이번에 어느 회사에서 출시하는 신상품이 얼마나 좋아서 어느 회사의 매출과 이익이 얼마 정도 올라갈 것으로 예상되니 그 회사의 주식을 매수하자와 같은 방식입니다.

하지만 퀀트 투자를 일반 투자자들에게 설명하기는 금융기관의 입장에서도 쉽지가 않습니다. 위에서 설명한 '저평가주 매수 후 2개월 후 매도 전략'이라는 콘셉트로 만들어진 금융상품이 매우 우수하기 때문에 금융기관에서 접근이 가능하다고 하더라도 그 과정을 일상에서 사용되는 대중의 언어로 풀어서 전달하기가 매우 힘듭니다.

퀀트는 그 태생이 수리 분석에 기반을 두고 있기 때문에 수식으로 표현하는 것이 가장 정확하겠지만, 방정식과 수학기호가 난무한 설명을 편안하게 이해하면서 듣고 있을 고객은 극히 드물 것입니다. 투자를 해보겠다고 찾아온 고객에게 일부러 수식으로 무장된 차트와 방정식을 설명하면서 내쫓을 만큼 용기 있는 금융기관도 거의 없을 것입니다.

그래서 퀀트 투자전략은 일반 투자자들을 대상으로 마케팅하기에 보다 수월한 수식어가 덧붙여지기도 합니다. 바로 '로보어드바이저'라든지 'AI'와 같은, 뉴스나 신문 등을 통해 한 번쯤 접해봤던 친근한 명칭이 붙는 것이지요. 어떤 분들은 이건 투자자 기망행위가 아닌가 하고 반문하실 수도 있을 것 같습니다. 하지만 퀀트 투자의 궁극적인 목표는 사람의 주관적 판단을 지양하고 수리적인 분석에 의한 투자를 지향한다는 점에서 퀀트 분석에 기반을 두고 있는 로보어드바이저나 AI에 의한 투자 방법도 하나의 일환이라고 볼 수 있습니다.

금리의 방향성에 따라 달라지는
채권 투자 ⟶

　금융시장의 양대 자산인 주식과 채권을 놓고 볼 때, 주식은 가격이 보여주는 결과가 명확합니다. 일반적인 투자자 입장에서 주식의 가격이 내려가면 안 좋은 것이고, 가격이 올라가면 좋은 것입니다. 그런데 채권은 금융시장에서 가격이라는 변수보다는 일반적으로 금리로 표현됩니다. 그러다 보니 채권의 금리와 가격의 관계에 대해 혼란을 느끼시는 분들이 많은 것 같습니다. 특히나 금리라는 표현을 '내가 투자했을 때 받을 수 있는 이자'로 생각한다면 채권금리가 올라갈수록 내가 받을 수 있는 이자수익이 많아지기 때문에 채권 가격이 올라가는 것처럼 좋은 것이라고 생각하는 분들도 많은 것 같습니다. 결론부터 말하자면, 채권의 가격은 금리와 반대로 움직입니다.

　A라는 투자자가 금리 5%인 1년 만기 채권에 1억을 투자했다고 가정하겠습니다. A라는 투자자는 1년 후에 원금 1억과 이자 500만 원을 수취하게 됩니다. 그런데 만약 1개월 뒤에 채권시장에서 1년 만기 채권금리가 6%로 올랐다고 가정해봅시다. 이때 B라는 투자자가 이 채권에 투자를 했다면 B는 1년 후에 원금 1억과 이자 600만 원을 수취하게 됩니다. 이 경우에 A는 B에 비해 1%p에 해당하는 100만 원 정도의 손실을 입은 셈인데, 이 경우는 A와 B가 모두 1년짜리 채권을 만기까지 보유했을 때의 경우입니다. 반대로 1년 만기 채권금리가 4%로 내렸다면 A가 B에 비해 1%p에 해당하는 100만 원 정도의 수

익을 거두게 됩니다. 그런데 이 경우는 A와 B 모두 투자 시점만 다를 뿐, 투자자가 채권의 만기까지 보유한다는 가정이 깔려 있습니다. 즉 1년짜리 정기예금을 가입하는데, 금리가 5%일 때 가입하느냐 아니면 4% 혹은 6%일 때 가입하느냐 정도의 차이와 다를 바 없습니다.

하지만 채권시장에서는 예금과는 다르게 '돈을 받을 수 있는 권리'인 채권을 투자자 간에 서로 사고팔 수 있습니다. 다시 앞의 예로 돌아가서, A라는 투자자가 1년 만기 5%채권에 1억을 투자했는데, 1개월 후에 금리가 내려서 1년 만기 채권금리가 4%가 되었다고 가정해 봅시다. 그러면 시장에 있는 B라는 투자자는 4%채권보다는 5%채권을 더 선호하기 때문에 A가 보유하고 있는 채권을 매수하려고 할 것입니다. 그럼 A는 얼마를 받고 자신이 보유한 채권을 팔 수 있을까요? 혹은 B는 얼마를 주고 A가 보유한 채권을 구입할 수 있을까요? 세상 모든 자산가격이 그렇듯이 거래가격은 거래 당사자들인 A와 B의 입장에서 서로 타협이 가능한 수준에서 결정됩니다.

먼저 A의 입장에서는 투자원금(1억 원)과 1개월간 채권을 보유함으로써 발생된 이자[약 41.1만 원=1억×5%×(30/365)], 그리고 이 채권을 팔지 않았을 때 발생할 수 있는 11개월간의 (시장 수익률 대비) 초과 이자수익[4%채권대비 현재 A가 보유하고 있는 5%채권의 초과 이자인 1억×1%×(335/365)=약 91.8만 원]의 합인 132.9만 원을 받으려고 할 것입니다. 여기서 41.1만 원은 채권금리에서 발생되는 이자수익입니다. 91.8만 원은 A가 보유한 5%채권이 현재 시장에 있는 4%채권에 비해 금리가 높기 때문에, 즉 A가 보유한 채권을 매수하려는 B의 수요 때문에 발생하는 가격 프리미엄입니다. B의 입장에서 생각해보면 현재 시장금리인 4%채권에 1억 원을 투자한다면 향후 11개월 동안 얻을 수 있는 수익금은 367.1만 원[=400×(335/365)]인데 이는 5%채권에 1억 원을 투자했을 때 얻을 수 있는 기대수익(500만 원)에서, A로부터 만기가 11개월 남아 있는 5%채권을 매수할 때 드는 비용(132.9만 원)을 차감한 367.1만 원과 동일한 금액입니다.

이런 원리에 의해 채권금리가 내려(올라)가면 가격이 올라(내려)가는, 즉 금리와 가격이 반비례하는 관계가 만들어집니다. 위의 사례를 다시 천천히 살펴보면, B는 굳이 A로부터 채권을 매수할 이유가 없고, A 역시 B에게 채권을 매도할 이유가 없는 게 아니냐 하는 의문을 가질 수 있습니다. 하지만 이는 채권이 갖는 예금과의 중요한 차이점을 간과했기 때문에 발생하는 의문입니다. 5%짜리 예금에 1억을 가입 후 1개월 만에 해지를 한다고 가정하면 1개월 이자에 해당하는 41.1만 원만 받게 되지만, 채권의 경우에는 위의 예시처럼 금리가 하락하는 경우에는 여기에 가격 상승분인 91.8만 원을 더 받을 수 있습니다. 물론 채권금리가 오르게 되면 반대로 손실이 발생하겠지요.

따라서 채권을 만기까지 유지하려는 투자자를 제외하고, 채권을 중간에 사고파는 거래 행위(trading)에는 그 채권의 표면이율만을 수취하려는 의도보다는 시장금리의 방향성을 예상해서 가격 차익을 노리고 거래한다고 보는 것이 합리적인 설명일 것입니다. 표면금리만 수취하려고 한다면 앞서 설명처럼 예금으로 접근하면 될 일이기 때문입니다.

특히 시장에서는 금리가 오를 것으로 예상하는 사람도 있고, 반대로 금리가 내릴 것으로 예상하는 사람도 있습니다. 금리가 오를 것(채권 가격이 하락할 것)이라고 생각하는 투자자는 채권을 매도하려고 할 것이고, 금리가 내려갈 것(채권 가격이 상승할 것)이라고 생각하는 투자자는 매수하려고 할 것입니다. 시장에는 이런 다양한 생각을 가진 투자자들이 모이기 때문에 채권거래가 이루어지는 것입니다.

그럼 만기 기간에 따른 구분을 예를 들어 설명하겠습니다. 국내 국채에 투자를 하려는 T시점에서 한국 국채 2년물이 3%이고 10년물은 3.7%라고 가정을 하겠습니다. 만약 T시점에서 2년물과 10년물 채권에 각 1억 원씩을 투자하고, T+1개월 후에 2년물과 10년물의 금리가 각 1%p씩 내렸다면, 위에서 설명한 동일한 로직으로 가격 차익을 얻을 수 있습니다. 그런데 장기물의 경우에는 남아 있는 만기가 그만큼 길기 때문에 금리가 높은 채권을 보유하고 있어서 얻을 수 있는 기회 이익이 훨씬 크고 그것은 높은 가격 프리미엄으로 반영됩니다.

그래서 금리가 내려가는 국면에서는 장기물 투자가 유리합니다. 반대로 금리가 올라가는 국면에서는 채권을 보유함으로써 발생할 수 있는 기회 손실을 만기가 짧을수록 줄일 수 있기 때문에 단기물 투자가 유리한 것입니다.

이처럼 금리의 방향성을 예상한다는 것은 채권 투자의 가장 중요한 핵심이라고 말할 수 있습니다. 채권금리가 향후 상승할 것으로 예상하느냐 또는 하락할 것으로 예상하느냐에 따라 채권 만기에 따른 매수와 매도 전략이 달라질 수 있기 때문입니다.

투자 아이디어 찾기와
퍼즐 맞추기 놀이 ─────────────────→

경제학자로서는 드물게 주식 투자로 큰돈을 벌었던 케인스는 주식 투자를 미인대회에 비유한 것으로 유명합니다. 단, 본인의 눈에 가장 예쁜 미인을 뽑는 것이 아니라 남들이 봤을 때 가장 예쁘다고 생각되는 미인을 뽑는 과정과 유사하다고 표현했습니다.

그렇다면 오늘날 금융시장에서 투자를 한다는 것은 어떻게 비유할 수 있을까요? 제 생각에는 금융시장에 존재하는 수많은 데이터와 정보들을 가지고 자신의 투자 아이디어로 연결시키는 방법은 우리가 퍼즐 맞추기를 할 때의 과정과 유사한 것 같습니다.

우리가 퍼즐 맞추기 놀이를 할 때에 레이아웃부터 시작해서 디테일로 마무리를 하는 사람이 있을 것입니다. 반면에 개별 조각의 이음매와 그림에 집중하며 디테일에서 시작해 레이아웃으로 마무리를 하는 사람이 있을 것입니다. 마찬가지로 금융시장을 분석하고 그로부터 투자 아이디어를 찾아내는 방법에 있어서도 큰 그림의 레이아웃부터 시작하는 방법이 있을 수가 있고, 반대로 디테일부터 시작해서 레이아웃으로 마무리하는 방법이 있을 수 있습니다.

비유적으로 설명한 것이지만, 여기서 말하는 큰 그림의 레이아웃은 우리가 현재 살고 있는 경제상황과 경제주체들의 움직임을 의미합니다. 현재 경제상황이 경기변동의 어떤 국면에 위치해 있는지를 먼저 파악하고, 그에 걸맞은 주가지수·금리·환율과 같은 거시경제 변수의 움직임을 분석하고 전망하는 방법입니다. 반면에 디테일이라고 하는 것은 우리 경제를 이루고 있는 각각의 경제주체, 그러니까 기업이라든지 가계 혹은 정부가 어떻게 돈을 벌고 쓰는지를 파악하는 것을 의미합니다. 하지만 투자라는 관점에서 본다면 아무래도 우리가 정부나 가계를 대상으로 투자할 일은 드물겠지요. 따라서 투자의 대상인 기업들의 움직임을 파악하고 그로부터 주식 투자의 아이디어를 얻는 방법이라고 보면 될 것 같습니다.

앞서 이야기한 큰 그림의 레이아웃부터 시작해서 투자 아이디어를 찾아가는 방법을 위에서부터 시작해서 내려온다고 해서 '탑다운(top down) 리서치 접근법'이라고 부르고, 두 번째로 이야기한 개별 기업의 움직임부터 시작해서 투자의 포인트를 찾아내는 방법을 아래에서부터 올라간다는 의미로 '바텀업(bottom up) 리서치 접근법'이라고 부릅니다.

금융시장에서 투자 아이디어와 전략, 투자 포인트 등을 끊임없이 생산해내는 곳들 중 대표적인 기관이 증권사의 리서치센터라고 볼 수 있는데, 우리가 흔히 들어본 애널리스트라고 불리는 직업을 가진 사람들이 근무하는 직장이라고 생각하면 쉽습니다.

그런데 이런 애널리스트는 그 역할에 따라 불리는 명칭이 조금씩 다릅니다. 그 역할의 분류는 앞서 말한 '탑다운 리서치를 전문으로 하는 애널리스트인가? 아니면 바텀업 리서치를 전문으로 하는 애널리스트인가?'로 나눠볼 수 있습니다.

이코노미스트, 스트래티지스트, 채권 애널리스트 등이 주로 탑다운 리서치를 전문으로 합니다. 거시경제의 움직임을 파악하고 그 과정에서 나타나는 경제적 현상, 주가지수의 흐름, 금리나 환율의 흐름을 주로 분석하고 예측하기 때문에 이런 사람들이 작성하는 보고서는 주로 주식의 개별종목보다는 주가지수의 전반적인 움직임이나 금리 혹은 환율과 관련된 내용이 주를 이룹니다. 예를 들면 스트래티지스트가 주가지수의 움직임을 통해 주식 투자의 타이밍을 찾아내고, 채권 애널리스트가 금리의 움직임을 통해 채권 투자에 대한 아이디어를 찾아내고, 이코노미스트가 환율의 움직임을 통해 외환 트레이딩 전략을 찾아내는 방식입니다.

반면에 바텀업 리서치를 하는 애널리스트는 우리에게 일반적으로 널리 알려진 의미의 애널리스트라고 보면 됩니다. 이들은 개별 기업이 어떤 수익구조(biz model)를 통해 기업 활동을 영위하고 있으며, 이 기업의 매출이 어디서 어떻게 발생하고 그건 얼마인지, 비용은 어떻게 얼마나 지출하는지, 그래서 이익을 얼마나 어떻게 내고 있는지 등을 분석해서 향후 그 기업의 주가 전망은 어떠한가를 예측하는 역할을 합니다. 아마도 이 책을 읽고 있는 독자들도 한 번쯤은 언론이나 증권방송에서 이런 개별 기업 분석을 전문으로 하는 애널리스트들의 인터뷰나 의견을 접해봤을 것입니다.

그럼 증권사 리서치센터라고 하는, 어떻게 보면 투자에 있어서 가장 첨병 역할을 하는 기관에서 이런 다양한 애널리스트가 함께 근무하는 이유는 무엇일까요? 아무래도 탑다운 리서치와 바텀업 리서치가 가지고 있는 각각의 장단점을 서로 보완할 수 있기 때문일 것입니다. 거시경제와 경제변수를 주로 분석하는 사람은 개별 산업이나 기업에서 발생하는 특수성을 간과할 수 있고 거시적인 흐름을 놓치고 개별 기업만을 분석하는 사람은 금융시장의 큰 파도가 아닌 잔파도만 쫓아다니는 결과를 낳을 수 있기 때문에 그렇습니다.

특히 이런 리서치 업무의 대표적인 특징 중 하나는 개별 애널리스트들의 지적 노동을 투입해야만 얻을 수 있는 성과물이라는 것입니다. 아무래도 이런 노동 집약적인 형태에서는 유한한 인간의 능력과 시간으로 인해 각각의 영역을 분업하는 업무 형태가 최적의 결과를 얻을 수 있는 가장 효율적인 근무 방식일 것입니다.

저도 증권사 리서치센터에서 근무했던 경험이 있습니다. 제 기억에 따르면, 리서치센터라는 곳은 국내외 명문대를 졸업한 정말 똑똑한 사람들이 모여 있는 전문가 집단이었습니다. 우스갯소리로 '강남에서 돈 자랑 하면 안 되고 여의도에서 학벌 자랑하면 안 된다'라는 말이 있을 정도였습니다. 하지만 이런 분들조차도 탑다운과 바텀업을 동시에 활용하면서 두 분야 모두에 전문가라는 평가를 받는 사람은 극히 드물었던 것 같습니다. 따라서 각자의 영역을 주로 분석함으로써 현재 거시경제 상황을 고려했을 때 어떤 주식 종목을 선택해야 시장을 아웃퍼폼(outperfom)하는 최고의 성과를 거둘 수 있을 것인가를 함께 고민하는 것입니다. 요즘에는 AI라는 기술이 발달되면서 애널리스트들의 역할이 줄어들 수 있다고는 하지만, 아직까지는 인적 노동에 많이 의존하고 있는 형태인 것 같습니다.

지금 이 책을 읽고 있는, 투자에 있어서 전문적인 지식을 보유하고 있지 않거나 아니면 투자 경험이 조금이나마 있는 분들이라면 모두 알게 모르게 탑다운 리서치와 바텀업 리서치를 활용 중이었을 것 같습니다. 다만 그러한 방법을 이런 명칭으로 부른다는 것을 몰랐을 뿐입니다.

예를 들어 올림픽이나 월드컵 시즌에 사람들이 치킨과 맥주를 즐기며 스포츠를 관람하는 경향이 있다면, 이런 시즌이 다가오기 전에 닭고기 회사라든지 주류 회사의 주식에 투자를 해놓는 방식을 생각해 볼 수 있습니다. 올림픽이나 월드컵은 비록 엄밀한 의미에서 거시경제변수는 아니지만, 그래도 큰 레이아웃에서부터 내려오는 탑다운식 접근법이라고 볼 수 있습니다. 수많은 회사들 가운데 특정 닭고기 회사나 주류 회사를 골랐다면 그 산업군들 가운데 본인이 알고 있는 모든 정보를 이용해서 가장 저평가되어 있고 많이 오를 것 같은 기업의 주식을 매수했을 겁니다. 일종의 바텀업 투자를 활용했다고 볼 수 있습니다.

물론 이 경우는 매우 간단한 상황을 예를 들어 설명한 것입니다. 투자의 첫걸음은 자신이 추구하고자 하는, 또는 자신이 접근하기가 보다 편한 투자 스타일을 파악하는 것에서부터 시작됩니다. 나에게 맞는 투자 스타일이 탑다운인지 바텀업인지를 고민해볼 필요가 있습니다. 2가지 스타일이 다 편하고 좋다면 모두 활용하는 것도 좋습니다. 하지만 접근 방법론에 따라 투자하려는 대상과 목표 수익률이 달라질 수 있기 때문에 2가지 스타일과 전략에 따른 차이점을 이해하고 투자에 나서야 할 것입니다.

앞서 저는 투자에 있어서도 금융시장을 분석하고 그로부터 투자 아이디어를 찾아내는 방법이 퍼즐 맞추기 놀이와 비슷한 측면이 있다고 설명했습니다. 다만 퍼즐 맞추기 놀이는 우리가 결국 맞춰야 하는 그림의 정답이 정해져 있는 반면, 금융시장에서는 수많은 데이터와 정보라는 개별 조각 퍼즐들을 가지고 본인의 생각에 가장 멋지다고 생각되는 그림을 완성하는 것이 다를 뿐입니다. 여기서 본인이 생각하고 맞춰보려고 했던 '가장 멋진 그림'이 실제로 '다른 사람이 보기에도 가장 멋진 그림'일지는, 투자의 성적표가 정답을 말해줄 것입니다.